SAS를 이용한 통계자료분석

손창균 지음

자유아카데미

머리말

현대 통계학은 다양한 정보를 처리하기 위해 방대한 양의 데이터를 다루고 있다. 4차 산업혁명 시대에 데이터의 중요성은 점점 증대되고 있으며, 이에 따라 데이터분석 분야는 빅데이터 분석을 중심으로 발전하고 있다. 또한 데이터분석과 관련하여 다양한 프로그램이 출현하고 있으며, 기존의 통계분석 프로그램도 이러한 방향으로 업데이트가 이루어지고 있다.

특히 SAS는 SPSS와 함께 통계분석을 위한 소프트웨어 중 가장 많이 사용되고 있는 프로그램으로, 통계학에서 그 비중이 계속 증가하고 있다. 현재 SAS 프로그램의 경우 버전 9.4까지 출시되어 있으며, 이 책은 SAS 9.4를 이용하여 통계분석에 필요한 내용을 중심으로 서술하였다.

이 책의 내용을 간단히 살펴보면 다음과 같다.

우선 1장에서는 SAS 프로그램의 기본적인 내용을 수록하여 SAS 프로그램을 사용하는 데 필요한 기초지식을 배우도록 하였다.

2장에서는 SAS 프로그램의 기본이 되는 데이터세트의 관리와 가공을 위한 여러 가지 명령문들을 다루어봄으로써 통계분석에서 요구되는 데이터 가공에 관한 지식을 습득하도록 하였다.

3장은 "자료의 정리와 요약" 부분으로서 일반통계학에서 다루는 대푯값 구하기, 도수분포표 작성하기, 테이블 작성하기를 중심으로 기술하였다.

4장은 3장에서 다룬 "자료의 정리와 요약"과 더불어 자료를 도표와 그래프로 표현하는 방법을 서술하였다.

5장에서는 통계학에서 사용하는 다양한 이론적인 분포를 간단히 기술하고, 이를 SAS 프로그램으로 구현하는 과정을 설명하였으며, 특히 모의실험을 위한 확률난수발생과 관련된 부분을 수록하여 모의실험을 통한 이론의 정당성에 대해 서술하였다.

머리말

6장에서는 방대한 데이터베이스(Data Base)를 다룰 수 있는 구조적 쿼리 언어(SQL)를 다양한 예를 이용하여 주요 구문을 중심으로 다루었다.

이 책은 다른 통계분석 프로그램 책들과는 달리 SAS 9.4를 이용하면서도 SQL 프로시저를 다룸으로써 테이블 중심의 빅데이터 분석이 가능하도록 하였다.

이 책을 출판하기 위해 격려와 아낌없는 도움을 주신 자유아카데미 관계자 여러분께 심심한 감사를 드리며, 출간 후 나올 수 있는 수정사항과 이 책에서 사용한 프로그램은 자유아카데미 홈페이지(www.freeaca.com)에서 얻을 수 있다.

2020년 6월

저자

차 례

차 례

1장

SAS의 시작

1.1 SAS의 실행

SAS 9.4 버전의 설치가 완료되면 바탕화면에 있는 SAS 아이콘 을 더블클릭하여 SAS를 실행한다. SAS의 로고 화면이 나타나면 자동으로 SAS 프로그램 화면으로 이동한다.

만일 SAS 프로그램 화면으로 이동하지 않고 '날짜' 경과 메시지가 나타나면, SAS 파일 중 SAS install 파일을 업데이트시키거나 간단히 시스템의 날짜를 SAS 등록 이전의 날짜로 변경하여 다시 실행한다.

[SAS 프로그램 화면]

SAS 프로그램이 정상적으로 실행되면, 다음과 같이 프로그램 실행화면이 나타나며, 화면의 형태는 '탐색기 윈도우', '로그 윈도우', '프로그램 편집기 윈도우' 등과 같이 몇 개의 윈도우로 화면으로 구성되어 있다.

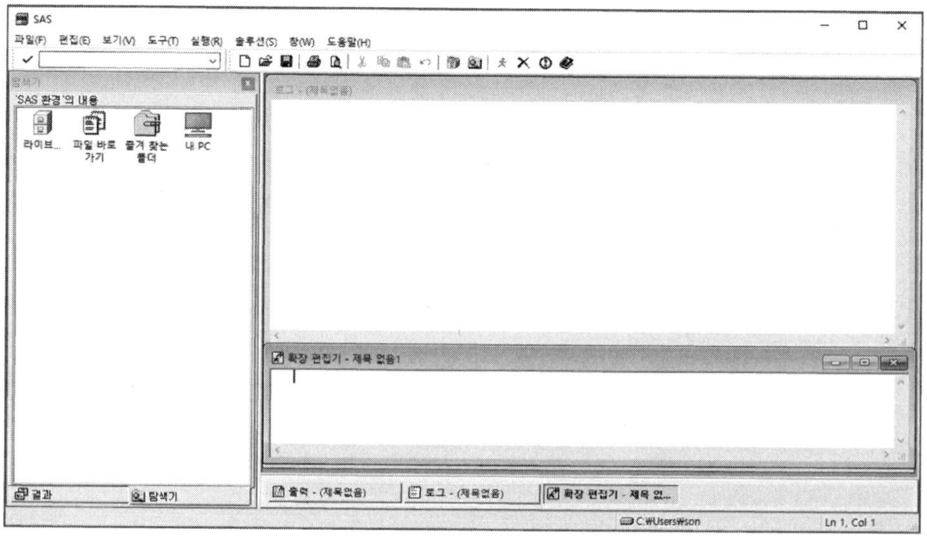

SAS 프로그램은 SAS 화면의 '프로그램 편집기 윈도우'에서 입력하며, 다음과 같은 특징을 갖는다.

① 일반적으로 SAS 키워드로 시작한다.
② 세미콜론(;)을 이용하여 SAS 문장을 종료한다.
③ SAS 문장은 자유형식을 지원하기 때문에 몇 가지 특징을 갖는다.
- 라인의 어느 곳에서도 SAS 프로그램의 시작과 종료가 가능하다.
- 한 문장을 몇 라인에 걸쳐서 작업해도 가능하다.
- 몇 개의 SAS 문장을 한 라인에 작성할 수 있다.
- SAS 문장은 대문자와 소문자의 구분이 없다.

| 표 1.1 | SAS 문장의 예

문장	사용 예
DATA 문장	DATA imsi.Ex2;
SET 문장	SET imsi.Ex1;
RUN 문장	RUN;
PROC PRINT 문장	PROC PRINT DATA=imsi.Ex2;
RUN 문장	RUN;

1.2 SAS 화면의 구성

SAS의 화면구성은 우선 왼쪽의 '탐색기 윈도우'와 중앙 위쪽의 '로그 윈도우' 그리고 아랫부분의 '프로그램 편집기 윈도우'로 나뉜다.

① 메뉴바 및 상태 표시줄

화면의 상단에는 SAS 메뉴와 도구 모음이 있고, 화면의 하단에는 폴더의 경로와 커서의 위치를 나타내는 상태 표시줄이 있다. 프로그램을 실행하는 과정에서 메뉴를 사용할 수 있고, 상태 표시줄은 데이터 또는 프로그램을 수정하는 과정에서 커서의 위치를 확인하는 데 유용하다.

〈메뉴바 및 도구 모음〉

〈상태 표시줄〉

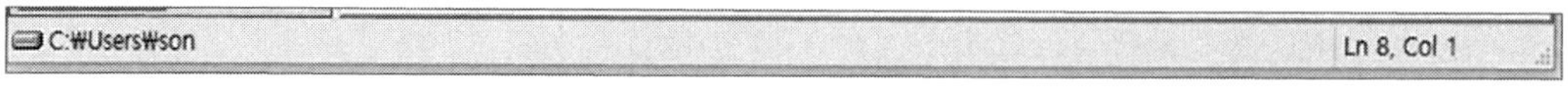

② 탐색기 윈도우와 결과 윈도우

SAS 프로그램의 수행결과 목록과 프로그램의 수행과정에서 자동으로 생성되는 SAS 라이브러리 파일 목록을 확인할 수 있다. SAS 프로그램의 수행과정에서 오류가 없었다면, 프로그램에서 지정한 결과 내용이 결과 윈도우에 수행 순서에 따라 나타난다.

③ 프로그램 편집기 윈도우(program editor window)

프로그램 편집기 윈도우는 데이터 처리 및 통계분석을 위해 SAS 문법에 따른 프로그램을 입력하는 창이다. SAS를 실행하기 위해서는 프로그램 편집기 창에 관련 프로그램이 있어야 하며, 해당 프로그램을 직접 입력하거나 저장된 SAS 프로그램을 불러와서 실행할 수 있다.

④ 로그 윈도우(Log window)

SAS 프로그램을 실행하면, 프로그램의 수행과정을 보여주는 화면으로 수행 중인 프로그램의 오류 여부를 이 화면을 통해 확인할 수 있다. 프로그램에 오류가 있게 되면 로그 윈도우에 오류가 발생한 위치를(라인 또는 칼럼) 보여주며, 오류 발생을 글자색으로 표현해준다. 또한 프로그램상에 어떠한 종류가 있는지를 설명해준다.

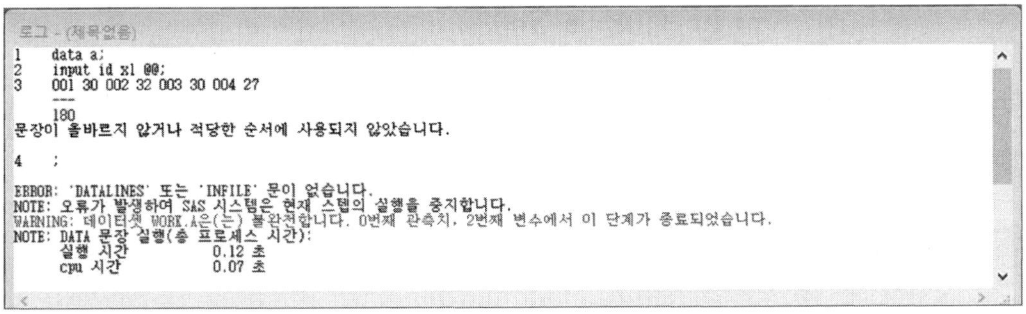

⑤ 출력 윈도우(Output window)

SAS 프로그램의 수행이 적절하게 완료되면, 프로그램상의 적절한 출력명령에 따라 해당 결과를 출력하는 화면이다. 프로그램상의 출력명령이 없으면, 출력 윈도우에는 아무런 결과가 나타나지 않는다. SAS는 기본적으로 출력 윈도우를 두 개로 지정할 수 있으며, 기본 출력 윈도우는 '리스트(List)'이며, 다른 하나는 'HTML'이다.

〈List 출력 화면〉

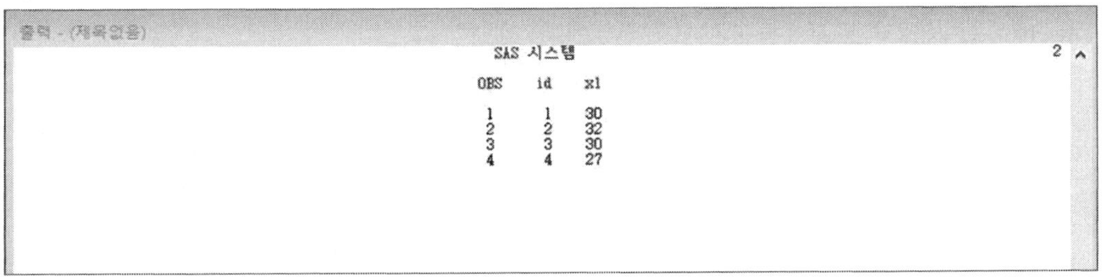

〈HTML 출력 화면〉

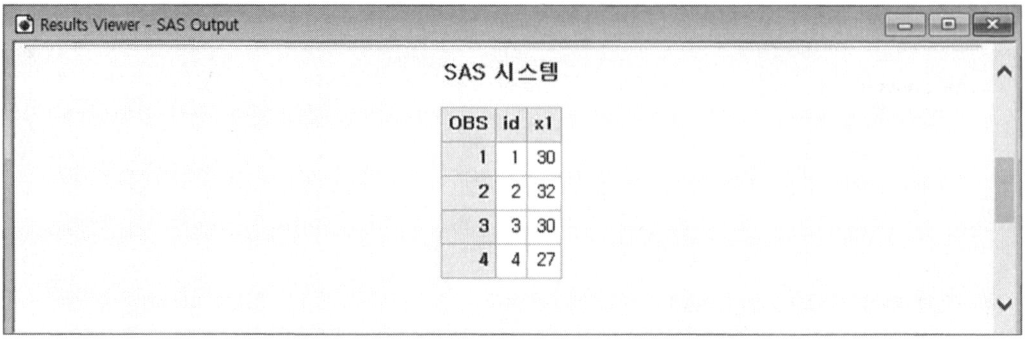

OBS	id	x1
1	1	30
2	2	32
3	3	30
4	4	27

1.3 SAS의 기능키

SAS 프로그램에서는 메뉴와 같은 기능을 하는 여러 가지 기능키(function key)들이 있으며, 마우스 작업과 함께 주요한 몇 가지 기능키들의 쓰임새를 알고 있으면 SAS를 이용하는데 매우 편리하다. 할당된 기능키 들을 확인하기 위해서는 다음과 같은 작업 중 하나를 수행하면 된다.

① 명령 입력 바에서 'KEYS' 라고 입력한 후 Enter↵키를 누른다.

② 명령 입력 바에서 'command'를 입력하고 Enter↵키를 누르면 프로그램 편집기 창에 '명령' 라인이 나타나고 여기에서 'KEYS'라고 입력한 후 Enter↵키를 누른다.

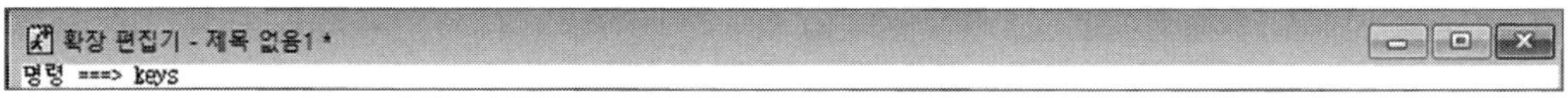

③ 기능키로 할당된 F9를 누른다.

④ 메뉴화면에서 도구 → 옵션 → 기능키를 선택한다.

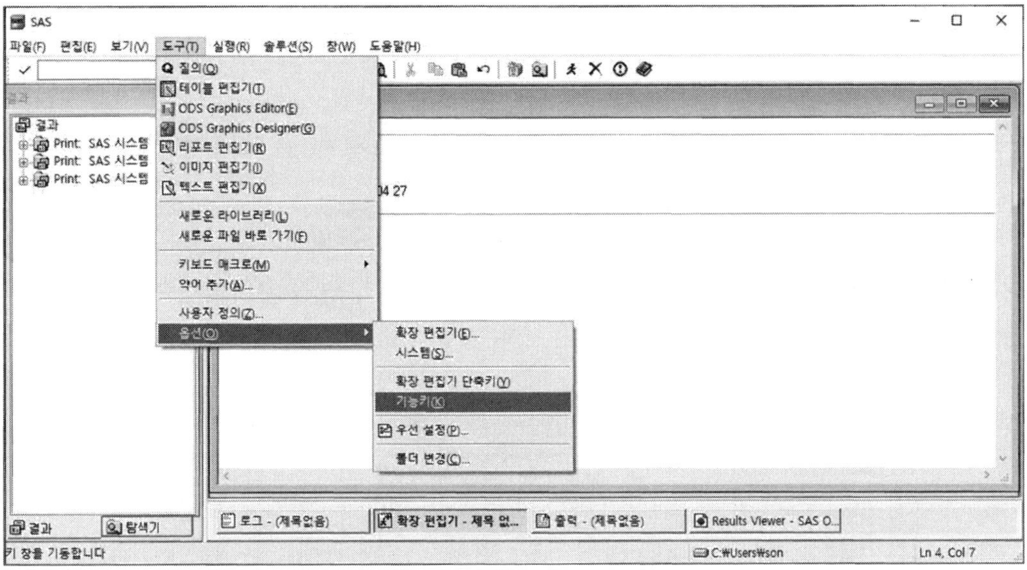

| 표 1.2 | SAS의 기능키

기능키	설명	기능키	설명
F1	도움말	F9	기능키
F2	다시 나타냄	F11	명령바로 이동
F3	종료	Shift F4	화면 분할
F4	복귀	Shift F7	왼쪽으로 이동
F5	프로그램 편집기 윈도우	Shift F8	오른쪽으로 이동
F6	로그 윈도우	Ctrl E	화면 내용 삭제
F7	출력 윈도우	Ctrl B	라이브러리 이름
F8	실행 및 화면축소	Ctrl D	활성 라이브러리 목록

1.4 SAS 옵션

SAS 프로그램을 수행하다 보면 여러 가지 선택사항들을 변경해야 할 때가 있다. 즉, 출력형식, 로그화면의 메시지 출력, 프로그램 편집기 윈도우의 형태 등 다양한 선택사항들을 사용자의 편의에 맞도록 설정할 수 있다. 이를 위해 다음과 같이 명령어를 입력하거나, 메뉴에서 OPTION을 선택할 수 있다.

① 명령바에서 'OPTIONS'을 입력한 후 [Enter↵]키를 누른다.

② SAS 메뉴에서 도구 → 옵션 → 시스템에서 선택할 수 있다.

그러면 다음과 같이 SAS 시스템 옵션 화면이 나타나며, 만일 로그화면이나 프로시저 출력환경을 변경하고 할 때는 왼쪽의 '로그와 프로시저 출력 관리'를 선택한다.

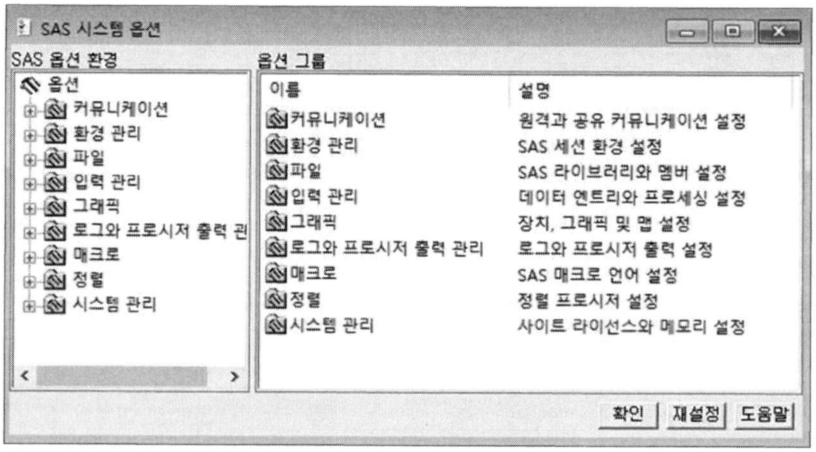

다음으로 오른쪽 창에서 프로시저 출력환경을 변경하고자 할 때는 '로그와 프로시저 출력 관리'를 더블클릭한 후 해당하는 사항을 변경한다. 다음은 출력환경에서 Formchar를 변경하기 위해 선택한 화면이다.

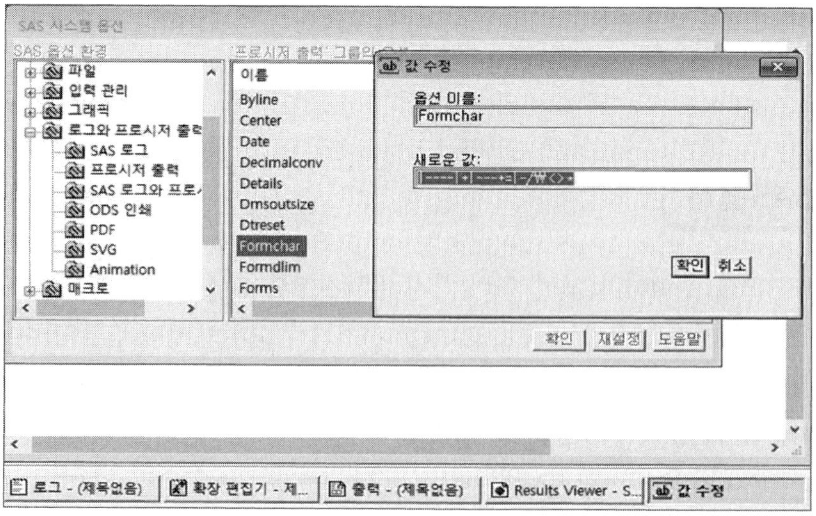

설정 사항을 변경한 후 '확인' 버튼을 클릭하고, 'SAS 시스템 옵션' 창에서 다시 '확인' 버튼을 클릭하면 변경사항이 저장된다. 나머지 사항들에 대해서도 이와 같은 방법으로 수정하여 적용할 수 있다. 옵션사항은 결괏값에 영향을 주지는 않는다. 한편 SAS 프로그램 수행과정에서 옵션사항을 설정할 수 있다. 프로그램 편집기 윈도우에서 OPTION 명령을 이용하여 프로그램 수행과정의 내용을 적절하게 통제할 수 있다.

다음 프로그램은 OPTION 명령에 대해 'nodate', 'nonumber', 'nocenter', 'nolabel' 및 'linesize', 'pagesize' 등의 옵션을 지정한 것이다.

〈OPTIONS 주요 선택사항 입력 예〉

```
OPTIONS nodate nonumber nocenter nolabel linesize=100 pagesize=80;
DATA a;
INPUT id x1 @@;
CARDS;
001 30 002 32 003 30 004 27
;
PROC PRINT;
RUN;
```

| 표 1.3 | SAS 주요 출력옵션의 내용

옵션사항	설명
center/nocenter	출력내용을 가운데 출력할지를 결정
date/nodate	날짜를 출력할지를 결정
label/nolabel	변수의 레이블을 출력할지를 결정
linesize	행 길이를 특정 값에 따라 설정
missing	시스템 결측값을 설정(기본값은 '.')
number/nonumber	페이지 번호를 부여할지를 결정
pageno	특정 값으로 페이지 번호를 설정
pagesize	페이지 크기를 특정 값으로 설정

이러한 옵션사항은 SAS가 종료된 후에는 기본값으로 자동 변경되기 때문에 만일 새로운 SAS 프로그램을 수행할 때 옵션사항을 설정하려면, 옵션사항을 새로 변경해야 한다.

1.5 SAS의 라이브러리

SAS 프로그램을 수행하면 SAS 라이브러리에 임시로 그 결과가 저장된다. 즉, 데이터세트의 생성을 통해 통계분석을 실시하는 경우 분석대상이 되는 데이터세트가 임시 라이브러리에 저장된다. 만일 이 파일을 영구파일로 저장하려고 하면, 프로그램에서 영구 라이브러리를 지정하면 된다.

라이브러리 파일의 생성 여부는 앞에서 설명한 탐색 윈도우의 '라이브러리' 항목을 더블클릭한 후, 'WORK' 항목에서 임시로 저장된 데이터세트를 확인할 수 있다.

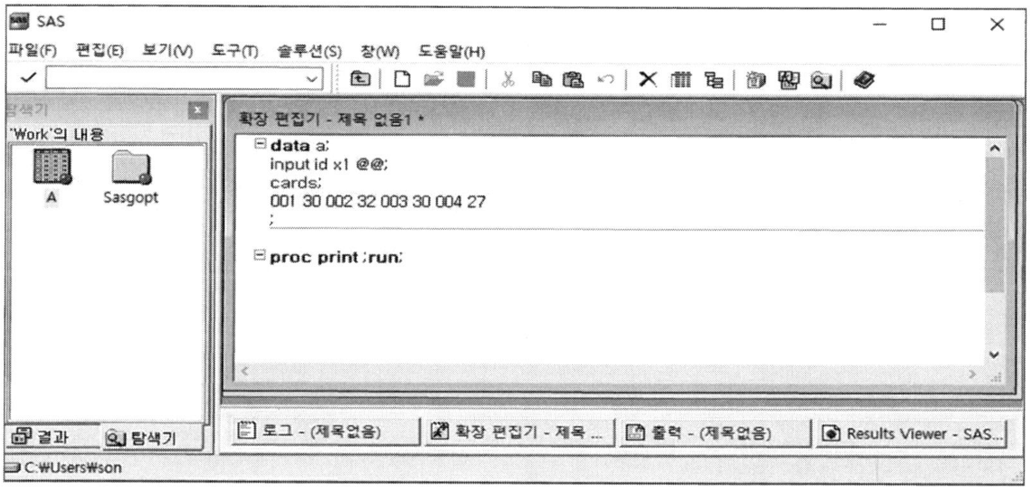

'WORK' 항목에서 임시로 저장된 데이터세트 'A'를 더블클릭하면 프로그램에서 입력한 변수와 데이터가 저장된 내용을 확인할 수 있다. 즉, 'A' 데이터세트의 내용을 확인해보면 'id'와 'x1'이라는 두 변수에 대해 4개의 관측치가 입력되어 있음을 확인할 수 있다.

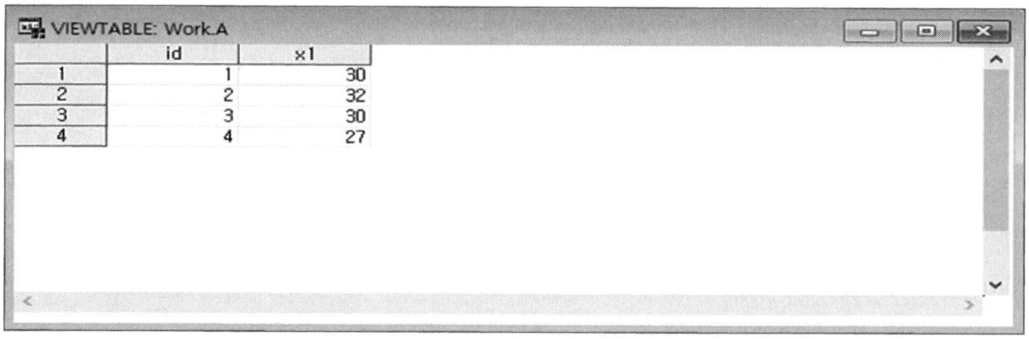

만일 프로그램에서 영구 라이브러리에 데이터세트를 저장하기 위해서는 'LIBNAME' 명령을 이용하여 지정할 수 있다.

[SAS 라이브러리 지정]

```
LIBNAME 라이브러리이름 '데이터파일의 경로';
```

다음의 프로그램에서 데이터세트를 D 드라이브의 '통계자료분석'이라는 폴더에 별도로 저장하는 내용을 보여주고 있다. 화면 왼쪽의 '활성 라이브러리'의 목록에 'S' 라이브러리가 생성되었으며, 해당 라이브러리를 확인해보면 그곳에 'A' 데이터세트가 저장되어 있음을 알 수 있다.

〈SAS 라이브러리 지정의 예〉

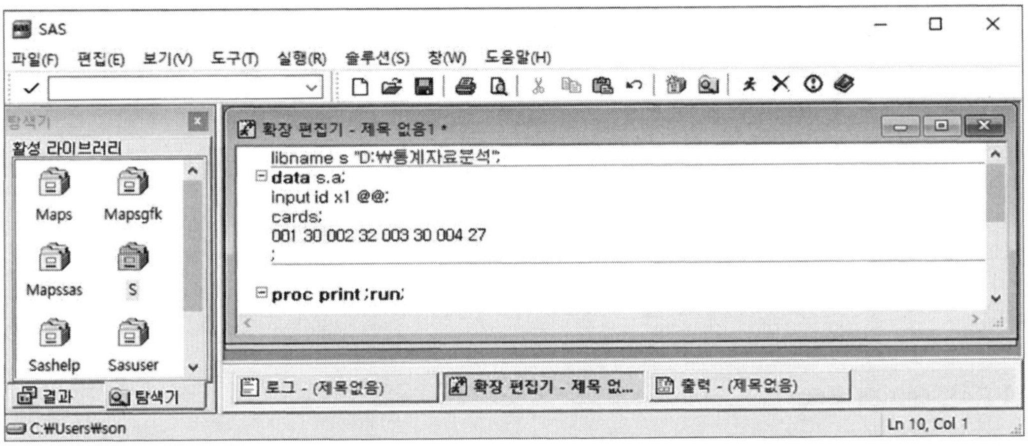

이러한 의미는 결과적으로 SAS에서 생성된 데이터세트를 'D' 드라이브의 '통계자료분석' 폴더에 'A'이라는 이름으로 저장하는 것이며, 이는 사용자가 별도로 삭제하지 않은 한 영구적으로 저장할 수 있다.

한편 이처럼 별도로 지정한 라이브러리에 저장된 데이터세트를 이용하기 위해서는 반드시 해당 라이브러리 이름과 데이터세트 이름을 단계적으로 지정해야 한다. 이를 '2단계 이름' 형식이라고 한다.

[SAS 라이브러리 파일 이용: 2단계 데이터세트 이름]

```
라이브러리이름.데이터세트이름;
```

〈SAS 라이브러리에 저장된 데이터세트 이용하기 예〉

```
LIBNAME s "D:\통계자료분석";
DATA s.a;
INPUT id x1 @@;
CARDS;
001 30 002 32 003 30 004 27
;
PROC MEANS DATA=s.a mean;
VAR x1;
RUN;
```

데이터세트에 대한 상세한 사항은 다음 장에서 다루기로 하고, 여기서는 기본적으로 SAS 내부에 데이터세트를 저장하거나 외부에 데이터세트를 저장하는 내용을 간단히 소개하는 것으로 마치고자 한다.

1.6 SAS 데이터 입력과 출력

1) SAS 데이터 입력

자료 처리 또는 통계분석을 위해서는 분석대상이 되는 데이터가 필요하다. 이를 위해 SAS 내부에서 직접 데이터를 입력하거나, 외부에서 데이터 편집기를 이용하여 데이터파일로 저장한 후 SAS로 불러오는 방법이 있다.

SAS 프로그램 내부에서 데이터를 직접 입력하는 경우에는 프로그램을 직접 입력하여 데이터를 처리하거나 분석할 수 있다. 주로 소규모의 데이터를 처리할 때 이용하면 편리하다.

이용할 수 있는 데이터로는 문자데이터나 숫자데이터가 혼용된 경우도 가능하며, 또한 숫자의 경우 음수나 소수점을 포함한 경우도 가능하다. 이처럼 입력된 데이터는 SAS에서 특정한 변수로 읽어 들여야 하며, 각 변수의 형식을 지정하고 데이터를 불러오는 경우는 다음에 자세히 다루도록 한다.

대량의 데이터를 한꺼번에 처리하고자 할 때는 SAS 외부의 편집기를 이용하여 입력한 후 SAS 프로그램 편집기 창에서 변수를 지정한 후 다음과 같은 명령어를 이용하여 불러들이는 것이 바람직한 방법이 될 것이다.

[SAS 외부에 저장된 데이터파일 읽기]

```
INFILE '데이터파일의 경로\데이터파일명';
```

〈SAS 외부에 저장된 데이터파일 읽기 프로그램 예〉

```
DATA mu284;
INFILE "C:\WORK\M284.TXT";
INPUT id p85 p75 rmt85 cs82 ss82 s82 me84 rev84 region clus;
RUN;
```

2) 엑셀 데이터파일 불러오기

앞에서 다룬 외부 파일의 경우 텍스트 파일로 저장된 데이터를 SAS 프로그램으로 불러들이는 과정을 설명하였다. 여기서는 흔히 사용하는 엑셀 파일로 데이터가 저장된 경우 SAS로 불러들이는 과정을 간단히 설명하고자 한다.

〈엑셀 파일 불러오기 예〉

```
PROC IMPORT OUT=WORK.a1;
DATAFILE= "D:\통계자료분석\ex1.xlsx"
DBMS=EXCEL2000 REPLACE;
GETNAMES=YES;
RUN;
```

3) SAS 데이터 출력

입력된 데이터에 대해 적절한 처리를 통해 그 결과를 출력하고자 할 때는 다음과 같이 SAS 편집기 창에 출력 프로시저를 입력해야 한다.

이와 관련된 자세한 내용은 다음 장에서 다루기로 하고, 여기에서는 출력 프로시저의 간단한 형태만을 설명하기로 한다.

[SAS 데이터세트의 출력형식]

```
PROC PRINT DATA=데이터세트 이름;
VAR 변수이름;
BY 변수이름;
RUN;
```

여기서 'VAR' 명령은 출력하고자 하는 변수를 지정하는 것이며, 'BY' 명령은 특정변수를 기준으로 출력하고자 할 때 지정한다. 이와 같은 형식으로 SAS 프로그램 편집기 윈도우에서 입력한 명령은 다음과 같다.

〈프로그램 입력〉

```
LIBNAME s 'D:\통계자료분석';
DATA s.a;
INPUT id x1 @@;
VARDS;
001 30 002 32 003 30 004 27
;
PROC PRINT DATA=s.a;
VAR x1;
RUN;
```

출력을 실행한 결과가 출력 윈도우에 HTML 형식으로 나타나며, 이때 프로그램에서 지정한 변수들과 관측치 수가 출력되며, 이러한 결과는 화면의 왼편에 결과 윈도우에 목록으로 표시된다.

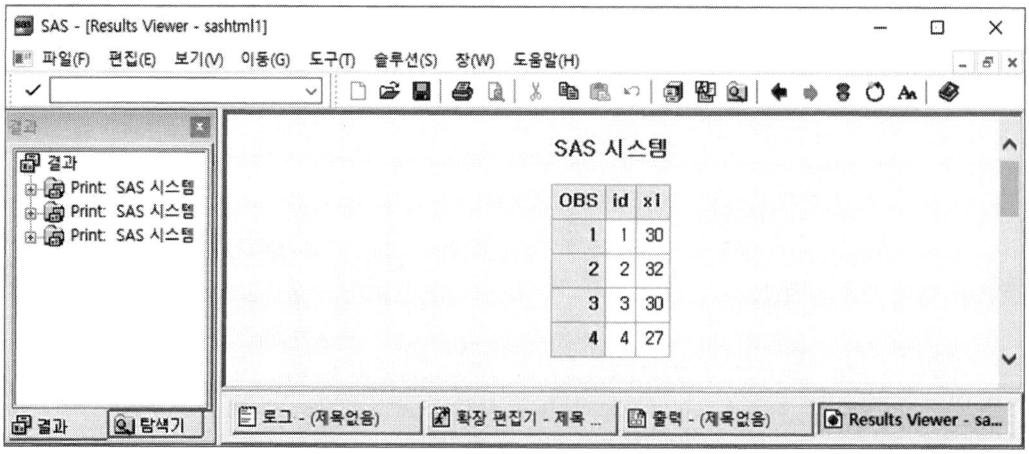

실습과제

과제 1-1. 다음 데이터는 미국의 가구와 사업체가 사용한 에너지소비량(달러)을 조사한 결과이다. 변수에 대한 설명은 다음과 같다.

변수	범주	설명	형식
Region	1 2 3 4	Northeast South Midwest West	수치형
Division	1 2 3 4	New England Middle Atlantic Mountain Pacific	수치형
type	1 2	주거용 산업용	수치형
State	–	주 이름	문자형($)
Expenditures	연속형	백만 달러	수치형

입력되는 변수의 순서는 Region, Devision, State, Type, Expenditures 순이며, 데이터는 다음과 같다.

```
1 1 ME 1 708 1 1 ME 2 379 1 1 NH 1 597 1 1 NH 2 301 1 1 VT 1 353
1 1 VT 2 188 1 1 MA 1 3264 1 1 MA 2 2498 1 1 RI 1 531 1 1 RI 2 358
1 1 CT 1 2024 1 1 CT 2 1405 1 2 NY 1 8786 1 2 NY 2 7825 1 2 NJ 1 4115
1 2 NJ 2 3558 1 2 PA 1 6478 1 2 PA 2 3695 4 3 MT 1 322 4 3 MT 2 232
4 3 ID 1 392 4 3 ID 2 298 4 3 WY 1 194 4 3 WY 2 184 4 3 CO 1 1215
4 3 CO 2 1173 4 3 NM 1 545 4 3 NM 2 578 4 3 AZ 1 1694 4 3 AZ 2 1448
4 3 UT 1 621 4 3 UT 2 438 4 3 NV 1 493 4 3 NV 2 378 4 4 WA 1 1680
4 4 WA 2 1122 4 4 OR 1 1014 4 4 OR 2 756 4 4 CA 1 10643
4 4 CA 2 10114 4 4 AK 1 349 4 4 AK 2 329 4 4 HI 1 273 4 4 HI 2 298
```

1) energy.txt라는 파일로 데이터를 입력하고, 이를 SAS 프로그램으로 불러오는 프로그램을 작성하시오. 단, 데이터세트 이름은 energy로 한다.

2) 데이터세트 energy를 영구 데이터세트로 'D 드라이브'에 저장하시오. 단, 라이브러리 이름은 'k'로 한다.

3) 저장된 energy 데이터세트를 엑셀 파일로 저장하는 프로그램을 작성하시오. 단 파일 이름은 energy.xls로 한다.

실습과제

과제 1-2. 다음은 미국의 특정 기업의 지점별 매출액을 나타낸 자료이다. 이에 대한 변수는 다음과 같다.

변수	범주	설명	형식
Region	NC TX	주 이름	문자형($)
CitySzie	S M L	도시규모	문자형($)
Population	연속형	인구수	수치형
Product	A100	생산품코드	문자형
SaleType	R W	소매(Retail) 도매(Whole)	문자형
Units	연속형	단가	수치형
expenditures	연속형	판매순익	수치형

입력되는 변수의 순서는 Region, CitySize, Population, Product, SaleType, Units, NetSales 순이며, 데이터는 다음과 같다.

```
NC S 25000 A100 R 150 3750.00
NC M  125000 A100 R 350 8650.00
NC L 837000 A100 R 800 20000.00
NC S 25000 A100 W 150 3000.00
NC M 125000 A100 W 350 7000.00
NC M 625000 A100 W 750 15000.00
TX M 227000 A100 W 350 7250.00
TX L 5000 A100 W 750 5000.00
```

1) Sales.txt라는 파일로 데이터를 입력하고, 이를 SAS 프로그램으로 불러오는 프로그램을 작성하시오. 단, 데이터세트 이름은 Sales로 한다.

2) 데이터세트 Sales를 영구 데이터세트로 'D 드라이브'에 저장하시오. 단, 라이브러리 이름은 'ex'로 한다.

2장

SAS 데이터세트

2.1 SAS 데이터세트의 생성

2.2 데이터세트의 가공

2.3 SORT 프로시저

2.4 RANK 프로시저

2.5 FORMAT 프로시저

2.1 SAS 데이터세트 생성

SAS를 이용하여 분석하고자 하는 데이터는 반드시 하나 이상의 SAS 데이터세트로 생성되어야 한다. 이와 같은 데이터세트는 마치 일반 프로그램에서 하나의 파일처럼 다루어지며, 모든 자료 분석과 연산은 데이터세트를 대상으로 이루어진다. 그러면, 데이터세트를 생성하는 DATA 명령에 대해 살펴보도록 하자. DATA 명령의 형식은 다음과 같다.

[DATA 명령]

```
DATA 데이터세트이름;
  :
  :
RUN;
```

동일한 데이터세트 이름을 여러 번 사용한 경우에는 맨 마지막에 사용된 데이터세트 이름으로 처리되며, 이를 방지하기 위해 가능하면 서로 다른 데이터세트 이름으로 데이터를 관리하는 것이 바람직하다. 만일 데이터세트를 처리하는 과정에서 특정한 데이터세트 이름을 부여하지 않았을 때는 해당 데이터세트의 이름은 'DATA'라는 기본값으로 처리된다.

다음은 데이터세트 이름을 부여하지 않고 처리한 결과이다. 탐색기(EXPLORER) 윈도우의 라이브러리 파일이 'DATA1'이라는 기본 이름으로 생성된 것을 확인할 수 있다.

```
DATA;
INPUT id x1 @@;
CARDS;
001 30 002 32 003 30 004 27
;
```

한편 데이터세트를 생성하지 않고 간단한 연산이 필요한 경우에는 데이터세트 다음에 '_NULL_'이라는 옵션을 부여해서 별도의 데이터세트를 생성하지 않도록 한다.

〈'_NULL_' 데이터세트〉

```
DATA_NULL_;
  x=40;
  y=20;
  z=x*y;
  put 'z=' z;
RUN;
```

〈연산결과의 로그화면〉

```
49   data _null_;
50   y=20;
51   x=40;
52   z=x*y;
53   put 'z=' z;
54   run;

z=800
NOTE: DATA 문장 실행(총 프로세스 시간):
      실행 시간            0.00 초
      cpu 시간             0.00 초
```

데이터세트를 생성하기 위해 지정하는 데이터세트 이름을 부여하는 규칙은 다음과 같다.

① 데이터세트 이름은 반드시 영문자로 시작해야 한다.
② 데이터세트 이름은 영문자와 숫자, 특수문자를 포함할 수 있다.
③ 데이터세트 이름이 같은 경우에는 맨 마지막에 적용한 이름의 데이터세트가 처리된다.
④ 데이터세트 이름은 생략할 수 있다.
⑤ 두 개의 데이터세트 이름을 동시에 사용할 수 있다.
⑥ '_NULL_' 옵션은 데이터세트를 생성하지 않는다.

[예제 2-1]

1장의 실습과제 2번 데이터를 활용하여 'Ex2_1'이라는 데이터세트를 생성하시오. 입력되는 변수의 순서는 Region, CitySize, Population, Product, SaleType, Units, NetSales 순이다.

```
NC S 25000 A100 R 150 3750.00
NC M  125000 A100 R 350 8650.00
NC L 837000 A100 R 800 20000.00
NC S 25000 A100 W 150 3000.00
NC M 125000 A100 W 350 7000.00
NC M 625000 A100 W 750 15000.00
TX M 227000 A100 W 350 7250.00
TX L 5000 A100 W 750 5000.00
```

풀이 다음과 같이 프로그램을 입력한다.

```
DATA Ex2_1;
INPUT Region $ CitySize $ Population Product $ SaleType $ Units NetSales;
CARDS;
NC S 25000 A100 R 150 3750.00
NC M  125000 A100 R 350 8650.00
NC L 837000 A100 R 800 20000.00
NC S 25000 A100 W 150 3000.00
NC M 125000 A100 W 350 7000.00
NC M 625000 A100 W 750 15000.00
TX M 227000 A100 W 350 7250.00
TX L 5000 A100 W 750 5000.00
;
```

위의 프로그램을 실행하면 하면 탐색기 윈도우에서 'WORK' 라이브러리 내에 'Ex2_1' 데이터파일이 생성되는 것을 확인할 수 있다.

SAS 프로그램은 처리할 데이터와 변수 간의 할당을 통해 하나의 변수가 가지는 데이터를 할당하여 사용한다. 이를 위해 꼭 필요한 문장이 INPUT 문장이다. 즉, SAS 내부나 외부에서 데이터를 입력한 후 이를 분석하기 위해 SAS 프로그램으로 불러와 데이터의 형식과 입력 순서에 따라 변수에 할당하는 작업을 수행한다. INPUT 문장에 사용되는 변수는 문자형, 수치형, 날짜형, 화폐형식 등이 있으며, 변수이름을 적용할 때는 다음과 같은 규칙을 따라야 한다.

[변수이름 규칙]

① 최소 1개 이상의 문자에서 최대 32개 문자를 사용할 수 있다.
② 변수의 첫 번째 이름은 반드시 알파벳 또는 언더스코어('_')로만 시작해야 한다. (최근 SAS 버전은 한글 변수명도 허용하고 있다.)
③ 변수이름의 두 번째 이후 문자는 숫자, 문자, 언더스코어의 조합으로 구성할 수 있다.

1) INPUT 명령문

INPUT 문장에 사용되는 데이터는 다양한 형식을 부여할 수 있으며, 또한 포인터(pointer)와 같은 특별한 기능을 적용하여 원하는 순서에 따라 데이터를 읽어 들일 수 있다. 우선 INPUT 문장의 기본적인 형식에 대해 살펴보면 다음과 같다.

[INPUT 명령]

```
DATA 데이터세트이름 ;
INPUT 변수이름1 변수이름2 … ;
CARDS;
  데이터 라인
RUN;
```

이때 변수이름은 각 데이터에 할당될 이름으로 위에서 언급한 형식을 따른다. 분석대상이 되는 SAS 데이터파일 또는 데이터세트는 주로 수치형(numeric) 데이터로 구성된다. 그러나 데이터 내부에 숫자, 문자, 소수점을 포함한 숫자 등 다양한 형태의 데이터형식을 가질 수 있다. 따라서 이러한 데이터를 처리하기 위해서는 그에 합당한 변수의 형식을 지정할 필요가 있다. 이러한 변수의 형식지정 작업이 INPUT 문장에서 이루어진다. 또한 입력된 데이터 간의 구분을 위해 하나 이상의 공백을 주거나 아니면 연속하여 데이터를 입력하는 경우 변수에 이 데이터를 구분하여 읽어야 한다. 역시 이러한 작업도 INPUT 문장에서 이루어진다.

그러면 먼저 데이터의 형식에 따라 변수를 지정하는 방법에 대해 살펴보기로 하자.

(1) 문자형 데이터

처리될 데이터 중에서 문자(character)로 이루어진 데이터를 하나 이상의 변수값으로 읽어 들일 때 다음과 같은 형식으로 문자데이터를 읽을 수 있다. 문자형 데이터는 산술연산이 이루어지지 않기 때문에 만일 프로그램에서 문자변수를 이용한 연산을 지정할 경우 프로그램 오류가 발생한다.

[문자형 데이터 읽기]

```
DATA 데이터세트이름;
INPUT 변수이름1 $[자릿수.] 변수이름2 $[자릿수.] … ;
  :
  :
RUN;
```

즉, 문자형 데이터를 읽어 들이는 변수의 형식을 문자변수로 지정하기 위해 변수이름 다음에 공백을 주고 $ 기호와 함께 자릿수를 지정하여 문자형 변수임을 지정할 수 있다. 만일 특정한 형식을 지정할 필요가 없을 때는 자릿수는 생략할 수 있다.

다음 프로그램은 **[예제 2-1]**의 내용으로 Region, CitySize, Product, SaleType 등이 문자형 변수로서 변수이름 다음에 '$' 기호가 사용됨을 알 수 있다.

```
DATA Ex2_1;
INPUT Region $ CitySize $ Population Product $ SaleType $ Units NetSales;
CARDS;
NC S 25000 A100 R 150 3750.00
NC M  125000 A100 R 350 8650.00
NC L 837000 A100 R 800 20000.00
NC S 25000 A100 W 150 3000.00
NC M 125000 A100 W 350 7000.00
NC M 625000 A100 W 750 15000.00
TX M 227000 A100 W 350 7250.00
TX L 5000 A100 W 750 5000.00
;
```

탐색기 윈도우의 'WORK' 라이브러리 내에 저장된 'Ex2_1' 데이터세트를 더블클릭하여 확인한 후 'Region' 변수를 선택한 다음, 마우스 오른쪽 버튼을 누른 후 'Column Attributes' 항목을 선택하면 'Region' 변수의 속성을 파악할 수 있다.

〈Region 변수의 속성확인 ①〉

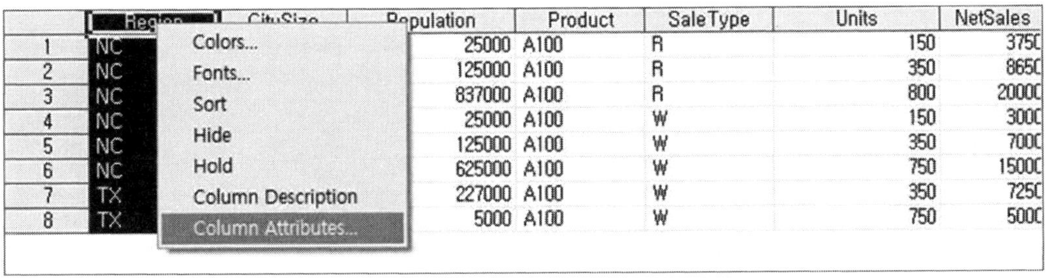

〈Region 변수의 속성확인 ②〉

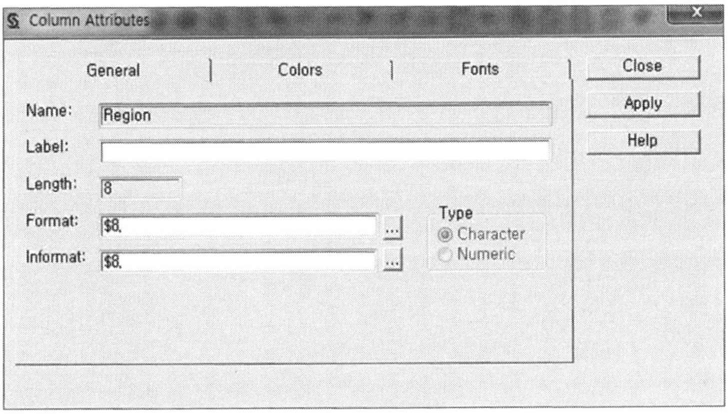

다음은 데이터세트 생성 프로그램을 실행시킨 결과로서 Region, CitySize, Product, SaleType 데이터가 문자형으로 할당된 것을 확인할 수 있다.

참고로 문자형 데이터는 결과에서 각 셀별로 데이터들이 왼쪽을 기준으로 출력되어 있는데, 문자형의 경우 셀의 왼쪽으로 정렬된다.

SAS 시스템

OBS	Region	CitySize	Population	Product	SaleType	Units	NetSales
1	NC	S	25000	A100	R	150	3750
2	NC	M	125000	A100	R	350	8650
3	NC	L	837000	A100	R	800	20000
4	NC	S	25000	A100	W	150	3000
5	NC	M	125000	A100	W	350	7000
6	NC	M	625000	A100	W	750	15000
7	TX	M	227000	A100	W	350	7250
8	TX	L	5000	A100	W	750	5000

[예제 2-2]

다음 데이터를 입력하여 'Ex2_2'라는 데이터세트를 출력하라. (단, 데이터의 순서에 따라 변수명은 각각 id, irum, dept, grade로 한다.)

```
2001030 KILDONG  STAT A+
2001031 MYUNGSUK  MATH B-
2001033 MUNGBO  ARTH A0
2001056 BAESUK  ENG A+
2001011 DAYAE  FAIN A-
```

풀이 변수의 형식을 다음과 같이 지정할 수 있다.

id 변수 – 문자형 또는 숫자형
irum 변수 – 문자형
dept 변수 – 문자형
grade 변수 – 문자형

```
DATA Ex2_2;
INPUT id irum $ dept $ grade $;
CARDS;
  2001030 KILDONG  STAT A+
  2001031 MYUNGSUK  MATH B-
  2001033 MUNGBO  ARTH A0
  2001056 BAESUK  ENG A+
  2001011 DAYAE  FAIN A-
   ;
PROC PRINT DATA=Ex2_2;
RUN;
```

〈데이터세트 Ex2_2의 출력결과〉

OBS	id	irum	dept	grade
1	2001030	KILDONG	STAT	A+
2	2001031	MYUNGSUK	MATH	B-
3	2001033	MUNGBO	ARTH	A0
4	2001056	BAESUK	ENG	A+
5	2001011	DAYAE	FAIN	A-

[예제 2-3]

[예제 2-2]의 데이터를 다음과 같이 주어진 형식에 따라 각 변수에 할당하여 'Ex2_3'이라는 데이터세트를 생성하라. 그리고 **[예제 2-2]**와 다른 점은 무엇인지 구하여라.

```
INPUT id $7. irum $9. dept $4. grade $3.;
```

풀이 id 변수의 자릿수가 7자리로 지정되었지만 데이터의 앞부분에 공백을 포함하고 있기 때문에 id 변수에 할당된 데이터가 잘려나가고, 그 이후의 변수에 대해서도 밀려서 지정되므로 각 변수에 할당된 데이터는 의도에 따라 할당되지 않았다.

〈공백 처리 이전의 출력결과〉

OBS	id	irum	dept	grade
1	20010	30 KILDON	G ST	AT
2	20010	31 MYUNGS	UK M	ATH
3	20010	33 MUNGBO	ART	H A
4	20010	56 BAESUK	ENG	A+
5	20010	11 DAYAE	FAIN	A-

이를 수정하기 위해 다음과 같이 irum 변수에 할당될 데이터 앞부분의 공백을 제거한 후 다시 자릿수를 맞추어 실행하면 올바른 결과를 얻을 수 있다.

```
DATA Ex2_3;
INPUT id $7. irum $9. dept $4. grade $3.;
CARDS;
2001030KILDONG  STAT A+
2001031MYUNGSUK  MATH B-
2001033MUNGBO  ARTH A0
2001056BAESUK  ENG A+
2001011DAYAE  FAIN A-
;
PROC PRINT DATA=Ex2_3;
RUN;
```

프로그램의 수행결과는 다음과 같이 각 변수별로 데이터들이 올바르게 할당된 것을 확인할 수 있다.

〈데이터세트 Ex2_3의 출력결과〉

OBS	id	irum	dept	grade
1	2001030	KILDONG	STAT	A+
2	2001031	MYUNGSUK	MATH	B-
3	2001033	MUNGBO	ARTH	A0
4	2001056	BAESUK	ENG	A+
5	2001011	DAYAE	FAIN	A-

(2) 고정포맷과 자유포맷

앞의 **[예제 2-3]**과 같이 변수에 할당되는 데이터의 자릿수를 지정하는 방식을 '고정포맷(fixed format)' 형식이라 하며, 이와는 반대로 데이터와 데이터 사이에 하나 이상의 공백을 주어 입력하는 형식을 '자유포맷(free format)' 형식이라 한다. 처리할 변수의 수가 많은 경우에는 고정포맷 형식이 유리하며, 간단한 데이터 처리를 원할 때는 자유포맷 형식이 유리하다. 다음은 고정포맷으로 데이터를 읽어 들이는 형식을 간단히 표현한 것이다.

[고정포맷 데이터 읽기-1]

```
DATA 데이터세트이름;
INPUT 변수이름1 칼럼수 변수이름2 칼럼수 … ;
  :
RUN;
```

한편 여러 개의 변수들이 동일한 자릿수를 갖는 경우 각 변수별로 자릿수를 개별적으로 지정하지 않고, 여러 변수의 자릿수를 일괄적으로 지정할 수 있다.

[고정포맷 데이터 읽기-2]

```
DATA 데이터세트이름;
INPUT (변수이름1 변수이름2…) (칼럼수.);
  :
RUN;
```

여기서 칼럼 수는 데이터가 차지하는 자릿수를 의미하며, 공백을 포함할 수 있다.

또한 수치형 변수들 중에 소수점을 포함한 경우 변수이름 다음에 소수점을 포함한 전체 자릿수(width:w)와 소수점 이하 자릿수(decimal:d)를 지정할 수 있다.

[고정포맷 데이터 읽기-3]

```
DATA 데이터세트이름;
INPUT 변수이름1 w.d 변수이름2 w.d … ;
  :
RUN;
```

여기서 w는 소수점을 포함한 자릿수이며, d는 소수점 이하 자릿수를 의미한다. 참고로 문자데이터가 한글이면 한글 데이터는 1문자당 2칼럼씩 차지하기 때문에 자릿수를 계산할 때 영문자의 2배로 자릿수를 지정해야 한다.

자유포맷형식은 데이터 간에 일정한 형식으로 공백이 추가되어 있으므로 변수의 칼럼수는 지정하지 않고, 단지 입력된 데이터의 형식만을 지정하면 된다.

[자유포맷 데이터 읽기]

```
DATA 데이터세트이름;
INPUT 변수이름1[$] 변수이름2[$] … ;
  :
RUN;
```

[예제 2-4]

다음 데이터를 고정포맷 형식으로 변수에 할당하여 'Ex2_4' 데이터세트를 생성하라. (단, 첫 번째 라인은 칼럼 수를 지정하기 위한 참고 값으로 데이터를 입력할 때 삭제한다. 데이터의 순서에 따라 변수명은 각각 id, irum, dept, grade로 하며, 한글은 2칼럼씩 할당된다.)

```
/*1234567890123456789012345*/
  2001030이명수STAT100
  2001031박경호MATH60
  2001033홍경석ART 80
  2001056배준석ENG 78
  2001011이대영ECON90
```

풀이 각 변수에 데이터를 할당하기 위한 프로그램은 다음과 같다.

```
DATA Ex2_4;
INPUT id 1-7 irum $8-13 dept $14-17 grade 18-20;
CARDS;
2001030이명수STAT100
2001031박경호MATH60
2001033홍경석ART 80
2001056배준석ENG 78
2001011이대영ECON90
;
PROC PRINT DATA=Ex2_4;
RUN;
```

할당된 데이터를 다음과 같이 확인할 수 있다.

〈데이터세트 Ex2_4의 출력결과〉

OBS	id	irum	dept	grade
1	2001030	이명수	STAT	100
2	2001031	박경호	MATH	60
3	2001033	홍경석	ART	80
4	2001056	배준석	ENG	78
5	2001011	이대영	ECON	90

[예제 2-5]

데이터를 고정포맷 형식으로 읽어서 'Ex2_5' 데이터세트를 생성하라. 단, 1-3 칼럼은 번호(id), 나머지는 3칼럼씩 x1부터 x6까지 점수를 나타낸다.

```
001050060050050060070
002060050074010030070
003045026053100056078
004023056089100015045
```

풀이 다음과 같이 INPUT 문장에 변수가 차지하는 칼럼을 지정하면 된다.

```
DATA Ex2_5;
INPUT id 1-3 x1 4-6 x2 7-9 x3 10-12 x4 13-15 x5 16-18 x6 19-21;
CARDS;
001050060050050060070
002060050074010030070
003045026053100056078
004023056089100015045
;
PROC PRINT DATA=Ex2_5;
RUN;
```

〈데이터세트 Ex2_5의 출력결과〉

OBS	id	x1	x2	x3	x4	x5	x6
1	1	50	60	50	50	60	70
2	2	60	50	74	10	30	70
3	3	45	26	53	100	56	78
4	4	23	56	89	100	15	45

그러면 **[예제 2-5]**에서와 같이 동일한 칼럼을 차지하는 변수를 한꺼번에 지정할 수는 없을까? 하는 의문이 생길 것이다. 다음과 같이 지정하면 동일한 수의 칼럼을 차지하는 변수들을 한꺼번에 지정할 수 있다.

```
DATA Ex2_5;
INPUT (id  x1  x2  x3  x4  x5  x6) (3.);
CARDS;
001050060050050060070
002060050074010030070
003045026053100056078
004023056089100015045
;
PROC PRINT DATA=Ex2_5;
RUN;
```

한편 x1, x2, …와 같이 동일한 형태의 변수이름을 갖는 데이터인 경우에는 다음과 같이 단축하여 입력할 수도 있다.

```
DATA Ex2_5_1;
INPUT (id x1-x6) (3.);
CARDS;
001050060050050060070
002060050074010030070
003045026053100056078
004023056089100015045
;
```

[예제 2-6]

다음 데이터를 읽어서 'Ex2_6'이라는 데이터세트를 생성하라. (단, 변수 할당은 순서대로 id, x1, x2, x3, x4로 한다.)

```
001 23.6 30.5 56.2 48.2
002 15.0 12.3 45.6 89.5
003 12.0 45.6 89.6 78.2
```

풀이 다음과 같이 변수이름 다음에 데이터의 자릿수를 최대 5자리, 소수점 이하 1자리를 고려하여 5.1로 지정하면 된다.

```
DATA Ex2_6;
INPUT id x1 5.1 x2 5.1 x3 5.1 x4 5.1;
CARDS;
001 23.6 30.5 56.2 48.2
002 15.0 12.3 45.6 89.5
003 12.0 45.6 89.6 78.2
;
PROC PRINT DATA=Ex2_6;
RUN;
```

이에 대한 출력결과는 다음과 같다.

〈데이터세트 Ex2_6의 출력결과〉

OBS	id	x1	x2	x3	x4
1	1	23.6	30.5	56.2	48.2
2	2	15.0	12.3	45.6	89.5
3	3	12.0	45.6	89.6	78.2

한편 x1부터 x4까지 동일한 형식의 데이터이므로 다음과 같이 입력형식을 단축하여 입력할 수 있다.

```
DATA Ex2_6;
INPUT id (x1 - x4 ) (5.1);
CARDS;
001 23.6 30.5 56.2 48.2
002 15.0 12.3 45.6 89.5
003 12.0 45.6 89.6 78.2
;
PROC PRINT DATA=Ex2_6;
RUN;
```

다음으로 고정포맷 형식과는 다르게 별도의 칼럼 수를 지정하지 않고, 변수이름과 형식(특히 문자형 데이터의 형식)만 지정하는 자유포맷 형식은 다음과 같이 간단하게 지정할 수 있다.

〈자유포맷 형식의 예〉

```
DATA Ex2_1;
INPUT Region $ CitySize $ Population Product $ SaleType $ Units NetSales;
```

(3) 포인터 연산자

앞에서 다룬 데이터 입력 방식은 변수들이 한 라인씩 데이터를 읽어 들이는 방식이거나, 지정된 칼럼 수에 따라 데이터를 읽어 들이는 방식이었다. 이 같은 경우 변수에 할당되는 데이터가 자동으로 입력 순서에 따라 할당되기 때문에 다른 작업이 불필요하다. 그러나 어떤 변수에 할당되는 데이터가 특정한 위치에 있는 경우 SAS 프로그램에서는 포인터 연산자를 사용하여 특정 위치에 있는 데이터를 읽어 들일 수 있다. 이에 사용되는 연산자는 +, /, #, @, @@이며 이에 대한 특징을 간단히 살펴보면 다음과 같다.

| 표 2.1 | 포인터 연산자

연산자	의미	사용 예
+n	n칸만큼 오른쪽으로 이동	INPUT x3 +3 x4;
/	다음 줄의 첫 열로 이동	INPUT x4 / x5;
#n	매 n번째 행의 첫 열로 이동	INPUT x3 #3 x4;
@n	n번째 열로 이동(공백 포함)	INPUT x1 @12 x4;
@@	모든 자료를 읽고 다음 행으로 이동	INPUT x1 @@;

[예제 2-7]

다음과 같이 입력된 데이터를 하나의 x1 변수에 할당하여 'Ex2_7'의 데이터세트를 생성하라.

```
1 2 3 4 5 6 7 8 9 0
```

풀이 INPUT 문장에 포인터 연산자 @@을 사용하여 입력한다.

```
DATA Ex2_7;
INPUT x1 @@;
CARDS;
1 2 3 4 5 6 7 8 9 0
;
PROC PRINT DATA=Ex2_7;
RUN;
```

[예제 2-8]

다음과 같이 입력된 데이터를 이용하여 다음의 물음에 답하라.

```
1 2 3 4 5 6 7 8 9 10
11 12 13 14 15 16 17 18 19 20
21 22 23 24 25 26 27 28 29 30
```

① @@을 사용하여 x1, x2, x3 변수에 데이터를 할당하라.

② 한 열씩 각각 10개의 변수로 할당하라(x1–x10).

③ x1 변수는 홀수를, x2 변수는 짝수를 할당하라.

풀이 ① 포인터 연산자 @@을 사용하여 각 변수에 데이터를 지정하면 다음과 같다.

```
DATA Ex2_8_1;
INPUT x1 x2 x3 @@;
CARDS;
1 2 3 4 5 6 7 8 9 10
11 12 13 14 15 16 17 18 19 20
21 22 23 24 25 26 27 28 29 30
;
PROC PRINT DATA=Ex2_8_1;
RUN;
```

② 아래로 한 줄씩 10개의 변수(x1–x10)에 할당하는 것은 각 변수당 3개의 관측치가 할당되는 것이기 때문에 별도의 포인터 연산자를 사용할 필요 없이 다음과 같이 입력한다.

```
DATA Ex2_8_2;
INPUT x1-x10;
CARDS;
1 2 3 4 5 6 7 8 9 10
11 12 13 14 15 16 17 18 19 20
21 22 23 24 25 26 27 28 29 30
;
PROC PRINT DATA=Ex2_8_2;
RUN;
```

③ 포인터 연산자 @@을 이용하여 할당한다.

```
DATA Ex2_8_3;
INPUT x1 x2 @@;
CARDS;
1 2 3 4 5 6 7 8 9 10
11 12 13 14 15 16 17 18 19 20
21 22 23 24 25 26 27 28 29 30
;
PROC PRINT DATA=Ex2_8_3;
RUN;
```

〈포인터 연산자 사용 예〉

```
DATA Baseball;
INPUT id name $5-20 / teams $13. #3 height weight;
CARDS;
001 lee, sanghoon
lg-twins
180 90
002 lim, changyul
samsung-lions
181 85
003 jin, piljung
doosan-bears
```

```
179 86
;
PROC PRINT DATA=Baseball;
RUN;
```

지금까지 입력된 데이터로부터 데이터세트를 생성하는 데 필요한 명령문으로 INPUT 문장과 그에 따르는 데이터형식을 지정하는 방법에 대해 살펴보았다.

이와 더불어 1장에서도 간단히 언급한바 있지만, SAS의 분석대상이 되는 데이터는 SAS 외부에 저장되거나, SAS 프로그램 내부에서 직접 데이터를 다루는 경우가 있다. 만일 SAS 프로그램 편집기 윈도우에서 직접 데이터를 입력하는 경우에는 CARDS 문이나 DATALINES 문이 필수적으로 삽입되어야 한다. 따라서 이들에 대해 간단히 설명하기로 한다.

2) CARDS/DATALINE 문장

CARDS/DATALINES 문은 SAS 프로그램 편집기 창에서 직접 데이터를 입력하여 분석하고자 할 때 사용되는 명령문이다. CARDS/DATALINES 문은 항상 INPUT 문장 다음에 올 수 있으며, 다음과 같은 형식을 가진다.

[CARDS 명령]

```
DATA 데이터세트이름;
INPUT 문장;
CARDS [DATALINES];
  데이터 라인
RUN;
```

CARDS/DATALINES 명령문이 끝나면 반드시 마지막에 세미콜론(;)을 붙여 명령문의 종료를 알려야 한다.

2.2 데이터세트의 가공

앞 절이 새로운 데이터세트를 작성하는 과정이라면, 여기서는 기존에 존재하는 데이터세트를 이용하여 분석에 필요한 여러 가지 작업을 위해 데이터세트를 가공하는 절차에 대해 살펴보기로 한다. 즉, 사용자가 분석에 용이하도록 데이터세트를 만드는 절차이며 이를 위해 여러 가지 명령문들이 사용된다. 먼저, 변수의 삭제와 유지를 위한 명령문으로 DROP 명령과 KEEP 명령에 대해 알아보기로 한다.

1) DROP 명령

DROP 명령은 생성된 데이터세트에 불필요한 변수가 포함되는 것을 방지하는 역할을 한다. 이름에서도 알 수 있듯이 변수를 현재 데이터세트에서 제외시키는 명령이다. DROP 명령은 다음과 같이 두 가지 방법으로 사용할 수 있다.

[DROP 명령]

```
DATA 데이터세트이름;
SET 데이터세트이름
 DROP 변수이름1 변수이름2 … ;
RUN;
```

또는

```
DATA 데이터세트이름(DROP=변수이름1 변수이름2 …);
SET 데이터세트이름;
RUN;
```

이 명령어는 DROP 시킨 변수를 제외한 나머지 변수만 새로 생성되는 데이터세트에 포함된다.

〈DROP 명령 사용 예〉

```
DATA Baseball_1(DROP=id);
SET Baseball;
RUN;
PROC PRINT DATA=Baseball_1;
RUN;
```

즉, Baseball_1 데이터세트에 id 변수가 제외된 것을 확인할 수 있다.

OBS	name	teams	height	weight
1	lee, sanghoon	lg-twins	180	90
2	lim, changyul	samsung-lions	181	85
3	jin, piljung	doosan-bears	179	86
4	song, jinwoo	hanwha-eagles	179	80
5	kim, jinwoo	kia-tigers	183	90

[예제 2-9]

다음의 데이터를 id, name, kor, math, eng 변수로 할당한 후 DROP 명령을 이용하여 kor, math, eng 변수를 제외시켜 'Ex2_9' 데이터세트를 생성하라.

```
001 KIM 50 60 80
002 LEE 60 89 90
003 LIM 90 90 90
004 SONG 90 90 89
005 JOHN 30 60 100
```

풀이 이를 해결하는 방법은 두 가지이다. 하나는 데이터를 입력하면서 처음에 제거하는 방법이며, 다른 하나는 먼저 모든 변수가 포함된 'Ex2_9'를 생성한 후 나중에 kor, math, eng 변수를 제거하는 방법이다. 첫 번째 방법은 다음과 같이 입력하면 된다.

```
DATA Ex2_9 (DROP=kor math eng);
INPUT id name $ kor math eng;
CARDS;
001 KIM 50 60 80
002 LEE 60 89 90
003 LIM 90 90 90
004 SONG 90 90 89
005 JOHN 30 60 100
;
PROC PRINT DATA=Ex2_9;
RUN;
```

다음으로 두 번째 방법은 다음과 같다. 즉, 모든 변수가 포함된 'EX2_9' 데이터세트를 생성하고, 이 데이터세트를 이용하여 kor, math, eng 변수를 제거한 후 또 다른 데이터세트 'EX2_9_1'을 생성하는 방법이다. 여기에는 아직 다루지 않은 SET 명령이 사용되었다.

```
DATA Ex2_9;
INPUT id name $ kor math eng;
CARDS;
001 KIM 50 60 80
002 LEE 60 89 90
003 LIM 90 90 90
004 SONG 90 90 89
005 JOHN 30 60 100
;
DATA Ex2_9_1;
SET Ex2_9;
DROP kor math eng;
RUN;
PROC PRINT DATA=Ex2_9_1;
RUN;
```

그러나 데이터세트를 관리하는 측면에서는 입력된 데이터를 유지하고, 나중에 관리할 데이터세트에 대해 가공하여 사용하는 것이 바람직하기 때문에 두 번째 방법이 좋은 방법이라 할 수 있다.

2) KEEP 명령

데이터세트에 포함되는 변수를 제어하는 명령으로 KEEP 명령이 있다. 이는 DROP 명령과는 반대의 작업을 수행한다. KEEP 명령을 이용하여 데이터세트에 유지할 변수를 지정하면 나머지 변수는 자동으로 해당 데이터세트에서 빠지게 된다.

[KEEP 명령]

```
DATA 데이터세트이름;
SET 데이터세트이름
  KEEP 변수이름1 변수이름2 … ;
RUN;
```

또는

```
DATA 데이터세트이름(KEEP=변수이름1 변수이름2 …);
SET 데이터세트이름;
RUN;
```

[예제 2-10]

앞의 **[예제 2-9]**의 데이터를 이용하여 id, name 변수만 유지하여 'Ex2_10' 데이터세트를 생성하라.

풀이 이를 해결하는 방법은 DROP 명령과 같이 두 가지이다. 즉, 데이터를 입력하면서 id, name 변수만 KEEP하는 방법이다. 다음으로 모든 변수가 포함된 'Ex2_10'을 생성한 후 나중에 id, name 변수를 KEEP하여 새로운 데이터세트 'Ex2_10_1'을 생성하는 방법이다. 첫 번째 방법은 다음과 같이 입력하면 된다.

```
DATA Ex2_10 (KEEP=id name);
INPUT id name $ kor math eng;
CARDS;
001 KIM 50 60 80
002 LEE 60 89 90
```

```
003 LIM 90 90 90
004 SONG 90 90 89
005 JOHN 30 60 100
;
PROC PRINT DATA=Ex2_10;
RUN;
```

두 번째 방법은 다음과 같다.

```
DATA Ex2_10_1;
SET Ex2_10;
KEEP id name;
RUN;
PROC PRINT DATA=Ex2_10_1;
RUN;
```

3) IF-THEN / IF-THEN ELSE IF / IF 명령

데이터세트를 관리하는 과정에서 특정한 조건을 만족하는 데이터들을 따로 관리하거나 분석대상에서 제외시킬 필요가 있을 때, IF-THEN 또는 IF-THEN ELSE IF 명령을 사용한다. 이와 더불어 입력된 데이터들을 새롭게 가공할 때에도 IF-THEN 명령을 사용할 수 있다. 이 명령은 DATA 명령 다음에 올 수 있다. IF-THEN 명령과 IF-THEN ELSE IF 명령의 형식은 다음과 같다.

[IF-THEN 명령]

```
IF 조건 THEN 실행문;
```

[IF-THEN ELSE IF 명령]

```
IF 조건1 THEN 실행문1;
 ELSE IF 조건2 THEN 실행문2;
  :
  :
ELSE 실행문 n;
```

단일 조건인 경우에는 IF-THEN 명령을 사용하고, 두 가지 이상의 조건을 적용할 경우에는 IF-THEN ELSE IF 명령을 적용한다. 이와 함께 특정 조건을 만족하는 데이터만을 선택적으로 지정하고자 할 때는 DATA 문장에서 IF 문을 이용하여 데이터를 선택할 수 있다.

[IF 명령]

```
DATA 데이터세트이름;
SET 데이터세트이름;
IF 조건;
```

다음의 데이터를 이용하여 IF 명령, IF-THEN 명령과 IF-THEN ELSE 명령을 사용하여 새로운 데이터세트를 가공하는 과정을 설명하기로 한다.

5명의 학생의 세 과목에 대한 시험점수를 받아 이를 처리하려고 한다. 이에 대한 자료는 다음의 'SUNGJUK' 데이터세트와 같다. 처리 기준은 세 과목 kor, math, eng 점수 중 한 과목이라도 60점 미만인 학생은 'FAIL'을 지정하고, 만일 세 과목 모두 60점 이상이면 'PASS'를 지정하려고 한다. 이 값은 result라는 변수에 할당한다고 하자.

〈데이터 입력〉

```
DATA Sungjuk;
INPUT id name $ kor math eng;
CARDS;
001 KIM 50 60 80
002 LEE 60 89 90
003 LIM 90 90 90
004 SONG 90 90 89
005 JOHN 30 60 100
;
```

〈IF-THEN ELSE 명령의 사용 예〉

```
DATA Sungjuk;
SET Sungjuk;
IF (kor < 60) OR (math < 60) OR (eng < 60) THEN result = "FAIL";
 ELSE result = "PASS";
RUN;
PROC PRINT DATA=Sungjuk;
RUN;
```

그 결과를 확인하면 다음과 같다.

OBS	id	name	kor	math	eng	result
1	1	KIM	50	60	80	FAIL
2	2	LEE	60	89	90	PASS
3	3	LIM	90	90	90	PASS
4	4	SONG	90	90	89	PASS
5	5	JOHN	30	60	100	FAIL

또한 IF-THEN ELSE IF 명령은 IF-THEN 명령의 확장으로 다음과 같은 경우에 적용할 수 있다. 앞의 데이터로부터 세 과목 점수의 평균이 90점 이상이면 'A', 89~80점이면 'B', 79~70점이면 'C', 그 외에는 'D'인 학점을 주려고 한다. 이를 위해 새로운 변수로 total과 grade를 정의하면, 'total = kor + math + eng'이며, grade는 학점이 할당되는 변수이다. 이를 처리하는 프로그램을 작성하면 다음과 같다.

〈IF-THEN ELSE IF 명령의 사용 예〉

```
DATA Sungjuk_1;
SET Sungjuk;
total=kor+math+eng;
 IF (total/3) >= 90 THEN grade = "A";
  ELSE IF (total/3) >= 80 THEN grade = "B";
   ELSE IF (total/3) >= 70 THEN grade = "C";
    ELSE grade= "D";
RUN;
PROC PRINT DATA=Sungjuk_1;
RUN;
```

IF-THEN ELSE IF 명령은 맨 처음의 IF-THEN 명령과 다음의 ELSE IF-THEN 명령과는 상호 배반의 성격을 가진다. 즉, 위에서부터 조건을 검색하여 부여된 조건을 만족하지 않으면 다음의 ELSE IF-THEN 명령으로 가서 다시 조건을 비교하게 된다. 만일 위에서 부여된 모든 조건을 만족하지 않으면, 최종적으로 맨 마지막 명령인 ELSE 명령을 만나서 비교가 완료된다.

[예제 2-11]

다음은 통계학을 수강하는 10명의 학생들의 점수이다. 학생들의 평점을 부여하라. 이때 95점 이상은 'A+', 90~94점은 'A0', 85~89점은 'B+', 80~84점은 'B0', 75~79점은 'C+', 70~74점은 'C0', 65~69점은 'D+', 60~64점은 'D0', 그 외는 'F'로 평가한다. (단, 평점은 'garde' 변수로 한다. 할당되는 변수는 순서대로 id, name, gender, atten, report, mid, final로 한다. 또한 데이터 중에 시험에 결시한 학생은 '.'으로 나타내었다. 이를 0점으로 처리하여 평가하라.)

```
023401 KIM M 10 20 40 30
023405 HWANG M 10 18 38 28
023410 LEE M 10 19 38 30
023411 LEE F 10 20 29 30
023412 SOE F 10 20 30  .
023415 JUNG F 10 15 20 30
023420 YEUM M 10 19 34 30
023425 KIM M 10 20  . 28
023426 LEE F 10 20 5 10
023458 BAE M 10 20 38 30
```

풀이 시험에 결시한 학생들의 해당 점수를 0점으로 처리하기 위해 IF-THEN 명령을 사용하고, 학점을 평가하기 위해 IF-THEN ELSE IF 명령을 이용한다.

〈데이터 입력〉

```
DATA Ex2_11;
INPUT id $ name $ gender $ atten report mid final;
CARDS;
023401 KIM M 10 20 40 30
```

```
023405 HWANG M 10 18 38 28
023410 LEE M 10 19 38 30
023411 LEE F 10 20 29 30
023412 SOE F 10 20 30  .
023415 JUNG F 10 15 20 30
023420 YEUM M 10 19 34 30
023425 KIM M 10 20  . 28
023426 LEE F 10 20 5 10
023458 BAE M 10 20 38 30
;
PROC PRINT DATA=Ex2_11;
RUN;
```

〈데이터세트 Ex2_11의 출력결과〉

OBS	id	name	gender	atten	report	mid	final
1	023401	KIM	M	10	20	40	30
2	023405	HWANG	M	10	18	38	28
3	023410	LEE	M	10	19	38	30
4	023411	LEE	F	10	20	29	30
5	023412	SOE	F	10	20	30	.
6	023415	JUNG	F	10	15	20	30
7	023420	YEUM	M	10	19	34	30
8	023425	KIM	M	10	20	.	28
9	023426	LEE	F	10	20	5	10
10	023458	BAE	M	10	20	38	30

데이터로부터 두 명의 학생이 중간고사와 기말고사에 각각 결시하여 0점 처리하고, 총점을 계산하여 이를 통해 학점을 부여하는 프로그램은 다음과 같다.

```
DATA Ex2_11;
SET Ex2_11;
 IF mid=. THEN mid=0;           /*중간고사 결시 0점 처리*/
 IF final=. THEN final=0;       /*기말고사 결시 0점 처리*/

 total=atten+report+mid+final;  /*총점 산출*/
```

```
/*학점 계산*/
 IF total>= 95 THEN grade="A+";
  ELSE IF total>= 90 THEN grade="A0";
  ELSE IF total>= 85 THEN grade="B+";
  ELSE IF total>= 80 THEN grade="B0";
  ELSE IF total>= 75 THEN grade="C+";
  ELSE IF total>= 70 THEN grade="C0";
  ELSE IF total>= 65 THEN grade="D+";
  ELSE IF total>= 60 THEN grade="D0";
  ELSE grade="F";
RUN;
```

〈0점 처리 후 출력결과〉

OBS	id	name	gender	atten	report	mid	final	total	grade
1	023401	KIM	M	10	20	40	30	100	A+
2	023405	HWANG	M	10	18	38	28	94	A0
3	023410	LEE	M	10	19	38	30	97	A+
4	023411	LEE	F	10	20	29	30	89	B+
5	023412	SOE	F	10	20	30	0	60	D0
6	023415	JUNG	F	10	15	20	30	75	C+
7	023420	YEUM	M	10	19	34	30	93	A0
8	023425	KIM	M	10	20	0	28	58	F
9	023426	LEE	F	10	20	5	10	45	F
10	023458	BAE	M	10	20	38	30	98	A+

다음은 SAS 프로그램의 비교문장에서 사용되는 논리연산자와 비교연산자를 나타낸 표이다. 논리연산자는 'AND'와 'OR'로서 각각 논리곱과 논리합을 의미하며, AND는 비교되는 모든 결과가 '참(TRUE:T)'일 때 최종 결과가 참이며, OR는 비교결과가 적어도 1개가 참이면 결과는 참이며, 모두 '거짓(FALSE:F)'일 경우에만 결과가 거짓이다.

| 표 2.2 | 논리연산자

<table>
<tr><th>기호</th><th>키워드</th><th>의미</th><th>사용 예</th></tr>
<tr><td>&</td><td>AND</td><td>그리고</td><td>IF (kor=100 AND math=100) THEN··
또는 IF (kor=100 & math=100) THEN··</td></tr>
<tr><td>¦</td><td>OR</td><td>또는</td><td>IF (kor=100 OR math=100) THEN··
또는 IF (kor=100 | math=100) THEN··</td></tr>
</table>

〈논리곱(AND) 연산결과〉

AND	T	F
T	T	F
F	F	F

〈논리합(OR) 연산결과〉

OR	T	F
T	T	T
F	T	F

한편 비교연산자는 변수값의 크기를 비교하는 연산자로 비교결과는 참(T) 또는 거짓(F)으로 나타나며, 문자데이터 또는 수치형 데이터 모두 비교가 가능하다. SAS에서 사용 가능한 비교연산자는 | 표 2.3 |과 같다.

| 표 2.3 | 비교연산자

기호	키워드	의미	사용 예
=	EQ	같다	IF kor=100 THEN·· 또는 IF kor EQ 100 THEN··
^=	NEQ	같지 않다	IF kor^=100 THEN·· 또는 IF kor NE 100 THEN··
<	LT	작다	IF kor<100 THEN·· 또는 IF kor LT 100 THEN··
>	GT	크다	IF kor>100 THEN·· 또는 IF kor GT 100 THEN··
<=	LE	작거나 같다	IF kor<=100 THEN·· 또는 IF kor LE 100 THEN··
>=	GE	크거나 같다	IF kor>=100 THEN·· 또는 IF kor GE 100 THEN··

이처럼 IF-THEN, IF-THEN ELSE IF 명령은 데이터세트에서 데이터를 처리하는 데 중요한 기능을 하는 명령문이다. 이와 더불어 다음의 경우에 IF 명령을 사용하면 유익하다. 즉, 데이터세트를 처리할 때, 특정 조건을 만족하는 데이터들은 따로 분리하여 새로운 데이터세트로 만들 수 있다.

만일 앞의 **[예제 2-11]**에서 성적이 'A+'인 학생에게 장학금을 주려고 할 때, 이들을 새로운 데이터세트에 관리하려면, 다음과 같이 프로그램을 작성하면 된다.

```
DATA Ex2_11_1;
SET Ex2_11;
 IF grade="A+";                    /*학점이 A+인 학생을 선택*/
RUN;
PROC PRINT DATA=Ex2_11_1;
RUN;
```

OBS	id	name	gender	atten	report	mid	final	total	grade
1	023401	KIM	M	10	20	40	30	100	A+
2	023410	LEE	M	10	19	38	30	97	A+
3	023458	BAE	M	10	20	38	30	98	A+

4) WHERE 명령

SAS 프로그램에 데이터베이스를 다룰 경우 조건에 맞는 데이터를 추출하는 명령문이 WHERE 명령이다. 이는 IF-THEN 명령과 같은 기능을 하지만, 활용범위 측면에서 IF-THEN 명령보다 넓게 사용된다. 즉, WHERE 명령은 DATA 문장이나 PROC 문장에서 동시에 활용할 수 있지만 IF-THEN 명령은 DATA 문에서만 사용 가능하다는 차이점이 있다.

[WHERE 명령 : DATA 문장]

```
DATA 데이터세트이름;
SET 데이터세트이름;
  WHERE [IN] 조건;
RUN;
```

[WHERE 명령 : PROC 문장]

```
PROC 프로시저 DATA=데이터세트이름;
명령문;
 WHERE 조건;
RUN;
```

앞의 예로부터 IF 명령문을 WHERE 명령문으로 바꾸어 실행해도 동일한 결과를 얻을 수 있다. WHERE 명령문에서 적용하는 조건문의 경우 IF 문장과 유사하게 적용하거나 IN 명령을 사용하여 다음과 같이 사용할 수 있다.

```
DATA Ex2_11_2;
SET Ex2_11;
 WHERE grade="A+";                    /*학점이 A+인 학생을 선택*/
 /*WHERE grade IN ("A+");*/
RUN;
PROC PRINT DATA=Ex2_11_2;
RUN;
```

5) DELETE 명령

데이터세트에서 특정 레코드를 제거하는 명령어로 주로 IF-THEN 명령과 함께 사용된다. 특정 조건을 만족하는 레코드만을 데이터세트로부터 제거하며, 삭제된 레코드는 데이터세트에서 영구히 삭제되기 때문에 별도로 데이터세트를 관리하는 것이 좋다. DELETE 명령의 형식은 다음과 같다.

[DELETE 명령]

```
IF 조건 THEN DELETE;
```

앞의 **[예제 2-11]**에서 중간고사와 기말고사를 결시한 학생의 점수를 0점을 처리했으나, 만일 이 학생들을 분석에서 제외시키고자 한다면 다음과 같이 'DELETE' 명령을 사용하여 프로그램을 작성하면 된다.

```
DATA Ex2_11_2;
SET Ex2_11;
   IF (mid=0 OR final=0) THEN DELETE;
RUN;
PROC PRINT DATA=Ex2_11_2;
RUN;
```

즉 데이터로부터 id 변수값이 '023412'와 '023425'인 학생은 데이터세트에서 삭제되었으며, 삭제된 결과는 다음과 같다.

OBS	id	name	gender	atten	report	mid	final
1	023401	KIM	M	10	20	40	30
2	023405	HWANG	M	10	18	38	28
3	023410	LEE	M	10	19	38	30
4	023411	LEE	F	10	20	29	30
5	023415	JUNG	F	10	15	20	30
6	023420	YEUM	M	10	19	34	30
7	023426	LEE	F	10	20	5	10
8	023458	BAE	M	10	20	38	30

다음으로 데이터세트를 다루기 위해 꼭 필요한 명령인 SET 명령과 MERGE 명령에 대해 살펴보기로 하자.

6) SET 명령

기존의 데이터세트를 이용하기 위해서 SET 명령을 이용한다. 즉, SAS 내부 또는 라이브러리에 저장된 데이터세트를 이용하여 새로운 데이터 작업을 하고자 할 때는 SET 명령을 이용한다. 이러한 SET 명령은 SAS 프로그램상에서 흔히 사용되는 내용이다. 이때 데이터세트 이름을 중복하여 사용할 경우 SET 명령 이후 변경된 내용이 기존의 데이터세트 이름으로 저장된다. 동일한 내용의 데이터세트를 중복하여 생성하지 않고자 할 때는 동일한 데이터세트 이름을 사용할 수 있다.

[SET 명령]

```
DATA 새로운 데이터세트이름;
SET 기존 데이터세트;
RUN;
```

앞의 예로부터 다음과 같이 동일한 데이터세트 이름을 적용하여 SET 명령을 사용할 경우 기존의 'Ex2_11' 데이터세트가 SET 명령 이후 수행된 작업으로 변경된 내용으로 'Ex2_11'에 저장된다. 즉, 기존의 데이터 중 IF 문장으로 삭제된 데이터가 새롭게 동일한 데이터세트 이름으로 저장된다.

```
DATA Ex2_11;
SET Ex2_11;
  IF (mid=0 OR final=0) THEN DELETE;
RUN;
```

이와 더불어 SET 명령은 이용하여 한 개 이상의 데이터세트를 세로 방향으로 결합하여 새로운 데이터세트를 만들 수 있다. 한편 이러한 세로결합뿐만 아니라 2개의 SET 명령을 이용하여 데이터세트를 가로로 결합할 수 있다.

먼저 세로결합을 위한 SET 명령의 형식은 다음과 같다.

[세로결합을 위한 SET 명령]

```
DATA 새로운 데이터세트이름;
SET 데이터세트1 데이터세트2, … ;
[BY 변수이름;]
RUN;
```

여기서 DATA 명령 다음의 데이터세트 이름은 새로운 데이터세트 이름을 부여할 수도, 새로운 이름을 부여할 수도 있다. 또한 BY 명령은 결합하고자 하는 데이터세트에 존재하는 변수를 기준변수로 지정할 때 사용한다. BY 명령을 적용하여 데이터세트의 결합에서 주의할 점은 위와 같이 2개의 데이터세트에 동일한 데이터가 존재하면, 먼저 있던 데이터는 다음에 결합되는 데이터에 의해 기존의 데이터는 상실된다.

다음으로 가로결합을 위한 SET 명령의 형식은 다음과 같다.

[가로결합을 위한 SET 명령]

```
DATA 새로운 데이터세트이름;
SET 데이터세트1;
SET 데이터세트2;
RUN;
```

데이터세트를 가로결합할 경우 두 개의 SET 명령을 사용하며, 이때 가로결합되는 두 데이터세트에 있는 관찰치의 수가 서로 다르면 관찰치의 수가 적은 데이터세트를 기준으로 결합하기 때문에 관찰치 수가 많은 데이터세트의 데이터는 잘려나간다.

[SET 명령의 특징]

① 결합하는 두 개의 데이터세트에 동일한 변수명이 존재하면, 해당 변수이름에 따라 세로로 결합된다.
② 만일 두 개의 데이터세트에 서로 다른 변수명이 존재하는 경우에는 세로로 결합되면서 결측(·)으로 채워진다.
③ 두 개의 데이터세트를 특정한 변수를 기준으로 결합하려면 BY 명령을 이용한다. 이때 결합하려는 데이터세트는 정렬(SORT)되어야 한다. 결합되는 데이터세트에는 동일한 변수이름을 갖는 특정변수가 존재해야 한다.

[예제 2-12]

다음 데이터세트를 성별(gender)에 따라 2개의 데이터세트(MALE, FEMALE)로 분리한 다음 다시 하나의 데이터세트로 세로 결합하라. (단, 변수는 순서대로 id, name, gender, atten, report, mid, fin이다.)

```
023401 KIM M 10 20 40 30
023405 HWANG M 10 18 38 28
023410 LEE M 10 19 38 30
023411 LEE F 10 20 29 30
023412 SOE F 10 20 30  .
023415 JUNG F 10 15 20 30
023420 YEUM M 10 19 34 30
023425 KIM M 10 20  . 28
023426 LEE F 10 20 5 10
023458 BAE M 10 20 38 30
```

풀이 먼저 'Ex2_12'로 데이터세트를 만든다.

```
DATA Ex2_12;
INPUT id $ name $ gender $ atten report mid fin;
CARDS;
023401 KIM M 10 20 40 30
023405 HWANG M 10 18 38 28
023410 LEE M 10 19 38 30
023411 LEE F 10 20 29 30
```

```
023412 SOE F 10 20 30  .
023415 JUNG F 10 15 20 30
023420 YEUM M 10 19 34 30
023425 KIM M 10 20  . 28
023426 LEE F 10 20 5 10
023458 BAE M 10 20 38 30
;
```

다음으로 성별(gender)에 따라 데이터세트를 분리하기 위해 다음과 같이 IF 명령문을 이용하여 gender = 'M'이면 MALE 데이터세트로 gender = 'F'이면 FEMALE 데이터세트로 분리한다.

```
DATA MALE;
SET Ex2_12;
 IF gender="M";
RUN;
PROC PRINT DATA=MALE;
RUN;
DATA FEMALE;
SET Ex2_12;
 IF gender="F";
RUN;
PROC PRINT DATA=FEMALE;
RUN;
```

이에 대한 결과는 먼저 MALE 데이터세트의 출력결과는 다음과 같다.

OBS	id	name	gender	atten	report	mid	fin
1	023401	KIM	M	10	20	40	30
2	023405	HWANG	M	10	18	38	28
3	023410	LEE	M	10	19	38	30
4	023420	YEUM	M	10	19	34	30
5	023425	KIM	M	10	20	.	28
6	023458	BAE	M	10	20	38	30

또한 FEMALE 데이터세트의 출력결과는 다음과 같다.

OBS	id	name	gender	atten	report	mid	fin
1	023411	LEE	F	10	20	29	30
2	023412	SOE	F	10	20	30	.
3	023415	JUNG	F	10	15	20	30
4	023426	LEE	F	10	20	5	10

이와 같이 하나의 Ex2_12 데이터세트가 MALE과 FEMALE로 분리되었으며, 이를 다시 결합하기 위해 SET 명령을 이용한다.

```
DATA Ex2_12_1;
SET MALE FEMALE;
RUN;
PROC PRINT DATA=Ex2_12_1;
RUN;
```

OBS	id	name	gender	atten	report	mid	fin
1	023401	KIM	M	10	20	40	30
2	023405	HWANG	M	10	18	38	28
3	023410	LEE	M	10	19	38	30
4	023420	YEUM	M	10	19	34	30
5	023425	KIM	M	10	20	.	28
6	023458	BAE	M	10	20	38	30
7	023411	LEE	F	10	20	29	30
8	023412	SOE	F	10	20	30	.
9	023415	JUNG	F	10	15	20	30
10	023426	LEE	F	10	20	5	10

참고로 원본 데이터세트를 두 개 이상의 데이터세트로 분리할 경우 분리되는 데이터세트 이름을 DATA 명령 다음에 순서대로 나열하고, IF 명령을 이용하여 분리되는 데이터세트를 지정하면 된다. 여기에 사용되는 명령이 OUTPUT이다. 데이터세트를 분리하는 과정에서 IF 문장과 더불어 OUTPUT 명령을 사용하면 된다.

〈OUTPUT 명령 이용 예〉

```
DATA MALE_1 FEMALE_1;
SET Ex2_12;
 IF gender="M" THEN OUTPUT MALE_1;
 ELSE OUTPUT FEMALE_1;
RUN;
```

[예제 2-13]

다음의 두 개의 데이터세트에 대해 'SCHOOL' 데이터세트는 id(문자형), name(문자형), gender(문자형), atten(숫자형), mid(숫자형), fin(숫자형) 변수로 데이터를 할당하고, 'STUDENT' 데이터세트는 id(문자형), year(숫자형), house(문자형), region(문자형), age(숫자형) 변수로 데이터를 할당한다.
그러면 SET 명령을 이용한 가로결합을 실시하시오.

〈SCHOOL 데이터세트〉

```
023401 KIM M 10 20 40 30
023405 HWANG M 10 18 38 28
023410 LEE M 10 19 38 30
023411 LEE F 10 20 29 30
023412 SOE F 10 20 30  .
023415 JUNG F 10 15 20 30
023420 YEUM M 10 19 34 30
023425 KIM M 10 20  . 28
023426 LEE F 10 20 5 10
023458 BAE M 10 20 38 30
```

〈STUDENT 데이터세트〉

```
023401 2 1 S 20
023405 2 1 S 21
023410 2 2 S 20
023411 3 2 M 23
023412 3 2 M 23
023415 2 2 M 22
023420 4 2 L 24
023425 4 2 L 25
023426 4 1 S 25
023458 3 1 S 21
```

풀이 우선 두 개의 데이터세트를 생성한 후, SET 명령을 이용하여 다음과 같이 결합한다.

〈SCHOOL 데이터세트 생성〉

```
DATA School;
INPUT id $ name $ gender $ atten report mid fin;
CARDS;
데이터
;
```

〈STUDENT 데이터세트 생성〉

```
DATA Student;
INPUT id $ year house region $ age;
CARDS;
데이터
;
```

〈SCHOOL 데이터세트와 STUDENT 데이터세트의 가로결합〉

```
DATA Enroll;
 SET School;
 SET Student;
RUN;
PROC PRINT DATA=Enroll;
RUN;
```

〈Enroll 데이터세트의 출력결과〉

OBS	id	name	gender	atten	report	mid	fin	year	house	region	age
1	023401	KIM	M	10	20	40	30	2	1	S	20
2	023405	HWANG	M	10	18	38	28	2	1	S	21
3	023410	LEE	M	10	19	38	30	2	2	S	20
4	023411	LEE	F	10	20	29	30	3	2	M	23
5	023412	SOE	F	10	20	30	.	3	2	M	23
6	023415	JUNG	F	10	15	20	30	2	2	M	22
7	023420	YEUM	M	10	19	34	30	4	2	L	24
8	023425	KIM	M	10	20	.	28	4	2	L	25
9	023426	LEE	F	10	20	5	10	4	1	S	25
10	023458	BAE	M	10	20	38	30	3	1	S	21

[예제 2-14]

[예제 2-13]의 데이터세트를 이용하여 School 데이터세트와 Student 데이터세트를 세로 결합하여 'Ex2_14'를 생성하여 출력하시오.

풀이 **[예제 2-13]**으로부터 생성된 School 데이터세트와 Student 데이터세트를 이용하여 다음과 같이 입력한다.

```
DATA Ex2_14;
 SET School Student;
RUN;
PROC PRINT DATA=Ex2_14;
RUN;
```

세로결합 결과 School 데이터세트와 Student 데이터세트가 동일한 ID를 갖는 학생들임에도 서로 다른 데이터로 결합되었으며 각각의 데이터세트에서 없는 변수의 경우 해당 데이터는 결측(·)으로 나타나고 있다.

OBS	id	name	gender	atten	report	mid	fin	year	house	region	age
1	023401	KIM	M	10	20	40	30	.	.		.
2	023405	HWANG	M	10	18	38	28	.	.		.
3	023410	LEE	M	10	19	38	30	.	.		.
4	023411	LEE	F	10	20	29	30	.	.		.
5	023412	SOE	F	10	20	30	.	.	.		.
6	023415	JUNG	F	10	15	20	30	.	.		.
7	023420	YEUM	M	10	19	34	30	.	.		.
8	023425	KIM	M	10	20	.	28	.	.		.
9	023426	LEE	F	10	20	5	10	.	.		.
10	023458	BAE	M	10	20	38	30	.	.		.
11	023401			.	.	.	.	2	1	S	20
12	023405			.	.	.	.	2	1	S	21
13	023410			.	.	.	.	2	2	S	20
14	023411			.	.	.	.	3	2	M	23
15	023412			.	.	.	.	3	2	M	23
16	023415			.	.	.	.	2	2	M	22
17	023420			.	.	.	.	4	2	L	24
18	023425			.	.	.	.	4	2	L	25
19	023426			.	.	.	.	4	1	S	25
20	023458			.	.	.	.	3	1	S	21

한편 추가로 두 개의 데이터세트에 동시에 존재하는 id 변수를 기준으로 세로 결합한 경우 어떻게 데이터세트가 생성되는지를 살펴보자. 먼저 id 변수를 기준으로 정렬(SORT)한 후 이를 SET 명령을 이용하여 세로 결합하는 프로그램은 다음과 같다.

〈id 변수를 기준으로 세로결합을 위한 프로그램〉

```
PROC SORT DATA=school; BY id;RUN;    /*school 데이터세트 정렬*/
PROC SORT DATA=student; BY id; RUN; /*student 데이터세트 정렬*/
DATA Ex2_14_1;                      /*세로결합*/
 SET school student;
 BY id;                             /*결합 기준변수*/
RUN;
PROC PRINT DATA=Ex2_14_1;
RUN;
```

OBS	id	name	gender	atten	report	mid	fin	year	house	region	age
1	023401	KIM	M	10	20	40	30	.	.		.
2	023401			.	.	.	.	2	1	S	20
3	023405	HWANG	M	10	18	38	28	.	.		.
4	023405			.	.	.	.	2	1	S	21
5	023410	LEE	M	10	19	38	30	.	.		.
6	023410			.	.	.	.	2	2	S	20
7	023411	LEE	F	10	20	29	30	.	.		.
8	023411			.	.	.	.	3	2	M	23
9	023412	SOE	F	10	20	30	.	.	.		.
10	023412			.	.	.	.	3	2	M	23
11	023415	JUNG	F	10	15	20	30	.	.		.
12	023415			.	.	.	.	2	2	M	22
13	023420	YEUM	M	10	19	34	30	.	.		.
14	023420			.	.	.	.	4	2	L	24
15	023425	KIM	M	10	20	.	28	.	.		.
16	023425			.	.	.	.	4	2	L	25
17	023426	LEE	F	10	20	5	10	.	.		.
18	023426			.	.	.	.	4	1	S	25
19	023458	BAE	M	10	20	38	30	.	.		.
20	023458			.	.	.	.	3	1	S	21

7) MERGE 명령

앞의 **[예제 2-14]**에서와 같이 SET 명령은 데이터세트를 세로 결합할 경우 적합하지만, 가로결합에는 적절하지 않은 명령이다. 따라서 두 개 이상의 데이터세트를 가로결합하기 위한 명령으로는 MERGE 명령이 있다.

MERGE 명령은 SET 명령과는 달리 기존의 두 개의 데이터세트를 가로로 결합(병합)한다. 만일 결합되는 두 개의 데이터세트에 동일한 변수명이 존재하면, 순서상 나중에 결합되는 데이터에 의해 덮어쓰기가 된다. 또한 BY 명령문을 이용하여 결합하면, BY 다음의 변수를 기준으로 두 개 이상의 데이터세트가 하나로 결합된다. 이때, BY 명령문을 이용하기 위해서는 먼저 SORT 프로시저로 데이터들이 정렬되어 있어야 한다.

[MERGE 명령]

```
DATA 데이터세트이름;
 MERGE 데이터세트1 데이터세트2 … ;
BY 변수이름;
RUN;
```

다음은 MERGE 명령의 특징을 간단히 요약한 것으로 두 개 이상의 데이터세트를 가로결합할 때 이와 같은 사항을 염두에 두면 유용할 것이다.

[MERGE 명령의 특징]

① 결합되는 두 개의 데이터세트에 동일한 변수명이 존재하면, 나중에 결합되는 데이터에 의해 덮어쓰기가 된다.
② 만일 두 개의 데이터세트에 서로 다른 변수명이 존재하는 경우에는 모든 변수들이 존재하는 하나의 데이터세트로 결합된다.
③ 특정한 변수를 동시에 포함한 두 데이터세트를 결합할 때는 BY 명령을 이용하여 결합하는 것이 바람직하다. BY 명령을 적용하지 않는 경우 직접 결합이 적용되어 전혀 다른 값들이 결합될 수 있다.

[예제 2-15]

[예제 2-14]에서 사용된 SCHOOL 데이터세트와 STUDENT 데이터세트를 id 변수를 기준으로 가로결합하여 'EX2_15' 데이터세트를 생성하시오.

풀이 두 개의 데이터세트를 각각 생성하고, id 변수를 기준으로 정렬한 후 가로결합을 위한 프로그램을 다음과 같이 입력한다.

```
PROC SORT DATA=school;
BY id;
RUN;
PROC SORT DATA=student;
BY id;
RUN;
DATA Ex2_15;
 MERGE school student;   /*id를 기준으로 가로결합*/
BY id;
RUN;
PROC PRINT DATA=Ex2_15;
RUN;
```

이에 대한 결과는 다음과 같다.

OBS	id	name	gender	atten	report	mid	fin	year	house	region	age
1	023401	KIM	M	10	20	40	30	2	1	S	20
2	023405	HWANG	M	10	18	38	28	2	1	S	21
3	023410	LEE	M	10	19	38	30	2	2	S	20
4	023411	LEE	F	10	20	29	30	3	2	M	23
5	023412	SOE	F	10	20	30	.	3	2	M	23
6	023415	JUNG	F	10	15	20	30	2	2	M	22
7	023420	YEUM	M	10	19	34	30	4	2	L	24
8	023425	KIM	M	10	20	.	28	4	2	L	25
9	023426	LEE	F	10	20	5	10	4	1	S	25
10	023458	BAE	M	10	20	38	30	3	1	S	21

위의 결과로부터 id 변수가 'school' 데이터세트와 'student' 데이터세트에 동시에 존재하기 때문에 id 변수를 기준으로 가로결합이 되었음을 확인할 수 있다.

[예제 2-16]

다음의 두 개의 데이터세트에 대해 school2 데이터세트는 id(문자형), name(문자형), gender(문자형), atten(수치형), mid(수치형), fin(수치형) 변수로 데이터를 할당하고,

student2 데이터세트는 id(문자형), year(수치형), house(문자형), region(문자형), age(수치형) 변수로 데이터를 할당한다. 그러면 이들 두 개의 데이터세트를 가로결합하시오.

〈School2 데이터세트〉

```
023401 KIM M 10 20 40 30
023405 HWANG M 10 18 38 28
023410 LEE M 10 19 38 30
023411 LEE F 10 20 29 30
023412 SOE F 10 20 30  .
023415 JUNG F 10 15 20 30
023420 YEUM M 10 19 34 30
023425 KIM M 10 20  . 28
023426 LEE F 10 20 5 10
023458 BAE M 10 20 38 30
```

〈Student2 데이터세트〉

```
023401 2 1 S 20
023410 2 2 S 20
023411 3 2 M 23
023415 2 2 M 22
023420 4 2 L 24
023425 4 2 L 25
023458 3 1 S 21
```

풀이 두 개의 데이터세트를 각각 생성하고, id 변수를 기준으로 정렬한 후 가로결합을 위한 프로그램을 다음과 같이 입력한다.

```
PROC SORT DATA=school2;
BY id;                     /*id를 기준으로 정렬*/
RUN;
PROC SORT DATA=student2;
BY id;                     /*id를 기준으로 정렬*/
RUN;
DATA Ex2_16;
MERGE school2 student2;    /*id를 기준으로 가로결합*/
BY id;
RUN;
PROC PRINT DATA=Ex2_16;
RUN;
```

OBS	id	name	gender	atten	report	mid	fin	year	house	region	age
1	023401	KIM	M	10	20	40	30	2	1	S	20
2	023405	HWANG	M	10	18	38	28	.	.		.
3	023410	LEE	M	10	19	38	30	2	2	S	20
4	023411	LEE	F	10	20	29	30	3	2	M	23
5	023412	SOE	F	10	20	30	.	.	.		.
6	023415	JUNG	F	10	15	20	30	2	2	M	22
7	023420	YEUM	M	10	19	34	30	4	2	L	24
8	023425	KIM	M	10	20	.	28	4	2	L	25
9	023426	LEE	F	10	20	5	10	.	.		.
10	023458	BAE	M	10	20	38	30	3	1	S	21

8) RENAME 명령문

기존의 데이터세트에 존재하는 변수이름을 새로운 변수이름으로 이름을 변경하고자 할 때 사용되는 명령문이다. 마치 윈도우즈에서 물리적으로 파일이름을 변경할 때와 같이 변수이름을 변경한다.

[RENAME 명령문]

```
DATA 데이터세트이름;
SET 데이터세트이름;
RENAME 기존의 변수이름=새로운 변수이름;
RUN;
```

[예제 2-17]

다음의 데이터세트에 대해 'Ex2_17' 데이터세트를 id(문자형), name(문자형), gender(문자형), atten(수치형), mid(수치형), fin(수치형) 변수로 데이터를 할당하여 입력하시오. 입력된 변수 중에서 mid와 fin 변수이름을 각각 'midexam'과 'finexam'으로 변경하시오.

```
023401 KIM M 10 20 40 30
023405 HWANG M 10 18 38 28
023410 LEE M 10 19 38 30
023411 LEE F 10 20 29 30
023412 SOE F 10 20 30  .
023415 JUNG F 10 15 20 30
023420 YEUM M 10 19 34 30
023425 KIM M 10 20  . 28
023426 LEE F 10 20 5 10
023458 BAE M 10 20 38 30
```

풀이 **[예제 2-12]**와 같이 데이터를 입력하고 데이터세트 이름을 'Ex2_17'로 입력한 후 문제에서 제시한 mid와 fin 변수이름을 다음과 같이 새로운 이름으로 변경한다.

〈데이터세트 입력〉

```
DATA Ex2_17;
INPUT id $ name $ gender $ atten report mid fin;
CARDS;
023401 KIM M 10 20 40 30
023405 HWANG M 10 18 38 28
023410 LEE M 10 19 38 30
023411 LEE F 10 20 29 30
023412 SOE F 10 20 30  .
023415 JUNG F 10 15 20 30
023420 YEUM M 10 19 34 30
023425 KIM M 10 20  . 28
023426 LEE F 10 20 5 10
023458 BAE M 10 20 38 30
;
```

[RENAME 명령 입력]

```
DATA Ex2_17;
SET Ex2_17;
RENAME mid = midexam
       fin = finexam;          /*새로운 변수이름으로 변경*/
RUN;
```

〈변수이름 변경 결과〉

OBS	id	name	gender	atten	report	midexam	finexam
1	023401	KIM	M	10	20	40	30
2	023405	HWANG	M	10	18	38	28
3	023410	LEE	M	10	19	38	30
4	023411	LEE	F	10	20	29	30
5	023412	SOE	F	10	20	30	.
6	023415	JUNG	F	10	15	20	30
7	023420	YEUM	M	10	19	34	30
8	023425	KIM	M	10	20	.	28
9	023426	LEE	F	10	20	5	10
10	023458	BAE	M	10	20	38	30

9) RETAIN 명령문

RETAIN 명령은 주로 특정변수의 합이나, 곱의 연산에서 변수값을 초기와 할 때 유용하게 사용된다. 만일 특정 변수의 누적 합을 구하고자 할 때 SAS 프로그램에서는 특정 변수에 대한 초기값을 0으로 또는 특정 값으로 초기화한 후 누적하여 그 변수의 누적합을 구하고자 할 때 사용된다. 한편 누적곱을 구하고자 할 때 초기값은 1로 설정할 때에도 RETAIN 명령을 이용한다.

[RETAIN 명령문]

```
DATA 데이터세트이름;
SET 데이터세트이름;
RETAIN 변수이름1 초기값1 변수이름2 초기값2 … ;
RUN;
```

RETAIN 명령을 이용하여 '**1부터 100까지의 합**'을 구하는 프로그램을 작성해보자. 우선 누적 합을 구하기 위해 RETAIN 명령을 이용하여 변수를 초기화해야 하며, 프로그램은 다음과 같이 작성된다.

```
DATA A;
 RETAIN sum 0;             /*초기값 설정*/
  DO i=1 TO 100 BY 1;
    sum=i+sum;
  END;
OUTPUT;
RUN;
PROC PRINT DATA=A;
 VAR i sum;
RUN;
```

[예제 2-18]

다음의 문제를 해결하기 위한 프로그램을 작성하시오.

① 1부터 100까지 홀수의 합을 구하시오. (1+3+⋯99)

② 0부터 100까지의 숫자 중 5의 배수의 누적합을 구하시오. (5+10+⋯100)

③ 1부터 10까지 누적곱(계승)을 구하시오. (10! = 1 × 2 × 3 × ⋯ × 10)

풀이 위의 예제는 별도의 데이터세트를 작성할 필요가 없기 때문에 데이터세트 이름은 '_NULL_'로 부여하여 프로그램을 작성해보자. 이런 경우 앞에서 배운 바와 같이 연산결과는 모두 '로그 윈도우'에 나타난다.

① 1부터 100까지의 홀수 누적합을 구하는 프로그램

```
DATA _NULL_;
RETAIN sum 0;           /*sum 변수를 0으로 초기화*/
DO i=1 to 100 by 2;     /*홀수 발생*/
 sum=sum+i;
END;
OUTPUT;
PUT '1부터 100까지 홀수의 합(1+3++99)=' SUM;
RUN;
```

```
DATA _NULL_;
RETAIN sum 0;
DO i=1 to 100 by 2;
sum=sum+i;
END;
OUTPUT;
PUT '1부터 100까지 홀수의 합(1+3+...+99)=' SUM;
RUN;

1부터 100까지 홀수의 합(1+3+...+99)=2500
NOTE: DATA 문장 실행(총 프로세스 시간):
      실행 시간           0.03 초
      cpu 시간            0.03 초
```

② 100까지의 숫자 중 5의 배수의 누적합을 구하는 프로그램

```
DATA _NULL_;
RETAIN sum 0;            /*sum 변수를 0으로 초기화*/
DO i=0 to 100 by 5;      /*5의 배수 발생*/
 sum=sum+i;
END;
OUTPUT;
PUT '0부터 100까지 5의 배수의 합(5+10++100)=' SUM;
RUN;
```

```
DATA _NULL_;
RETAIN sum 0;
DO i=0 to 100 by 5;
sum=sum+i;
END;
OUTPUT;
PUT '0부터 100까지 5의 배수의 합(5+10+...+100)=' SUM;
RUN;

0부터 100까지 5의 배수의 합(5+10+...+100)=1050
NOTE: DATA 문장 실행(총 프로세스 시간):
      실행 시간           0.03 초
      cpu 시간            0.03 초
```

③ 1부터 10까지 누적곱(10!)을 구하는 프로그램

```
DATA _NULL_;
RETAIN fac10 1;            /*fac10 변수를 1로 초기화*/
DO i=0 to 10;
 fac10=fac10*i;
END;
OUTPUT;
PUT '1부터 10까지 누적곱(1*2*…*10): 10!=' fac10;
RUN;
```

```
DATA _NULL_;
RETAIN fac10 1;
DO i=1 to 10 ;
 fac10=fac10*i;
END;
OUTPUT;
PUT '1부터 10까지 누적곱(1*2*...*10): 10!=' fac10;
RUN;

1부터 10까지 누적곱(1*2*...*10): 10!=3628800
NOTE: DATA 문장 실행(총 프로세스 시간):
      실행 시간           0.04 초
      cpu 시간            0.03 초
```

10) DO-END 명령문

특정한 변수의 값이 연속적으로 동일한 간격으로 변화할 때, SAS에서는 DO 명령문을 이용한다. DO 명령문을 이용하여 처리된 변수의 값은 일정한 간격의 값을 갖게 되며, 값의 변화 단계별로 출력하고자 할 때는 DO-END 명령문 중간에 OUTPUT 문장을 삽입함으로써 가능하다. 만일 연산의 최종값만을 데이터세트에 저장하고자 할 때는 END 문장 다음에 OUTPUT 문장을 주면 된다.

DO 명령문에 특정한 조건을 부여하고자 할 때는 UNTIL이나 WHILE 명령을 함께 사용한다. 하나의 DO 명령문은 하나의 END 문장과 쌍을 이루며, 따라서 항상 DO 명령문의 끝은 END 문장임을 주의해야 한다. DO 명령문의 일반적인 형식은 다음과 같다.

[DO-END 명령문]

```
DATA 데이터세트이름;
 DO 변수이름=초기값 TO 최종값 [BY 증분] [UNTIL 조건] [WHILE 조건];
     :
     :
  [OUTPUT;]
 END;
  [OUTPUT;]
RUN;
```

만일 변수의 값이 10, 30, 50과 같이 연속적으로 변화하는 값이 아닌 경우에는 다음과 같은 방법으로 입력하면 된다.

[DO-END 명령문 : 불연속적인 숫자 처리]

```
DO 변수이름 = 변수값1, 변수값2, … ;
  :
END;
```

또한 변수의 값이 문자일 때 DO 명령을 이용하여 입력하고자 할 때는 다음과 같이 지정하면 된다.

[DO-END 명령문 : 문자 처리]

```
DO 변수이름 = '문자1', '문자2', … ;
  :
END;
```

[예제 2-19]

DO-END 명령문을 이용하여 다음 데이터를 입력하라.

	학년	응답자	'찬성'이라고 응답한 수
남학생	1	40	17
	2	30	21
	3	40	20
	4	50	30
	5	52	30
	6	50	30
여학생	1	30	11
	2	50	13
	3	40	20
	4	50	21
	5	50	20
	6	52	15

데이터의 각 행은 초등학교 1학년부터 6학년까지의 학생들이 "학교 앞 어린이 보호구역 설치에 대한 설문"에 대해 응답한 학생 수와 해당 질문에 '찬성'이라고 응답한 학생 수이며 이들은 각각 '남학생'과 '여학생'으로 구분된다. 이때 변수이름은 학생: student, 남학생: boy, 여학생: girl, 학년: grade, 응답자: response, '찬성'이라고 응답한 수: yes로 한다.

풀이 우선 DO 명령을 이용할 수 있는 변수는 student와 grade이다. 따라서 2개의 DO 명령문과 END 문장이 필요하며, 다음과 같이 프로그램을 작성하면 된다.

```
DATA Ex2_19;
 LENGTH student $4.;             /*student 변수의 길이를 4바이트로 고정*/
DO grade=1 TO 6 BY 1;            /*학년 자동입력*/
 DO student='boy', 'girl';       /*남여학생 입력*/
   INPUT response yes @@;
   OUTPUT;
 END;
END;
CARDS;
 40 17 30 11
 30 21 50 13
 40 20 40 20
 50 30 50 21
 52 30 50 20
 50 30 52 15
;
PROC PRINT DATA=Ex2_19;
RUN;
```

OBS	student	grade	response	yes
1	boy	1	40	17
2	girl	1	30	11
3	boy	2	30	21
4	girl	2	50	13
5	boy	3	40	20
6	girl	3	40	20
7	boy	4	50	30
8	girl	4	50	21
9	boy	5	52	30
10	girl	5	50	20
11	boy	6	50	30
12	girl	6	52	15

[예제 2-20]

DO-END 명령을 이용하여 0부터 30까지의 수중에서 3의 배수만의 합을 구하고, 각 단계별로 합을 출력하라. 즉, 3+6+⋯+30의 합을 구하고, 0+3, 3+6, 3+6+9, ⋯과 같이 누적 합을 구하라.

풀이 DO-END 명령을 이용하여 다음과 같이 프로그램을 작성한다. 이와 더불어 변수의 초기화를 위해 RETAIN 명령을 함께 사용해야 한다. 단계별 계산 결과를 저장하기 위해 DO-END 명령 내부에 OUTPUT 문장을 사용하였다. 만일 최종 결과만을 출력하고자 할 경우에는 END 문 다음에 OUTPUT 문장을 사용하면 된다.

```
DATA Ex2_20;
 RETAIN sum 0;
  DO i=0 TO 30 BY 3;
   sum=sum+i;
   OUTPUT;            /*단계별 결과 저장*/
  END;
PROC PRINT DATA=Ex2_20;
 VAR i sum;
RUN;
```

OBS	i	sum
1	0	0
2	3	3
3	6	9
4	9	18
5	12	30
6	15	45
7	18	63
8	21	84
9	24	108
10	27	135
11	30	165

11) ARRAY 명령문

일반적으로 SAS에서는 변수에 할당된 값을 LINE 단위로 읽으며, 이를 저장할 때는 하나의 데이터세트를 지정하여 저장한다. 그런데 입력된 변수와 데이터를 배열형식으로 지정하여 데이터들을 하나의 배열 원소로 다룰 수 있다. 이때 사용되는 명령문이 ARRAY 명령문이다. 동일 속성을 갖는 변수들을 처리할 때 사용하며, 데이터세트에서 변수를 관찰값으로 바꾸거나, 관찰값을 변수로 바꿀 때 사용할 수 있다. ARRAY 명령문의 일반적인 형식은 다음과 같다.

[ARRAY 명령문 : 1차원 배열]

```
DATA 데이터세트이름;
 ARRAY 배열이름 {배열의 크기} 변수이름1 변수이름2 … ;
RUN;
```

여기서 배열이름은 변수이름과는 다르며, 배열이름 다음의 변수이름들은 배열의 원소로 취급되는 변수들을 지정한 것이다.

[ARRAY 명령문 : 다차원 배열]

```
DATA 데이터세트이름;
 ARRAY 배열이름 {행, 열} 변수이름1 변수이름2 … ;
RUN;
```

ARRAY 명령문의 특성을 잘 알 수 있으면, SAS 프로그램에서 대용량 데이터 처리 과정을 보다 쉽게 처리할 수 있다. 그에 대한 주요한 특성을 살펴보면 다음과 같다.

① 변수 범위 지정
- 변수이름들은 마지막 문자를 제외하고 같아야 한다.
- 변수이름의 마지막은 반드시 숫자이어야 한다.

(예) ARRAY abc{4} a1 a2 a3 a4 ;
→ ARRAY abc{4} a1-a4 ;

② 숫자 변수의 지정
- 현재 데이터 단계에서 이미 지정된 모든 숫자 변수를 지정한다.

(예) ARRAY abc{*} _numeric_;

③ 문자변수의 지정

- 현재 데이터 단계에서 이미 지정된 모든 문자변수를 지정한다.

(예) ARRAY abc{*} _character_;

④ 모든 변수의 지정

- 현재 데이터 단계에서 이미 지정된 모든 변수를 지정한다.

(예) ARRAY abc{*} _all_;

⑤ 배열의 참조

- 배열의 인덱스 값은 괄호 '{ }'를 지정하며, 정수, 숫자변수, 수치형 수식을 지정한다.
- 배열 차원의 범위 이내에서 참조할 수 있다.
- DO-END 명령문에서 배열 참조는 DIM( ) 함수를 사용하여 참조할 수 있다.

[배열 참조형식-1]

```
ARRAY 배열이름 {배열 크기} 변수이름;
      배열이름 {인덱스 값}
```

[배열 참조형식-2]

```
ARRAY 배열이름 {배열 크기} 변수이름;
  DO i=1 TO DIM(배열이름);
   :
   :
  END;
```

⑥ ARRAY 명령에서 신규변수 생성

- 새로운 변수를 생성하여 결과를 출력할 때 사용할 수 있다.
- 배열로 지정된 변수에 대한 연산결과를 새로운 배열 변수로 지정한다.
- 이 경우 두 개의 ARRAY 명령문을 사용한다.

[배열을 사용한 신규변수 지정 형식]

```
ARRAY 배열이름1 {배열 크기} 변수이름;
ARRAY 신배열이름1 {배열 크기} 변수이름2;
```

⑦ ARRAY 명령문에서 문자변수의 배열 생성

- 배열 차원 지정 다음에 '$ 문자길이'를 추가하여 문자변수를 지정할 수 있다.
- 문자 변수값에 대한 초기값을 지정할 수 있다.
- 임시배열은 _temporary_로만 지정하며 결과 데이터세트에는 이러한 임시배열은 나타나지 않는다.

[문자변수의 배열 지정형식]

```
ARRAY 배열이름 {배열크기} $;
ARRAY 배열이름 {배열크기} $문자길이;
ARRAY 배열이름 {배열크기} $변수('초기값');
ARRAY 배열이름 {배열크기} 변수 (초기값);
ARRAY 배열이름 {배열크기} _temporary_ (초기값);
```

[예제 2-21]

다음은 ARRAY 명령을 사용하여 작성한 프로그램의 일부이다. ARRAY 명령이 나타내는 의미를 설명하시오.

① ARRAY rain {5} janr febr marr aprr mayr;

② ARRAY x {10} x1-x10 (5*(5 5));

③ ARRAY test {4} t1-t4 (90 80 2*70);

④ ARRAY test2 {*} $ a1 a2 a3 ('a','b','c');

⑤ ARRAY new {2:5} green jacobs denato fetzer;

⑥ ARRAY x {10} (2*1:5);

⑦ ARRAY test {3:4, 3:7} test1-test10;

풀이

① 1차원 배열로서 rain[1], … rain[5]까지를 각각 janr부터 mayr까지 변수를 대신하여 배열로 사용하고 있다. 이때 각 배열은 수치형 데이터를 할당한다.

② x1부터 x10까지의 데이터를 초기값이 모두 5인 1차원 배열 x[1] … x[10]에 할당한다.

③ t1부터 t4까지 4개의 변수에 대해 test[1]부터 test[4]까지의 배열에 초기값 90, 80, 70, 70을 할당한다.

④ 변수 a1, a2, a3를 배열 test2[1], test2[2], test2[3]의 초기값으로 문자데이터인 'a', 'b', 'c'를 각각 할당한다.

⑤ green, jacobs, denato, fetzer의 4개 변수를 new[2], … , new[5]까지 4개의 배열에 할당한다.

⑥ x[1] … x[10]까지 10개의 배열변수에 초기값으로 1, 2, 3, 4, 5를 할당한다. 즉, x[1]~x[5]에 1~5의 초기값을 배열에 할당하고, x[6]~x[10]까지의 배열에 1~5까지의 값으로 할당한다.

⑦ test1~test10의 10개 변수를 2차원 배열변수인 test[3,3], test[3,4], … , test[4,7]인 10개 배열에 할당한다.

12) LABEL 명령문

일반적으로 SAS 프로그램은 데이터세트에 입력된 변수이름을 프로시저 단계를 거쳐 출력된다. 그러나 변수이름에 사용자의 편의에 따라 특정한 이름이나 설명을 붙여줌으로써 분석과정에서 해당 변수의 의미를 쉽게 파악하기 위해 LABEL 명령을 이용한다. LABEL 명령은 프로그램의 수행과정에 아무런 영향을 주지 않으며 변수에 대한 설명을 해주는 역할을 하며, PRINT 프로시저에는 영향을 주지 않는다. 레이블의 길이는 공백(' ')을 포함하여 최대 256문자까지 가능하다.

기존의 레이블을 해제하고자 할 때는 '레이블이름 = ' ' '과 같은 형식으로 지정한다.

LABEL 명령문을 이용할 때 주의해야 할 점은 LABEL 명령문의 끝에 있는 세미콜론(;)의 위치이다. 이 사항은 가끔씩 오류를 범하는 사항으로 하나의 LABEL 문장이 완전히 종료되었을 때, 맨 마지막 LABEL 문장에만 세미콜론이 붙는다는 것을 주의해야 한다.

[LABEL 명령문]

```
DATA 데이터세트이름;
LABEL 변수이름1= '레이블이름1'
      변수이름2= '레이블이름2'
                 :
      변수이름K= '레이블이름K';
RUN;
```

[예제 2-22]

[예제 2-12]의 데이터를 이용하여 LABEL 명령문을 이용하여 다음과 같이 레이블이름을 부여한 후, 이를 출력하라. 데이터 입력 순서에 따라 id, name, gender, atten, report, mid, fin의 변수이며, total = atten + report + mid + fin이다.

id = '학번'
name = '이름'
gender = '성별'
atten = '출석점수'
report = '보고서점수'
mid = '중간점수'
fin = '기말점수'
total = '총점(출석 + 보고서 + 중간 + 기말)';

풀이

```
DATA Ex2_22;
SET Ex2_12;
LABEL id='학번'
      name='이름'
      gender='성별'
      atten='출석점수'
      report='보고서점수'
      mid='중간점수'
      fin='기말점수'
      total='총점*(출석+보고서*+중간+기말)';
PROC PRINT DATA=Ex2_22 LABEL SPLIT='*';
RUN;
```

각 변수명이 LABEL 명령에서 적용한 레이블이름으로 출력된 결과는 다음과 같다.

OBS	학번	이름	성별	출석점수	보고서점수	중간점수	기말점수	총점 (출석+보고서 +중간+기말)
1	023401	KIM	M	10	20	40	30	100
2	023405	HWANG	M	10	18	38	28	94
3	023410	LEE	M	10	19	38	30	97
4	023411	LEE	F	10	20	29	30	89
5	023412	SOE	F	10	20	30	.	.
6	023415	JUNG	F	10	15	20	30	75
7	023420	YEUM	M	10	19	34	30	93
8	023425	KIM	M	10	20	.	28	.
9	023426	LEE	F	10	20	5	10	45
10	023458	BAE	M	10	20	38	30	98

만일 PRINT 프로시저에서 LABEL 명령을 지정하지 않고 출력할 경우 앞에서 적용한 LABEL은 효과가 없다. 따라서 변수에 대한 LABEL을 적용하고자 할 때는 PRINT 프로시저의 DATA 문장의 끝에 'LABEL'을 지정하면 된다.

한편 프로그램에서 'SPLIT 옵션'을 이용하여 레이블이름에 대해 편집이 가능하다. 레이블이름이 길 경우 다음 줄에 이어서 출력할 수 있도록 하는 옵션이 SPLIT 옵션이다.

13) FORMAT 명령문

SAS 프로그램에서는 변수에 할당된 데이터 값에 따라 자동으로 변수의 형식을 지정한다. 그러나 사용자가 임의로 해당 변수의 출력형식을 지정하여 출력할 수 있으며, 이때 사용되는 명령이 FORMAT 명령문이다.

FORMAT 명령문은 데이터 단계와 프로시저 단계에서 모두 사용하며, 주로 앞에서 다룬 LABEL 명령과 함께 사용한다. FORMAT 명령은 다음에 다룰 FORMAT 프로시저와는 다르다는 점에 주의하고, FORMAT 프로시저에서 적용한 변수에 대한 형태는 FORMAT 명령문에 의해 적용할 수 있다는 점을 기억하기 바란다. 이와 더불어 날짜 형식의 데이터를 다루기 위한 입출력형식에 대해서도 살펴보기로 한다. 일반 변수에 대한 FORMAT 명령문의 형식은 다음과 같다.

[FORMAT 명령문]

```
FORMAT 변수이름1 출력형식1 변수이름2 출력형식2 … ;
```

날짜 형식의 데이터를 입력하는 경우와 날짜 형식인 데이터를 출력하는 경우에 이를 처리하기 위한 특정한 형식이 필요하며, 날짜 형식의 데이터를 처리하기 위해서는 입력 FORMAT과 출력 FORMAT에 대해 다음과 같이 요약할 수 있다. 참고로 입력 FORMAT의 경우에는 INPUT 문장에 변수와 함께 사용할 수 있으며, 출력 FORMAT의 경에는 앞에서 정의한 FORMAT 명령문의 형식을 따르면 된다.

| 표 2.4 | 날짜 형식의 입·출력 FORMAT

입력형식	자료의 표현	사용 예	w의 범위
DATEw.	일/월이름/연도	13JUL03	7-32
DDMMYYw.	일/월/연도	13-7-03	6-32
MMDDYYw.	월/일/연도	071303	6-32
YYMMDDw.	연/월/일도	02-07-13	6-32
MONYYw.	월이름/연도	JUL03	5-32
JULIANw.	연도/날짜수(줄리안)	2003223	5-32
YYQw.	연도/분기	02/2	4-32

다음 프로그램은 앞의 **[예제 2-22]**로부터 PRINT 프로시저에 FORMAT 명령을 적용하여 수치변수인 atten, report, mid, fin 변수들의 출력형식을 소수점 1자리를 포함한 전체 5자리 수치로 출력하는 프로그램이다.

[프로시저 단계에서 FORMAT 명령을 적용한 경우]

```
PROC PRINT DATA=Ex2_22 LABEL SPLIT='*';
FORMAT atten 5.1 report 5.1 mid 5.1 fin 5.1 total 5.1;  /*출력 포맷*/
RUN;
```

[예제 2-22]의 출력에서는 소수점이 없었으나, FORMAT 명령을 적용한 경우에는 소수점을 포함하는 결과를 얻을 수 있다.

FORMAT 명령은 DATA 단계나 프로시저 단계 모두에 적용할 수 있다. 즉, PRINT 프로시저에 적용했던 FORMAT 명령문을 DATA 단계에서 적용할 수 있으며, 이에 대한 출력결과 결과와 동일하다.

〈FORMAT 명령을 적용한 출력결과〉

OBS	학번	이름	성별	출석점수	보고서점수	중간점수	기말점수	총점 (출석+보고서 +중간+기말)
1	023401	KIM	M	10.0	20.0	40.0	30.0	100.0
2	023405	HWANG	M	10.0	18.0	38.0	28.0	94.0
3	023410	LEE	M	10.0	19.0	38.0	30.0	97.0
4	023411	LEE	F	10.0	20.0	29.0	30.0	89.0
5	023412	SOE	F	10.0	20.0	30.0	.	.
6	023415	JUNG	F	10.0	15.0	20.0	30.0	75.0
7	023420	YEUM	M	10.0	19.0	34.0	30.0	93.0
8	023425	KIM	M	10.0	20.0	.	28.0	.
9	023426	LEE	F	10.0	20.0	5.0	10.0	45.0
10	023458	BAE	M	10.0	20.0	38.0	30.0	98.0

〈데이터 단계에서 FORMAT 명령을 적용한 경우〉

```
DATA Ex2_22;
SET Ex2_12;
FORMAT atten 5.1 report 5.1 mid 5.1 fin 5.1 total 5.1;          /*입력 포맷*/
LABEL id="학번"
      name="이름"
      gender="성별"
      atten="출석점수"
      report="보고서점수"
      mid="중간점수"
      fin="기말점수"
      total="총점*(출석+보고서 *+중간+기말)";
PROC PRINT DATA=Ex2_22 LABEL SPLIT='*';
RUN;
```

[예제 2-23]

다음의 데이터에 입·출력 FORMAT 형식을 적용하여 출력하라. 단, 변수명은 순서에 따라 id, buy, sale, cost이며, buy 변수와 sale 변수에 대해서는 날짜 형식을 적용하라.

```
001 180123 180310 5000
002 180125 180215 15000
003 190211 190302 6000
004 191212 200506 175000
```

풀이 우선 입력형식을 적용하지 않은 경우에 대한 프로그램과 그 결과는 다음과 같다. 즉, buy 변수와 sale 변수는 단순히 숫자데이터로만 인식하기 때문에 적절한 형식을 적용하기 위해 'yymmdd6.'의 형식을 지정하고, FORMAT 명령에서 날짜 형식을 재지정해야 한다. 또한 cost 변수는 천 단위 콤마(,)를 삽입하는 형식을 적용하였다.

```
DATA Ex2_23;
INPUT id $  @5 buy @12 sale @19 cost;
CARDS;
001 180123 180310 5000
002 180125 180215 15000
003 190211 190302 6000
004 191212 200506 175000
;
PROC PRINT DATA=Ex2_230;
RUN;
```

〈입력형식을 적용하지 않은 결과〉

OBS	id	buy	sale	cost
1	001	180123	180310	5000
2	002	180125	180215	15000
3	003	190211	190302	6000
4	004	191212	200506	175000

```
DATA Ex2_23_1;
INPUT id $ @5 buy yymmdd6.  @12 sale yymmdd6. @19 cost;
FORMAT buy yymmdd8. sale yymmdd8. cost comma10.0;
CARDS;
001 180123 180310 5000
002 180125 180215 15000
003 190211 190302 6000
```

```
004 191212 200506 175000
;
PROC PRINT DATA=Ex2_23_1;
RUN;
```

〈입력형식을 적용한 결과〉

OBS	id	buy	sale	cost
1	001	18-01-23	18-03-10	5,000
2	002	18-01-25	18-02-15	15,000
3	003	19-02-11	19-03-02	6,000
4	004	19-12-12	20-05-06	175,000

14) INFORMAT 명령문

SAS 프로그램에서 변수의 입력형식을 지정하는 명령으로서 DATA 단계에서 INFORMAT 명령은 입력형식과 변수를 영구적으로 지정한다.

표준 SAS 형식 또는 사용자 작성 형식을 PROC FORMAT 이전에 지정할 수 있으며, 단일 INFORMAT 명령문은 동일한 입력형식을 여러 변수에 지정할 수 있다. 변수가 여러 INFORMAT 명령문에 나타나면, SAS는 마지막에 지정된 입력형식을 적용한다.

INFORMAT 명령을 사용하여 변수와 할당한 형식은 수정된 입력에 사용되는 형식처럼 작동한다.

만일 INFORMAT 명령을 적용했다면, SAS는 외부 파일에서 열 위치 또는 입력 필드 너비를 지정하기 위해 형식의 w값을 사용하지 않는다.

또한 SAS는 형식에서 w값을 사용하여 이전에 정의되지 않은 문자변수의 길이를 지정한다. 이와 더불어 숫자 형식의 w값을 무시하며, 숫자 형식의 경우와 같은 방식으로 형식의 소수점 이하 자릿수 d 값을 사용하며, INFILE 문에서 'DLM =' 또는 'DLMSTR =' 옵션으로 변경하지 않는 한 SAS는 입력 데이터로 지정된 공백을 분리 문자로 취급한다. 만일 지정한 INFORMAT 명령을 해제하려면 SET 명령 다음에 지정하면 된다.

[INFORMAT 명령문]

```
INFORMAT 변수1 <… 변수n> <informat>;
INFORMAT <변수1> <… 변수n> <DEFAULT=default-informat>;
INFORMAT 변수1 <… 변수n> informat <DEFAULT=default-informat>;
```

〈입력형식을 적용하지 않은 결과〉

```
DATA tstinfmt;
  INFORMAT DEFAULT=3.1;
  INPUT x @@;
 CARDS;
111 222 333
;
PROC PRINT;
RUN:
```

〈출력결과〉

OBS	x
1	11.1
2	22.2
3	33.3

출력결과를 살펴보면 DATA 문장에서 숫자변수 x에 대해 default INFORMAT으로 3.1 형식을 지정하였고, 출력결과 또한 이러한 형식을 반영하여 변수값을 출력하고 있다.

다음은 숫자변수와 문자변수에 대해 INFORMAT을 지정한 것으로 각 변수별로 입력형식을 지정한 결과가 PROC CONTENTS의 결과로 확인할 수 있다. 또한 출력결과에서는 숫자변수 n1과 n2의 출력내용을 보면 INFORMAT에서 지정한 소수점 이하 자릿수가 지정된 것을 알 수 있다.

〈숫자 및 문자변수의 INFORMAT 명령의 예〉

```
DATA Name;
   INFORMAT FirstName LastName $15. n1 6.2 n2 7.3;
   INPUT firstname lastname n1 n2;
   CARDS;
```

```
Alexander Robinson 35 11
;
PROC CONTENTS DATA=Name;
RUN;
PROC PRINT DATA=Name;
RUN;
```

〈PROC CONTENTS 출력결과〉

변수와 속성 리스트(오름차순)				
#	변수	유형	길이	입력형식
1	FirstName	문자	15	$15.
2	LastName	문자	15	$15.
3	n1	숫자	8	6.2
4	n2	숫자	8	7.3

〈출력결과〉

OBS	FirstName	LastName	n1	n2
1	Alexander	Robinson	0.35	0.011

다음은 앞에서 지정한 숫자와 문자변수에 대해 INFORMAT을 해제하는 프로그램으로 INFORMAT의 순서가 SET 명령 다음에 위치하는 것이 중요하다. 적용결과 입력형식이 해제된 것을 확인할 수 있다.

[INFORMAT 명령의 해제]

```
DATA Rmane;
 SET Name;
 INFORMAT firstname lastname n1 n2;
RUN;
PROC CONTENTS DATA=Rname;RUN;
```

〈PROC CONTENTS 출력결과〉

변수와 속성 리스트(오름차순)			
#	변수	유형	길이
1	FirstName	문자	15
2	LastName	문자	15
3	n1	숫자	8
4	n2	숫자	8

15) LENGTH 명령문

SAS 프로그램에서 변수의 길이를 할당하는 명령문이 LENGTH 명령이다. SAS에서는 일반적으로 변수의 길이는 문자변수인지 또는 숫자변수인지, 또는 변수를 생성한 방법, 또는 LENGTH 명령이나 ATTRIB 명령을 적용했는지에 따라 변수의 길이가 결정된다. 기본적으로 숫자나 문자변수의 기본값은 8바이트이며, 만일 이 값보다 크게 할 경우 LENGTH 명령을 이용할 수 있다. LENGTH 명령은 DATA 문장 안에서 사용해야 한다. 문자변수의 경우 '$'를 사용한다. 한편 'DEFAULT=' 명령은 새롭게 지정하는 숫자변수의 기본바이트 수를 지정할 때 사용한다.

[LENGTH 명령문]

```
DATA 데이터세트;
 LENGTH 변수 <$> 길이 DEFAULT=길이;
```

다음의 예는 LENGTH 명령을 이용하여 변수의 길이를 지정하는 프로그램으로서 name 변수의 길이를 25바이트로 설정하고 있다. 만일 LENGTH 명령을 생략하면 32바이트로 설정한다.

```
DATA testlength;
  INFORMAT FirstName LastName $15. n1 6.2;
  INPUT firstname lastname n1 n2;
  LEMGTH name $25 DEFAULT=4;
  name=TRIM(lastname)¦¦', '¦¦firstname;
 CARDS;
Alexander Robinson 35 11
```

```
;
PROC CONTENT DATA=testlength;RUN;
PROC PRINT DATA=testlength;RUN;
```

LENGTH 명령으로 name 변수의 바이트 수를 25로 한 경우 PROC CONTENTS 결과에서 이를 확인할 수 있으며, n1과 n2의 길이가 4바이트로 설정된 것을 확인할 수 있다.

〈LENGTH 명령을 적용한 결과〉

변수와 속성 리스트(오름차순)				
#	변수	유형	길이	입력형식
1	FirstName	문자	15	$15.
2	LastName	문자	15	$15.
3	n1	숫자	4	6.2
4	n2	숫자	4	
5	name	문자	25	

〈name 변수 출력결과〉

OBS	FirstName	LastName	n1	n2	name
1	Alexander	Robinson	0.35000	11	Robinson, Alexander

한편 LENGTH 명령을 해제한 경우 name 변수의 길이는 32바이트이며, n1과 n2 변수 또한 8바이트로 설정됨을 아래와 같이 확인할 수 있다.

〈LENGTH 명령을 해제한 결과〉

변수와 속성 리스트(오름차순)				
#	변수	유형	길이	입력형식
1	FirstName	문자	15	$15.
2	LastName	문자	15	$15.
3	n1	숫자	8	6.2
4	n2	숫자	8	
5	name	문자	32	

〈name 변수 출력결과〉

OBS	FirstName	LastName	n1	n2	name
1	Alexander	Robinson	0.35	11	Robinson, Alexander

16) PUT 명령

PUT 명령은 데이터를 외부 파일에 출력할 때 사용하는 명령으로서 PUT 명령 다음에는 변수나 상수가 올 수 있다. 만일 특정한 형식(format)을 지정하고자 할 때는 해당 변수에 대해 형식을 지정할 수 있다. 만일 형식을 지정하지 않으면 기본 형식에 따라 변수나 상수를 출력한다. PUT 명령에 대한 기본 출력은 SAS 로그창이며 별도의 출력 위치를 지정하고자 할 때는 다음에 설명할 FILE 명령을 이용하면 된다.

[PUT 명령문]

```
PUT 변수 또는 피연산자 <레코드위치> <행 위치연산자> <형식>;
```

여기서 PUT 명령에 사용되는 요소들에 대해 설명하면 다음과 같다.

① 피연산자(operand): 레코드에 현재 위치에 출력을 원하는 값을 지정하는 것으로 변수이름, 문자값, 괄호 안에 있는 수식 등이 올 수 있다.

② 레코드 위치: 새롭게 시작되는 레코드의 위치를 지정하며, 다음과 같이 3가지 유형이 있다.

@: PUT 명령의 끝에 위치하며, 현재 레코드의 출력을 보류하며 이후 지정한 PUT 명령에 지정한 레코드에 출력하는 작용을 한다.

/: 현재 레코드를 작성하고, 새로운 레코드를 구성한다.

>: 파일에서 '>' 다음 지정한 바이트 위치에서 작성을 시작한다(RECFM=N에서만). 피연산자는 문자형 숫자, 변수이름, 수식 등이 온다.

(예) put >3 x 3.2;

③ 행 위치연산자: PUT 명령에서 위치할 레코드의 행(column) 위치를 지정하며, 다음과 같이 두 가지 유형이 있다.

@: 포인터가 가야 할 칼럼을 지시한다.

+: skip 할 칼럼의 위치를 지정한다.

④ 형식(format): SAS 형식이나 이용자 정의 형식을 지정한다. 즉, w.d 또는 $w로서 숫자 형식과 문자 형식을 지정할 수 있다.

(예) put @1 a 6.4 + 3 x 8.4;

〈PUT 명령을 적용한 프로그램 예〉

```
DATA _null_;
area=9924;
pop=1000;
ctry1='Peru';
ctry2='Bolivia';
PUT area : octal10. pop : comma8.2 ctry1 ctry2;
RUN;
```

다음은 로그창에 출력된 결과를 보여준다.

〈출력결과〉

```
0000023304 1,000.00 Peru Bolivia
```

[예제 2-24]

다음 변수를 PUT 명령을 이용하여 출력하시오.

```
x = 1;  y = 2;  z = 3;  s = 'abc';  a[4] = 99;
```

단, x, y, x는 소수점 포함 3자리 정수로 출력하고, s는 4자리 문자, a[4]는 3자리 정수로 출력하고, 각 변수값 간에는 2자리씩 간격을 주어 출력하시오.

풀이

```
DATA _Null_;
 ARRAY a[4];
 x = 1;
 y = 2;
 z = 3;
 s = 'abc';
 a[4] = 99;
 PUT x 3.0  +2 y 3.0  +2 z 3.0  +2 s $4. +2 a[4] 3.0;
RUN;
```

〈출력결과〉

```
1    2    3  abc    99
```

17) FILE 명령문

FILE 명령문은 PUT 명령에 대한 출력 위치를 지정하는 명령이다. 기본적으로 SAS 프로그램에서 PUT 명령의 출력은 로그창이다. 그런데 FILE 명령을 이용하면 PUT 명령의 결과를 다양한 경로로 보낼 수 있다. 또한 IF-THEN 문장에 FILE 명령을 사용할 수 있으며, DATA 단계에서 여러 개의 FILE 명령을 사용할 수 있다.

[FILE 명령문]

```
FILE <파일설정> <디바이스 유형> <옵션> <연산환경 옵션>;
```

여기서 FILE 명령에 사용되는 주요 요소들에 대해 설명하면 다음과 같다.

① 파일설정: PUT 명령에 의해 출력에 지정될 외부 파일을 지정한다.

⇒ 외부 파일: 외부 파일에 출력값을 쓸 경우 인용부호로 파일 이름을 지정한다.
(예) FILE 'ex1.lst' PRINT;

⇒ 파일 참조: 외부 파일에 대한 참조를 사용할 수 있다. 이 경우 FILENAME 명령 또는 함수를 사전에 지정해야 한다.

⇒ LOG: PUT 명령에 의해 결과가 출력되는 위치를 SAS 로그창으로 지정한다. 데이터 단계에서 PUT 명령에 의해 결과는 기본적으로 로그창에 쓰이며, 만일 FILE 명령이 PUT 명령 이전에 지정되면 FILE 명령에서 지정된 위치에 출력된다.

⇒ PRINT: PUT 명령에 의해 생성되는 결과가 출력되는 위치를 지정한다.

② 디바이스 유형: 결과가 생성되는 디바이스 유형 또는 파일에 접근하는 방법 등에 대해 설정한다.

[예제 2-25]

다음 데이터를 PUT 명령을 이용하여 SAS OUTPUT 창에 출력하시오. 단 출력내용은 '이름 weights = lbs.' 형식으로 출력하시오.

```
DATA _Null_;
 INPUT idno name $ weights;
 CARDS;
 032 David 180
 049 Amelia 145
 219 Alan 210
 ;
```

풀이 FILE 명령은 PUT 명령 이전에 지정해야 하며, SAS output 창에 나타내기 위해서는 다음과 같이 지정할 수 있다.

```
DATA _Null_;
 INPUT idno name $ weights;
 FILE PRINT;
 PUT name 'weights =' weights 'lbs.';
CARDS;
032 David 180
049 Amelia 145
219 Alan 210
;
RUN;
```

〈출력결과〉

```
David weights =180 lbs.
Amelia weights =145 lbs.
Alan weights =210 lbs.
```

18) TITLE / FOOTNOTE 명령문

사용자가 프로시저와 무관하게 프로그램 결과에 대한 제목이나 주석을 부여하여 결과 해석이 쉽도록 하는 명령문으로 결과에는 아무런 영향을 주지 않는다. 명령을 지정한 이후에 명령의 효과가 적용되며, 명령문 뒤에 숫자 n은 새로운 번호를 사용하지 않는 한 마지막에 지정된 제목이나 주석문이 계속 출력된다. 주제목과 부제목을 동시에 지정하고자 할 때는 TITLE 문장에 번호를 부하면 된다.

프로시저 내에서 지정한 TITLE/FOOTNOTE 명령은 해당 프로시저에서만 효과가 있으며, 다른 프로시저에는 영향을 주지 않는다. 만일 지정한 제목이나 주석을 삭제하고자 할 때는 TITLE; 또는 FOOTNOTE;와 같이 지정하면 된다.

[TITLE/FOOTNOTE 명령문]

```
TITLE <n> '제목';
FOOTNOTE <n> '주석';
```

[예제 2-26]

다음 데이터를 출력할 때 출력결과에 대한 제목을 지정하여 출력하시오.

```
DATA Ex2_26;
 INPUT idno name $ weights;
 CARDS;
 032 David 180
 049 Amelia 145
 219 Alan 210
 ;
```

① 주 제목은 '학생들의 몸무게(파운드)'로 지정하여 출력하시오.

② 부제목은 '3명 학생들의 평균몸무게(파운드)'로 지정하여 출력하시오. (단, 3명의 평균을 구할 때는 PROC MEANS 이용한다.)

③ 주석은 '3명의 평균은 해석할 때 주의할 것'으로 출력하시오.

풀이 ① 주 제목 지정

```
DATA Ex2_26;
 INPUT idno name $ weights;
 CARDS;
 032 David 180
 049 Amelia 145
 219 Alan 210
 ;
```

```
PROC PRINT DATA=Ex2_26;
Title'학생들의 몸무게(파운드)';
RUN;
```

학생들의 몸무게(파운드)

OBS	idno	name	weights
1	32	David	180
2	49	Amelia	145
3	219	Alan	210

② 부제목의 지정

```
PROC MEANS DATA=Ex2_26 mean std maxdec=2;
VAR WEIGHTS;
Title1 '학생들의 몸무게(파운드)';
Title2 '3명 학생들의 평균몸무게(파운드)';
RUN;
```

학생들의 몸무게(파운드)
3명 학생들의 평균몸무게(파운드)

MEANS 프로시저

분석 변수 : weights	
평균	표준편차
178.33	32.53

③ 주석의 지정

```
PROC MEANS DATA=Ex2_26 mean std maxdec=2;
VAR WEIGHTS;
Title1 '3명 학생들의 평균몸무게(파운드)';
Footnote '참고) 3명의 평균은 해석할 때 주의할 것';
RUN;
```

3명 학생들의 평균몸무게(파운드)

MEANS 프로시저

분석 변수 : weights	
평균	표준편차
178.33	32.53

참고) 3명의 평균은 해석할 때 주의할 것

2.3 SORT 프로시저

SORT 프로시저는 입력된 데이터를 특정 기준에 따라 재배열하고자 할 때 사용되는 프로시저이다. SORT 프로시저를 수행할 때는 반드시 하나 이상의 기준변수가 BY 다음에 존재해야 하며, 특정 프로시저에서 BY 문장을 사용하기 위해서는 반드시 SORT 프로시저에서 지정한 BY 다음의 변수가 사용되어야 한다. 주로 SORT 명령은 서로 다른 데이터세트들을 동일한 기준변수에 대해 정렬한 후 이들을 결합하는 데 활용된다.

SORT 프로시저의 일반적인 형식은 다음과 같다.

[SORT 프로시저의 형식]

```
PROC SORT DATA=데이터세트이름 [OUT=데이터세트이름]<선택사항>
BY [정렬방식] 변수름1 [정렬방식] 변수이름2;
RUN;
```

1) SORT 명령

(1) BY 명령문

BY 문장에서 [정렬방식]을 생략하면 정렬기준 변수에 따라 오름차순(ascending)으로 정렬되며, 만일 내림차순으로 정렬하기 위해서는 descending을 지정한다.

(2) OUT 명령문

SORT 프로시저를 적용하여 재배열된 데이터세트를 따로 저장할 때 사용되는 명령문이다. 만일 재배열된 데이터세트를 따로 지정하지 않고 SORT 프로시저를 적용하면, 재배열 이전의 데이터세트는 재배열된 데이터세트로 대체되어 원본데이터가 사라진다. 따라서 가능하면 SORT 프로시저를 사용하여 새로운 데이터세트를 사용하는 것이 바람직하므로 OUT 명령문을 적용하는 것이 좋은 방법이다.

2) SORT 주요 선택사항

① DUPOUT=: 중복된 관찰치들을 결과 데이터세트에 저장한다.

② EQUALS | NOEQUALS: 결과 데이터세트에서 관찰치들의 순서를 정한다. 유일한 BY- 변수값을 갖는 관찰치들에 대해 EQUALS는 출력 데이터세트의 입력 데이터세트 내에서 관찰의 상대적 순서를 유지하며, NOEQUALS는 결과 데이터세트에서 이러한 순서를 유지하지 않는다.

③ FORCE: 'OUT=' 옵션이 지정되지 않은 경우 색인화된 데이터세트를 정렬하고 대체한다. FORCE 옵션이 없으면 PROC SORT는 정렬이 데이터세트에 대한 사용자가 작성한 색인을 파괴하므로 색인화된 데이터세트를 정렬하고 대체하지 않는다. FORCE를 지정하면 PROC SORT가 데이터세트를 정렬 및 교체하고 데이터세트에 대한 모든 사용자 작성 색인을 삭제한다.

④ NODUPKEY: 중복된 관찰값을 확인하고 제거한다. 이 옵션을 지정하면 PROC SORT는 각 관측치의 모든 BY 값을 출력 데이터세트에 기록된 이전 관측치의 값과 비교한. 정확히 일치하는 것이 발견되면 관측치를 출력 데이터세트에 기록하지 않는다.

⑤ NOUNIQUEKEY: 고유한 정렬키가 있는 출력데이터세트에서 관찰치를 확인하고 제거한다.

[예제 2-27]

[예제 2-19]의 데이터로부터 grade 변수를 기준으로 정렬한 후 원본데이터와 비교하라. (단, 입력형식은 **[예제 2-19]**를 참조한다.)

	학년	응답자	"찬성"이라고 응답한 수
남학생	1	40	17
	2	30	21
	3	40	20
	4	50	30
	5	52	30
	6	50	30
여학생	1	30	11
	2	50	13
	3	40	20
	4	50	21
	5	50	20
	6	52	15

각 변수이름으로 학생은 student 남학생은 boy, 여학생은 girl, 학년은 garde, 응답자는 response, 찬성이라고 응답한 수는 yes로 한다.

풀이 데이터 입력 절차는 **[예제 2-19]**의 내용을 참고하고, 정렬하는 절차는 다음과 같이 입력한다.

```
PROC SORT DATA=Ex2_27 OUT=Ex2_27OUT;
BY grade;
RUN;
PROC PRINT DATA=Ex2_27OUT;
RUN;
```

SORT 프로시저에서 BY 다음의 기준변수를 grade로 지정했으며, grade 변수의 값에 따라 오름차순으로 출력됨을 알 수 있다.

OBS	student	grade	response	yes
1	boy	1	40	17
2	girl	1	30	11
3	boy	2	30	21
4	girl	2	50	13
5	boy	3	40	20
6	girl	3	40	20
7	boy	4	50	30
8	girl	4	50	21
9	boy	5	52	30
10	girl	5	50	20
11	boy	6	50	30
12	girl	6	52	15

[예제 2-28]

다음 데이터를 지정한 변수를 기준으로 재배열한 후 그 결과를 해당 변수를 기준으로 출력하시오.

```
023401 SK.KIM M 10 20 40 34
023405 SI.HWANG M 10 18 38 28
023410 KS.LEE F 10 19 38 40
023411 SS.LEE M 10 20 29 34
023412 MS.SEO F 10 20 38 30
023415 NR.JUNG F 10 15 20 34
023420 KW.YEOM M 10 19 34 35
023425 HJ.KIM F 10 20 20 28
023426 NK.LEE M 10 20 5 10
023458 JS.BAE M 10 20 38 40
```

(단, 데이터 입력 순서에 따라 id, name, gender, atten, report, mid, fin의 변수를 할당한다. 총점은 total = atten + report + mid + fin)

① name 변수를 기준으로 오름차순으로 정렬하여 출력하라.

② total 변수를 기준으로 내림차순으로 정렬하여 출력하라.

③ gender 변수를 기준으로 정렬하여 gender 변수를 기준으로 출력하라.

풀이 먼저 데이터세트를 만든다.

```
DATA Ex2_28;
INPUT id $ name $ gender $ atten report mid fin;
 total=atten +report+ mid+ fin;
CARDS;
023401 SK.KIM M 10 20 40 34
023405 SI.HWANG M 10 18 38 28
023410 KS.LEE F 10 19 38 40
023411 SS.LEE M 10 20 29 34
023412 MS.SEO F 10 20 38 30
023415 NR.JUNG F 10 15 20 34
023420 KW.YEOM M 10 19 34 35
023425 HJ.KIM F 10 20 20 28
023426 NK.LEE M 10 20 5 10
023458 JS.BAE M 10 20 38 40
;
```

① name 변수를 기준으로 오름차순 정렬하는 프로그램은 다음과 같다.

```
PROC SORT DATA=Ex2_28 OUT=NAME_OUT;
BY name;
RUN;
PROC PRINT DATA=NAME_OUT;
RUN;
```

원본데이터와는 다르게, 이름의 오름차 순(ㄱ → ㅎ)으로 정렬되었음을 확인할 수 있다.

② 앞의 프로그램에 이어서 total 변수를 기준으로 내림차순(ㅎ → ㄱ)으로 정렬한 프로그램은 다음과 같다.

```
PROC SORT DATA=Ex2_28 OUT=Tot_out;
BY DESCENDING total;
RUN;
PROC PRINT DATA=TOT_OUT;
RUN;
```

③ 앞의 프로그램에 이어서 gender변수를 기준으로 정렬하여, 이를 기준으로 출력하는 프로그램은 다음과 같다.

```
PROC SORT DATA=Ex2_28 OUT=Gen_out;
BY gender;
RUN;
PROC PRINT DATA=GEN_OUT;
BY gender;
RUN;
```

[예제 2-29]

다음 데이터에서 중복된 id를 제거하고 출력하는 프로그램을 작성하시오.

```
DATA Ex_29;
INPUT id $ name $ gender $ atten report mid fin;
CARDS;
023401 SK.KIM M 10 20 40 34
023405 SI.HWANG M 10 18 38 28
023401 KS.LEE F 10 19 38 40
023411 SS.LEE M 10 20 29 34
023412 MS.SEO F 10 20 38 30
023405 NR.JUNG F 10 15 20 34
023411 KW.YEOM M 10 19 34 35
;
```

풀이

```
PROC SORT DATA=Ex2_29 NODUPKEY OUT=Id_out;
BY id;
RUN;
PROC PRINT DATA=Id_out;
Title '중복 id 제거';
RUN;
```

중복 id 제거

OBS	id	name	gender	atten	report	mid	fin
1	023401	SK.KIM	M	10	20	40	34
2	023405	SI.HWANG	M	10	18	38	28
3	023411	SS.LEE	M	10	20	29	34
4	023412	MS.SEO	F	10	20	38	30

2.4 RANK 프로시저

SORT 프로시저는 데이터의 크기 순서대로 정렬하는 것이 목적이라면, RANK 프로시저는 지정된 수치변수를 기준으로 순서화하여 새로운 데이터세트를 생성하는 것이 목적이다. RANK 프로시저의 일반적인 형식은 다음과 같다.

[RANK 프로시저의 형식]

```
PROC RANK DATA=데이터세트이름 [OUT=데이터세트이름] [DESCENDING];
  VAR 변수이름1 변수이름2 … ;
  RANKS 순위변수이름1 순위변수이름2 …
                              /[TIES=[MEAN ¦ LOW ¦ HIGH];
  BY 변수명;
RUN;
```

즉, 앞의 **[예제 2-28]**에서 총점인 total 변수를 기준으로 순서화하여 가장 높은 점수를 얻은 학생에게 1위를 부여하고, 다음 학생에게 2위를 부여하는 것과 같이 순위를 매기는 방법이 바로 RANK 프로시저이다.

따라서 원본 데이터세트를 순서화하여 새로운 데이터세트를 생성한 후, 이를 바탕으로 순위상관계수 등과 같은 통계량 등을 얻을 수 있도록 새로운 데이터세트를 작성할 수 있는 프로시저이다. 만일 변수값의 크기의 역순으로 순위를 부여하고 할 때는 'DESCENDING'의 옵션을 부여하면 된다.

만일 순위를 부여하는 과정에서 같은 값이 나타나는 경우 선택사항에서 TIES를 지정하여 같은 데이터들의 순서화를 진행한다. 이때, TIES 값으로 올 수 있는 통계량은 MEAN,

LOW, HIGH 등 3가지가 있다. 즉, 'TIES = MEAN'과 같이 지정할 수 있다. 또한 RANKS 명령은 원본데이터의 변수이름 대신 새로운 변수이름을 지정할 때 사용된다. 이 변수에는 순위 값만이 할당된다.

먼저 데이터세트를 다음과 같이 생성한다.

```
DATA Ex_rank;
INPUT AA BB CC;
CARDS;
 10 10 11
 20 25 30
 55 26 23
 4 8 9
;
```

다음의 프로그램을 구체적으로 살펴보면, 먼저 RANK 프로시저에서 변수를 지정하거나 RANKS 명령을 지정하지 않고 수행한 프로그램이다.

〈변수를 지정하지 않은 RANK 프로시저〉

```
PROC RANK DATA=Ex_rank OUT=rank1_out;
RUN;
PROC PRINT DATA=rank1_out;
RUN;
```

〈출력결과〉

OBS	AA	BB	CC
1	2	2	2
2	3	3	4
3	4	4	3
4	1	1	1

앞의 출력으로부터 'rank1_out' 데이터세트에는 오로지 해당 변수들의 순위만 지정된 것을 알 수 있다. 즉, 각 변수에 할당되었던 원본데이터가 사라지고, 단순히 관찰치들의 순위만 출력되었다.

다음으로 앞의 데이터세트를 이용하여 변수를 지정하고, 이 변수들의 순위값을 가지는 새로운 변수를 지정한 프로그램을 수행하여 결과를 살펴보면 다음과 같다.

〈변수와 순위변수를 지정한 RANK 프로시저〉

```
PROC RANK DATA=Ex_rank OUT=rank2_out;
 VAR AA BB CC;
 RANKS A_RANK B_RANK C_RANK;
RUN;
PROC PRINT DATA=rank2_out;
RUN;
```

〈출력결과〉

OBS	AA	BB	CC	A_RANK	B_RANK	C_RANK
1	10	10	11	2	2	2
2	20	25	30	3	3	4
3	55	26	23	4	4	3
4	4	8	9	1	1	1

RANKS 명령은 원본 데이터를 기준으로 순위가 할당되는 변수들을 따로 지정할 수 있는 명령임을 알 수 있다. 만일 변수값의 크기 역순으로 순위를 부여할 때는 다음과 같이 옵션을 부여할 수 있다.

〈변수와 순위변수를 지정한 RANK 프로시저〉

```
PROC RANK DATA=Ex_rank OUT=rank_out DESCENDING;
 VAR AA BB CC;
 RANKS A_RAK B_RANK C_RANK;
RUN;
PROC PRINT DATA=rank2_out;
RUN;
```

〈출력결과: 크기역순〉

OBS	AA	BB	CC	A_RAK	B_RANK	C_RANK
1	10	10	11	3	3	3
2	20	25	30	2	2	1
3	55	26	23	1	1	2
4	4	8	9	4	4	4

2.5 FORMAT 프로시저

데이터의 출력형식을 사용자가 지정하기 위해 FORMAT 프로시저를 사용한다. SAS 프로그램에서 FORMAT 프로시저는 자료를 처리하는 과정이 아니므로 데이터세트를 따로 지정하지 않으며, 단지 프로시저만 지정하면 된다.

FORMAT 프로시저를 적용하여 해당 변수들의 형식을 지정한 후, 이를 출력하고자 할 때는 반드시 앞에서 설명한 FORMAT 명령문을 사용해야 한다. 이때 변수의 형식명은 FORMAT 프로시저에서 적용한 이름이 사용된다.

FORMAT 프로시저는 주로 부호화된 설문지의 범주형 문항 변수들을 원래의 의미대로 형식을 재지정함으로써 출력결과를 곧바로 사용할 수 있도록 하는 데 많이 사용된다. FORMAT 프로시저의 일반적인 형식은 다음과 같다.

[FORMAT 프로시저의 형식]

```
PROC FORMAT ;
 VALUE 형식이름1 범위1 =‘형식값1’
                   :        :
                 범위k =‘형식값k’;
 [PICTURE 형식이름1 범위1 =‘형식값1’
                     :        :
                   범위k =‘형식값k’;]
RUN;
```

여기서 형식이름을 입력할 때, 데이터의 형식이 문자형인 경우 형식이름 앞에 $ 기호를 붙이며, 숫자데이터인 경우에는 이를 생략한다.

(1) VALUE 명령

① 숫자나 문자변수에 대한 형식 값을 부여하는 문장이다.

② 데이터값이 지정한 변수의 형식에 따라 변한다.

③ 하나의 FORMAT 프로시저 안에 여러 개의 VALUE 문장이 올 수 있다.

(2) 범위

범위에 들어갈 형식을 다음의 예를 통해 살펴보기로 한다.

① 1-5: 1부터 5까지의 양 끝값을 포함한 값의 지정(1, 2, 3, 4, 5)

② 1<-5: 1부터 5까지의 값 중 5를 포함한 값들의 지정(2, 3, 4, 5)
③ 1-<5: 1부터 5까지의 값 중 1을 포함한 값들의 지정(1, 2, 3, 4)
④ LOW: 가장 작은 값의 지정(결측치 제외)
⑤ HIGH: 가장 큰 값의 지정
⑥ OTHER: 범위 이외의 모든 값을 지정

(3) PICTURE 명령

① 데이터를 주어진 형식에 따라 나타내기 위한 틀을 제공하는 문장이다.
② 숫자형 변수만을 형식에 지정할 수 있다.
③ 선택사항을 적절히 이용할 수 있다.(FILL, PREFIX, NOEDIT)

출력에 FORMAT을 지정하기 위해 사용하는 FORMAT 명령문에는 변수명과 형식이름을 지정한다. 여러 개의 변수에 대해 지정한 형식을 혼돈할 가능성이 있으므로 형식이름에 해당 변수이름을 같이 사용하는 것이 이와 같은 혼란을 줄일 수 있다. 이러한 FORMAT 명령은 프로시저에서 지정할 수 있다.

[FORMAT 명령 형식]

```
FORMAT 변수이름1 형식이름1. 변수이름2 형식이름2. ;
```

다음의 예에서는 조사결과를 코딩하여 변수에 FORMAT을 지정하여 출력하는 과정을 제시하고 있다.

〈데이터 입력〉

```
DATA survey;
INPUT id $ age grade sex $ x1 x2 x3 x4 x5 x6 x7 x8 x9 x10;
CARDS;
001 22 2 F 2 2 1 2 5 3 2 2 2 1
002 24 3 F 1 2 3 4 2 2 2 1 2 3
003 25 3 M 2 2 1 2 5 3 2 2 2 1
004 22 1 M 2 1 3 2 1 3 2 1 2 3
005 23 2 F 2 3 3 1 5 2 2 3 3 3
;
```

〈출력형식의 지정〉

```
PROC FORMAT;
  VALUE  grfmt 1 = '1학년'
               2 = '2학년'
               3 = '3학년'
               4 = '4학년';
  VALUE $sexfmt 'F'='여학생'
                 'M'='남학생';
  VALUE xfmt  1='매우불만'
              2='불만'
              3='보통'
              4='만족'
              5='매우만족';
 RUN;
PROC PRINT DATA=survey;
FORMAT grade grfmt. sex $sexfmt. x1-x10 xfmt. ;
RUN;
```

다음의 출력결과로부터 원본데이터의 숫자들이 해당 변수의 FORMAT 형식에 따라 모두 바뀌었음을 확인할 수 있다.

〈출력결과〉

OBS	id	age	grade	sex	x1	x2	x3	x4	x5	x6	x7	x8	x9	x10
1	1	22	2학년	여학생	불만	불만	매우불만	불만	매우만족	보통	불만	불만	불만	매우불만
2	2	24	3학년	여학생	매우불만	불만	보통	만족	불만	불만	불만	매우불만	불만	보통
3	3	25	3학년	남학생	불만	불만	매우불만	불만	매우만족	보통	불만	불만	불만	매우불만
4	4	22	1학년	남학생	불만	매우불만	보통	불만	매우불만	보통	불만	매우불만	불만	보통
5	5	23	2학년	여학생	불만	보통	보통	매우불만	매우만족	불만	불만	보통	보통	보통

만일 위와 같은 데이터를 이용하여 도수분포표를 작성한다고 할 때, 다음과 같이 출력되어 변수의 원본 데이터값만으로는 알 수 없었던 결과를 FORMAT 프로시저를 사용함으로써 출력결과로부터 쉽게 분석할 수 있게 된다.

```
PROC FREQ DATA=survey;
TABLES grade sex;
FORMAT grade grfmt. sex $sexfmt;
RUN;
```

〈출력결과〉

grade	빈도	백분율	누적 빈도	누적 백분율
1학년	1	20.00	1	20.00
2학년	2	40.00	3	60.00
3학년	2	40.00	5	100.00

sex	빈도	백분율	누적 빈도	누적 백분율
여학생	3	60.00	3	60.00
남학생	2	40.00	5	100.00

실습과제

과제 2-1. 1장의 **실습과제 1-1**에서 Energy 데이터세트를 이용하여 다음의 물음에 답하시오.

변수	범주	설명	형식
Region	1 2 3 4	Northeast South Midwest West	수치형
Division	1 2 3 4	New England Middle Atlantic Mountain Pacific	수치형
type	1 2	주거용 산업용	수치형
State	–	주 이름	문자형($)
Expenditures	연속형	백만 달러	수치형

1) Energy 데이터세트에서 DROP과 KEEP을 이용하여 Region, Division, Type 변수를 선택하여 Ex1으로 저장하고, Region, Sate, Expenditure 변수를 선택하여 Ex2로 저장하는 프로그램을 작성하시오.

2) Energy 데이터세트에 대해 변수의 레이블을 다음과 같이 지정하시오.

   Region = '지역', Division = '권역', State = '주이름', Type = '사용처', Expenditure = '소비량'

3) Energy 데이터세트에 Region : regfmt, Division : divfmt, Type : typefmt의 변수에 대해 출력 포맷을 지정하시오(위 표의 내용을 참조할 것).

4) Expenditure 값의 분포를 파악하여, 5개의 범주로 구분하는 프로그램을 작성하시오(단 변수이름은 Category).

   184~300: 1, 301~700: 2, 701~1500: 3, 1501~10000: 4, 10000 이상: 5

5) Energy 데이터세트에 대해 Type = 1이면 Dwelling, Type = 2이면 Indust로 각각 저장하시오.

6) 1)번에서 작성한 Ex1과 Ex2 데이터세트를 Region 변수를 기준으로 가로결합하여 Ex3으로 저장하시오.

실습과제

과제 2-2. 1장의 **실습과제 1-2**의 Sales 데이터세트를 이용하여 다음의 물음에 답하시오. 변수와 그에 대한 설명 및 데이터 유형은 다음과 같다.

변수	범주	설명	형식
Region	NC TX	주 이름	문자형($)
CitySzie	S M L	도시규모	문자형($)
Population	연속형	인구수	수치형
Product	A100	생산품코드	문자형
SaleType	R W	소매(Retail) 도매(Whole)	문자형
Units	연속형	단가	수치형
NetSales	연속형	판매순익	수치형

1) NetSales 변수의 누적합을 구하는 프로그램을 작성하시오.

2) CitySize 별로 NetSales의 합을 출력하는 프로그램을 작성하시오.

3) Sales 데이터로부터 Region, Citysize, Population 별로 중복되는 데이터를 삭제하고, 순위를 부여하는 프로그램을 작성하시오.

4) Units와 NetSales 값을 이용하여 판매량(Quantity)을 구하는 프로그램을 작성하고, 도매량과 소매량을 각각 구하시오(Quantity = NetSales/Units, round 함수를 이용하여 소수점 1자리에서 반올림하시오).

5) 인구수(Population)에 따라 5,000~50,000이면 Psize = 1, 50,001~150,000이면 Psize = 2, 150,001~300,000이면 Psize = 3, 300,001이상 이면 Psize = 4로 범주화하여 출력하시오.

6) 단가(Units)가 350인 행들을 출력하는 프로그램을 작성하시오.

3장

자료의 정리와 요약

실험이나 관찰을 통해 수집된 데이터를 표(table)나 그래프(graph)−도수분포표, 히스토그램, 산점도−로 정리하고, 정리된 데이터들에 대한 특성값, 예를 들어 평균, 중위수, 최빈수, 사분위수 등을 구하기 위한 통계분석 절차에 대해 살펴보기로 한다.

즉, 수집된 데이터에 대해 분포를 파악하고, 데이터들의 특성값을 산출할 수 있는 SAS 프로시저로서 FREQ, TABULATE, MEANS, UNIVARIATE, SUMMARY, REPORT 등이 있으며, 각 프로시저별로 주요 기능 중심으로 살펴보기로 한다.

3.1 FREQ 프로시저

이산형 자료나 연속형 자료에 대해 자료의 빈도수를 나타내는 프로시저로서 가장 간단한 형태의 일차원 도수분포표 및 이차원, 다차원 테이블을 작성하는 프로시저이다. FREQ 프로시저의 일반적인 형식은 다음과 같다.

[FREQ 프로시저의 형식]

```
PROC FREQ  DATA=데이터세트이름 <선택사항>;
 TABLE 변수이름 [변수이름1*변수이름2] /선택사항;
 [BY 변수이름;]
 [EXACT 키워드/선택사항;]
 [OUTPUT OUT=데이터세트이름;]
 [TEST 선택사항;]
 [WEIGHT 변수이름;]
RUN;
```

FREQ 프로시저에서는 단순히 테이블 작성뿐만 아니라 통계적 추론까지 가능하지만, 여기서는 자료의 정리에 초점을 맞추어 각 단계에 대해 설명하기로 한다.

(1) FREQ 프로시저의 명령

① TABLE 명령: 테이블을 작성할 변수를 지정한다.

② BY 명령: BY 다음에 오는 변수를 기준으로 그룹화하여 분석한다. 특별히 BY 명령을 이용하고자 할 때는 SORT 프로시저에 의해 분석하고자 하는 데이터세트가 BY 변수이름을 기준으로 정렬되어야 한다.

③ EXACT 명령: 데이터들에 대한 정확성 검증을 수행한다. 정확성 검증을 위한 다양한 선택사항을 지정할 수 있다.

④ TEST 명령: 연관성 척도와 동일성 척도에 대한 검증을 수행한다.

⑤ WEIGHT 명령: 단순 통계량이 아닌 가중값을 고려한 통계량을 산출할 때 사용된다.

⑥ OUTPUT OUT 명령: 다양한 통계적 검증을 위한 통계량을 출력하거나 데이터로 저장할 수 있다.

(2) TABLE(S) 명령

FREQ 프로시저에서 도수분포표(또는 빈도표)를 작성하기 위해 사용되는 명령어는 TABLE 명령어이다. 단순히 데이터세트에 존재하는 주 변수들에 대한 도수분포표를 작성하기 위해서는 TABLE 명령 다음에 분석하고자 하는 변수이름을 지정하면 된다. 이에 대한 형식은 다음과 같다.

[TABLE 명령]

```
TABLE 변수이름1 변수이름2 …/선택사항;
TABLE 변수이름1*변수이름2 …/선택사항;
TABLE 변수이름1*변수이름2*변수이름3 …/선택사항;
```

테이블 지정형식	동일형식
TABLE A*(B C)	TABLE A*B A*C
TABLE (A B)*(C D)	TABLE A*C B*C A*D B*D
TABLE (A B C)*D	TABLE A*D B*D C*D
TABLE A--C	TABLE A B C
TABLE (A—C)*D	TABLE A*D B*D C*D

여기서 선택사항 중 일부에는 다음과 같은 것들이 있다.

| 표 3.1 | TABLE 명령의 선택사항

선택사항	의미
MISSING	결측값을 포함하여 분석을 가능하게 한다.
LIST	2차원 표를 1차원 표로 변환하여 출력한다.
NOFREQ	2차원 표에서 빈도의 출력을 통제한다.
NOPERCENT	퍼센트의 출력을 통제한다.
NOROW	행의 퍼센티지 출력을 통제한다.
NOCOL	열의 퍼센티지 출력을 통제한다.
NOCUM	누적도수와 누적퍼센티지 출력을 통제한다.
NOPRINT	표의 출력을 통제한다.
PLOTS	도수산점도를 작성한다.
OUT=	1차원 빈도분석결과를 데이터세트로 저장한다.

[예제 3-1]

다음 자료는 30일간 정원에 핀 나팔꽃 잎의 수를 관찰한 것이다. 'Ex3_1' 인 데이터세트를 만들어 x=0, 1, 2, 3, 4, 5, 6에 대한 도수분포표를 작성하라.

```
3 3 2 0 4 5 6 4 4 3 2 1 2 3 0 5 5 3 2 3 5 4 1 2 0 3 2 4 2 6
```

풀이 도수분포표를 작성하기 위한 프로그램은 다음과 같다.

```
DATA Ex3_1;
INPUT x @@;
CARDS;
3 3 2 0 4 5 6 4 4 3
2 1 2 3 0 5 5 3 2 3
5 4 1 2 0 3 2 4 2 6
;
PROC FREQ DATA=Ex3_1;
TABLE x;
RUN;
```

작성된 도수분포표는 다음과 같다.

x	빈도	백분율	누적 빈도	누적 백분율
0	3	10.00	3	10.00
1	2	6.67	5	16.67
2	7	23.33	12	40.00
3	7	23.33	19	63.33
4	5	16.67	24	80.00
5	4	13.33	28	93.33
6	2	6.67	30	100.00

만일 **[예제 3-1]**에서 관찰치 중 결측이 있으면 이 결측값을 도수에 포함시킬지 여부를 결정해야 하는데, 대부분의 통계분석에서는 결측값은 분석에서 제외시키는 것이 바람직하므로 MISSING 선택사항을 생략하며, 만일 결측값을 분석에 포함시키고자 경우에는 MISSING 지정하면 된다. 다음의 프로그램은 결측값을 분석에 포함시킬 경우 TABLE 명령에 MISSING을 지정한 경우와 결측을 분석에서 제외하는 경우를 출력한 결과를 나타내고 있다.

〈MISSING을 지정한 프로그램〉

```
DATA Ex3_1_1;
INPUT x @@;
CARDS;
3 3 2 0 4 5 6 . 4 3
2 1 2 3 0 5 . 3 2 3
5 4 1 2 0 3 2 4 2 .
;
PROC FREQ DATA=Ex3_1_1;
TABLES x / MISSING;                    /*결측값을 포함*/
RUN;
PROC FREQ DATA=Ex3_1_1;
TABLES x;                              /*결측값을 제외*/
RUN;
```

〈결측값 포함(MISSING 옵션)〉

x	빈도	백분율	누적 빈도	누적 백분율
.	3	10.00	3	10.00
0	3	10.00	6	20.00
1	2	6.67	8	26.67
2	7	23.33	15	50.00
3	7	23.33	22	73.33
4	4	13.33	26	86.67
5	3	10.00	29	96.67
6	1	3.33	30	100.00

〈결측값 제외〉

x	빈도	백분율	누적 빈도	누적 백분율
0	3	11.11	3	11.11
1	2	7.41	5	18.52
2	7	25.93	12	44.44
3	7	25.93	19	70.37
4	4	14.81	23	85.19
5	3	11.11	26	96.30
6	1	3.70	27	100.00
결측값 빈도 = 3				

[예제 3-2]

다음의 데이터를 이용하여 물음에 답하시오.

```
023401 SK.KIM M STAT 10 20 40 34
023405 SI.HWANG M STAT 10 18 38 28
023410 KS.LEE F MATH 10 19 38 40
023411 SS.LEE M MATH 10 20 29 34
023412 MS.SEO F ECON 10 20 38 30
023415 NR.JUNG F ECON 10 15 20 34
023420 KW.YEOM M STAT 10 19 34 35
023425 HJ.KIM F STAT 10 20 20 28
023426 NK.LEE M ECON 10 20 5 10
023458 JS.BAE M MATH 10 20 38 40
```

단, 변수는 순서에 따라 id, name, gender, dept, atten, report, mid, fin이다.

① 성별(gender)에 대한 도수분포표를 작성하시오.

② 학과(dept)에 대한 도수분포표를 작성하시오.

③ 성별과 학과에 대한 2차원 도수분포표를 작성하고, 이를 1차원 도수분포표로 변환하여 출력하시오.

풀이 ① 성별(gender)에 대한 도수분포표

```
DATA Ex3_2;
INPUT id $ name $ gender $ dept $ atten report mid fin;
CARDS;
데이터
;
PROC FREQ DATA=Ex3_2;
TABLE gender;
RUN;
```

gender	빈도	백분율	누적 빈도	누적 백분율
F	4	40.00	4	40.00
M	6	60.00	10	100.00

② 학과(dept)에 대한 도수분포표

```
PROC FREQ DATA=Ex3_2;
TABLE dept;
RUN;
```

dept	빈도	백분율	누적 빈도	누적 백분율
ECON	3	30.00	3	30.00
MATH	3	30.00	6	60.00
STAT	4	40.00	10	100.00

③ 성별과 학과에 대한 2차원 도수분포표

```
PROC FREQ DATA=Ex3_2;
TABLE gender*dept;
RUN;
```

테이블:gender * dept				
	dept			
gender	ECON	MATH	STAT	합계
F	2 20.00 50.00 66.67	1 10.00 25.00 33.33	1 10.00 25.00 25.00	4 40.00
M	1 10.00 16.67 33.33	2 20.00 33.33 66.67	3 30.00 50.00 75.00	6 60.00
합계	3 30.00	3 30.00	4 40.00	10 100.00

앞에서와같이 작성된 2차원 도수분포표를 LIST 옵션을 이용하여 다음과 같이 1차원 도수분포표로 변환하여 나타낼 수 있다.

```
PROC FREQ DATA=Ex3_2;
TABLE gender*dept/LIST;
RUN;
```

gender	dept	빈도	백분율	누적 빈도	누적 백분율
F	ECON	2	20.00	2	20.00
F	MATH	1	10.00	3	30.00
F	STAT	1	10.00	4	40.00
M	ECON	1	10.00	5	50.00
M	MATH	2	20.00	7	70.00
M	STAT	3	30.00	10	100.00

이와 더불어 만일 **[예제 3-2]**에서 2차원 도수분포표에 대한 선택사항을 다음과 같이 지정하면 출력결과 또한 다음과 같이 변경되어 출력된다. 즉, 결과로부터 2차원 도수분포표에 나타난 값은 순수하게 빈도수만 출력됨을 알 수 있다.

```
PROC FREQ DATA=Ex3_2;
TABLE gender*dept/NOCOL NOROW NOPERCENT;
RUN;
```

테이블:gender * dept				
	dept			
gender	ECON	MATH	STAT	합계
F	2	1	1	4
M	1	2	3	6
합계	3	3	4	10

또한 도수분포표를 작성하기 위해 만일 기준변수를 지정하려고 한다면, BY 명령을 이용하여 해결할 수 있다. 단 BY 명령을 사용하기 위해서는 먼저 SORT 프로시저를 이용하여 정렬이 되어야 한다.

다음의 프로그램과 출력은 **[예제 3-2]**의 데이터를 이용하여 성별을 기준변수로 하여 2차원 도수분포표를 작성한 것이다.

```
PROC SORT DATA= Ex3_2 OUT=Ex3_2out;
BY gender;
RUN;
PROC FREQ DATA=Ex3_2out;
BY gender;
TABLE dept;
RUN;
```

〈남녀별 도수분포표 출력〉

gender=F

dept	빈도	누적 빈도
ECON	2	2
MATH	1	3
STAT	1	4

gender=M

dept	빈도	누적 빈도
ECON	1	1
MATH	2	3
STAT	3	6

[예제 3-3]

다음 자료의 도수분포표를 작성하라.

```
M 23 40 M 64 88 M 66 110 M 31 86 M 55 137 M 48 78 M 31 46
M 58 11 M 31 88 M 27 80 M 25 66 M 23 65 F 40 60 F 38 53
F 56 89 F 34 99 F 78 110 F 45 100  F 20 89 F 56 78 F 44 99
F 30 89 F 24 57 F 89 100 F 80 90 F 22 60
```

단, 변수는 각각 성별(gender), 연령(age), 콜레스테롤(chol) 수치이다.

① 연령(age)에 따른 도수분포표를 작성하라 (계급수는 5로 한다).

② 성별(gender)에 따른 도수분포표를 작성하라.

풀이 ① 연령(age)의 도수분포표

연령은 연속형 변수이므로 앞에서 설명한 바와 같이 도수분포표 작성절차에 따라 먼저 계급의 폭을 결정하기 위해 MEANS 프로시저를 통해 필요한 통계량들을 구한다. 이보다 더욱 간편한 방법은 통계량으로 RANGE를 지정할 수도 있지만 여기서는 보다 근본적인 방법으로 주어진 절차에 따라 도수분포표를 작성하기로 한다.

```
PROC MEANS DATA= Ex3_3 RANGE;
VAR age;
RUN;
```

따라서 범위는 89－20＝69이며, 계급수가 5이므로 계급의 폭은 69/5≒11.8이며 계급을 5개로 나누기 위해 10세 간격으로 계급의 폭을 설정하고, 60세 이상을 최종 계급으로 구성하도록 한다. 이에 따른 도수분포표 작성 과정은 IF 문장을 이용하여 다음과 같이 프로그램을 작성할 수 있다.

〈계급 나누기〉

```
DATA Ex3_3_1;
SET  Ex3_3;
 IF age <=29 THEN class=1;
  ELSE IF age <=39 THEN class=2;
   ELSE IF age <=49 THEN class=3;
```

```
    ELSE IF age <=59 THEN class=4;
     ELSE class=5;
RUN;
```

〈빈도표 작성하기〉

```
PROC FREQ DATA=Ex3_3_1;
TABLE class;
RUN;
```

〈도수분포표의 출력〉

class	빈도	백분율	누적 빈도	누적 백분율
1	7	26.92	7	26.92
2	6	23.08	13	50.00
3	4	15.38	17	65.38
4	4	15.38	21	80.77
5	5	19.23	26	100.00

한편 각 계급의 상한과 하한을 표현하려면 FORMAT 프로시저를 적용하여 다음과 같이 나타낼 수 있다.

```
PROC FORMAT ;
 VALUE fmtage 1 ='20-29' 2 ='30-39' 3 ='40-49' 4 ='50-59' 5 ='60+';
 VALUE $fmtgender 'F'='여성' 'M'='남성';
RUN;
PROC FREQ DATA=Ex3_3_1;
TABLE class;
FORMAT class fmtage.;
RUN;
```

〈수분포표의 출력: 포맷 적용〉

class	빈도	백분율	누적 빈도	누적 백분율
20-29	7	26.92	7	26.92
30-39	6	23.08	13	50.00
40-49	4	15.38	17	65.38
50-59	4	15.38	21	80.77
60+	5	19.23	26	100.00

② 성별에 따른 도수분포표에 대한 프로그램은 성별이 이산형이므로 다음과 같다.

```
PROC FREQ DATA=Ex3_3;
TABLE gender;
FORMAT  gender $fmtgender.;
RUN;
```

〈도수분포표의 출력: 성별〉

gender	빈도	백분율	누적 빈도	누적 백분율
여성	14	53.85	14	53.85
남성	12	46.15	26	100.00

3.2 TABULATE 프로시저

데이터를 요약하거나 데이터로부터 얻은 통계량들을 사용자가 원하는 대로 테이블을 작성하고자 할 때 사용되는 프로시저이다. FREQ 프로시저와는 달리 다양한 형식의 통계 테이블을 작성할 수 있는 장점이 있다.

TABULATE 프로시저는 1차원 도수분포표뿐만 아니라, 다차원 도수분포표도 작성할 수 있다. TABULATE 프로시저를 적용할 때 반드시 고려되어야 할 사항은 CLASS 명령, VAR 명령, TABLE 명령, FORMAT 명령 등이다. 먼저 TABULATE 프로시저의 일반형식은 다음과 같다.

[TABULATE 프로시저의 일반형식]

```
PROC TABULATE <선택사항> <스타일> 형식;
 <BY 변수이름>
 TABLE 행변수이름<선택사항>, 열변수이름<선택사항>;
 CLASS 변수이름;
 VAR 변수이름;
 [FORMAT 변수이름 형식이름;]
RUN;
```

이 프로시저에서는 분석변수의 거의 모든 통계량을 출력할 수 있으며, 만일 통계량을 지정하지 않으면, 기본적으로 데이터들의 개수 'N' 또는 합계 'SUM'이 출력된다. 행변수(또는 열변수) 다음에 올 수 있는 통계량은 키워드로 지정할 수 있으며, 출력 순서는 지정 변수 다음에 오는 순서대로 출력된다.

1) TABLE 명령의 규칙

TABLET 명령에서는 작성하고자 하는 표의 행과 열 변수를 지정하며, 기본적인 규칙은 다음과 같다.

① TABLE 명령에서는 반드시 1개 이상의 변수를 지정해야 한다.

② TABLE 명령에서 사용되는 차원변수는 CLASS에서 지정한 변수 또는 VAR 변수에서 지정해야 한다. 즉, 범주형인 경우에는 CLASS 명령에서 지정하고, 통계값이 산출되어야 하는 분석변수는 VAR에서 지정되어야 한다.

③ 분석변수는 동일 차원에서 정의되어야 하며, 교차될 수 없다. 즉, 각 차원에서는 1개의 분석변수만이 정의될 수 있다.

2) TABULATE 프로시저에서 각 요소별 명칭

요소별 명칭에 대한 레이블, 형식 등을 지정할 수 있고, 이와 더불어 각 요소에 표현하는 문자 또는 숫자 등의 스타일을 지정할 수 있다. 이러한 요소별 명칭을 적절히 적용할 경우보다 잘 요약된 테이블을 구성할 수 있다.

〈테이블 요소별 명칭〉

<table>
<tr><td colspan="2" rowspan="2">box</td><td>var</td><td>var</td></tr>
<tr><td>Keyword</td><td>Keyword</td></tr>
<tr><td>class</td><td>class</td><td></td><td></td></tr>
<tr><td rowspan="3">classlev</td><td>classlev</td><td>proc/x</td><td>proc/x</td></tr>
<tr><td>classlev</td><td>proc/x</td><td>proc/x</td></tr>
<tr><td></td><td></td><td></td></tr>
<tr><td></td><td>Keyword</td><td>all/x</td><td>all/x</td></tr>
</table>

3) TABLE 명령에서 사용되는 통계값

TABLE 명령에서 사용되는 키워드는 테이블을 구성하는 변수의 특성값을 표에 표현하는 데 적용할 수 있다. 이러한 키워드는 기술통계값을 나타낼 수 있는 키워드, 위치통계값을 나타내는 키워드, 검정통계값을 나타내는 키워드를 제공한다.

| 표 3.2 | 기술통계 키워드

키워드	설명	키워드	설명
COLPCTN	총합기준 열%	PCTSUM	합계기준%
COLPCTSUM	합계기준 열%	RANGE	범위
CSS	수정제곱합 $\Sigma(x_i - \overline{x})^2$	REPPCTN	총합기준 셀%
CV	변동계수	REPPCTSUM	합계기준 셀%
KURT	첨도	ROWPCTN	총합기준 행%
LCLM	신뢰하한	ROWPCTSUM	합계기준 행%
MAX	최대값	SKEW	왜도
MEAN	평균	STD	표준편차
MIN	최소값	STDERR	표준오차
MODE	최빈수	SUM	합계
N	관찰수	SUMWGT	가중합
NMISS	결측값수	UCLM	신뢰상한
PAGEPCTN	총합기준페이지%	USS	총제곱합 Σx_i^2
PAGEPCTSUM	합계기준페이지%	VAR	분산
PCTN	총합기준%		

|표 3.3| 위치통계 키워드

키워드	설명	키워드	설명
MEDIAN(P50)	중위수	Q3(P75)	제3사분위수
P1	1백분위수(1%)	P70	70백분위수(70%)
P5	5백분위수(5%)	P80	80백분위수(80%)
P10	10백분위수(10%)	P90	90백분위수(90%)
P20	20백분위수(20%)	P95	95백분위수(95%)
P30	30백분위수(30%)	P99	99백분위수(99%)
P40	40백분위수(40%)		
P60	60백분위수(60%)		
Q1(P25)	제1사분위수	QRANGE	분위수 범위

|표 3.4| 검정통계 키워드

키워드	설명	키워드	설명
PROBT(PRT)	T확률	T	T값

4) TABLE 구성하기

테이블을 구성하는 변수의 형식에 따라 표현하는 통계량 값이 달라질 수 있는데, 범주형의 경우 관찰치 수(N)를 연속형 변수인 경우 합계(SUM), 평균(MEAN) 등의 다양한 통계값을 테이블에 표현할 수 있다.

또한 행 또는 열 값들의 비율을 백분율(%)로 표현할 수 있다. 이러한 다양한 사례를 몇 가지 예제 프로그램들을 제시하였다. 한편 테이블을 구성하는 변수의 차원에 따라 다음과 같이 형식을 표현할 수 있다.

〈테이블 차원〉

- 1차원: TABLE 열변수
  (예) TABLE SalesRep;
- 2차원: TABLE 행변수, 열변수
  (예) TABLE SalesRep, Type;
- 다차원: TABLE 페이지변수, 행변수, 열변수
  (예) TABLE SalesRep, Type, AmountSold;
- 다차원 : TABLE 행변수1*행변수2, 열변수
  (예) TABLE SalesRep*Type, AmountSold;

① 2개의 그룹변수와 1개의 분석변수로 구성된 테이블 작성

테이블 명령에서 2개의 범주형 변수(SalesRep* Type)를 행변수 위치하고(TABLE 명령에서 차원을 지정하는 콤마(,)의 왼편), 열변수에는 분석변수(AmountSold)를 지정한 경우이다. 이 경우에는 2개의 범주형 변수의 범주들이 행변수의 위치에 출력되고, 열변수에는 분석변수를 지정하였고, 별도의 통계값을 지정하지 않았기 때문에 각 범주별로 분석변수의 합계(SUM)가 출력된다.

〈프로그램 예1〉 2개의 그룹변수와 1개의 분석변수로 구성된 테이블

```
PROC TABULATE DATA=year_sales format=comma10.;
 CLASS SalesRep Type;
  VAR AmountSold;
 TABLE  SalesRep*Type, AmountSold;
RUN;
```

〈프로그램 예1의 출력결과〉

		AmountSold
		Sum
SalesRep	Type	
Garcia	Deluxe	46,778
	Standard	465,293
Hollingsworth	Deluxe	37,620
	Standard	309,626
Jensen	Deluxe	40,590
	Standard	420,573

② 분석변수에 출력형식이 지정된 경우

테이블 형식은 ①번의 사례와 동일하며, 단지 분석변수의 값에 대해 출력형식을 지정한 것이다. 사용자가 출력형식을 지정할 경우 '*f='을 이용하면 된다.

프로그램에서 '*f=dollar16.2'는 분석변수의 통계값을 달러($) 화폐단위를 붙여서 전체 16자리 중 소수점 2자리로 표현하는 형식을 지정한 것이다. 출력결과로부터 숫자 앞에 달러($)가 표시되어 있음을 확인할 수 있다.

〈프로그램 예2〉 분석변수에 대한 출력형식 지정

```
PROC TABULATE DATA=year_sales format=comma10.;
 CLASS SalesRep Type;
  VAR AmountSold;
 TABLE SalesRep*Type, AmountSold*f=dollar16.2;      /*합계*/
RUN;
```

〈프로그램 예2의 출력결과〉

		AmountSold
		Sum
SalesRep	Type	
Garcia	Deluxe	$46,777.50
	Standard	$465,293.28
Hollingsworth	Deluxe	$37,620.00
	Standard	$309,626.10
Jensen	Deluxe	$40,590.00
	Standard	$420,572.60

③ 분석변수에 대한 통계값을 지정한 경우

앞의 예2) 에서는 분석변수의 통계값을 지정하지 않은 경우를 살펴보았고, 여기서는 분석변수에 대한 통계값으로 평균(MEAN)을 지정한 경우이다. 나머지 테이블 형식은 다음 예와 같다.

〈프로그램 예3〉 분석변수에 대한 통계값(평균) 지정

```
PROC TABULATE DATA=year_sales format=comma10.;
 CLASS SalesRep Type;
  VAR AmountSold;
 TABLE  SalesRep*Type, AmountSold*MEAN*f=dollar10.2;       /*평균*/
RUN;
```

〈프로그램 예3의 출력결과〉

		AmountSold
		Mean
SalesRep	Type	
Garcia	Deluxe	$11,694.38
	Standard	$12,924.81
Hollingsworth	Deluxe	$4,702.50
	Standard	$12,901.09
Jensen	Deluxe	$10,147.50
	Standard	$12,369.78

④ 분석변수에 대해 복수의 통계값을 지정한 경우

앞의 예3)에서는 분석변수에 대한 통계값으로 평균(MEAN)을 지정한 경우를 살펴보았는데, 여기서는 분석변수에 대해 관찰치 개수(N)와 합계(SUM)를 동시에 표현하는 경우이다. 예4)에서는 열변수 위치에서 분석변수를 각각 두 번 표현하고 있는데, 이와 동일한 효과를 나타내는 프로그램을 예5)에 제시하고 있다. 차이점은 동시에 표현할 통계값을 괄호( )로 묶어서 제시한 점이다. 또한 예4)는 개별 통계값을 각각 지정한 경우 열에 표현하는 설의 폭이 합계(SUM)와 동일하게 나타나지만, 예5)에서는 관찰치 수(N)와 합계(SUM)를 나타내는 셀의 폭이 다르게 표현되고 있다.

〈프로그램 예4〉 분석변수에 대한 통계값(관찰치 수와 평균) 지정

```
PROC TABULATE DATA=year_sales format=comma10.;
 CLASS SalesRep Type;
  VAR AmountSold;
/*관찰치 수와 합계*/
 TABLE  SalesRep*Type, AmountSold*N AmountSold*f=dollar16.2;
RUN;
```

〈프로그램 예4의 출력결과〉

		AmountSold	AmountSold
		N	Sum
SalesRep	Type		
Garcia	Deluxe	4	$46,777.50
	Standard	36	$465,293.28
Hollingsworth	Deluxe	8	$37,620.00
	Standard	24	$309,626.10
Jensen	Deluxe	4	$40,590.00
	Standard	34	$420,572.60

〈프로그램 예5〉 분석변수에 대한 통계값(관찰치 수와 합계) 지정

```
PROC TABULATE DATA=year_sales format=comma10.;
 CLASS SalesRep Type;
  VAR AmountSold;
/*관찰치 수와 합계*/
 TABLE  SalesRep*Type, AmountSold*(N SUM*f=dollar16.2);
RUN;
```

〈프로그램 예5의 출력결과〉

		AmountSold	
		N	Sum
SalesRep	Type		
Garcia	Deluxe	4	$46,777.50
	Standard	36	$465,293.28
Hollingsworth	Deluxe	8	$37,620.00
	Standard	24	$309,626.10
Jensen	Deluxe	4	$40,590.00
	Standard	34	$420,572.60

⑤ 분석변수에 대해 3개의 통계값과 총계를 지정한 경우

예4)와 예5)에서는 2개의 통계값을 각각 지정한 경우와 괄호( )로 묶어서 지정한 경우로 살펴보았는데, 예6)에서는 3개의 통계값을 동시 표현하는 경우를 나타내고 있다. 분석변수에 대해 관찰치 수(N), 평균(MEAN)과 합계(SUM)를 동시에 출력하는 형식이며 이때

평균과 합계는 동일한 출력형식으로 지정한 것이다. 또한 분석변수의 총계(ALL)를 지정하였다.

〈프로그램 예6〉 분석변수에 대한 통계값(관찰치 수와 합계, 평균, 총계) 지정

```
PROC TABULATE DATA=year_sales format=comma10.;
 CLASS SalesRep Type;
  VAR AmountSold;
/*갯수, 평균, 합계 및 총계의 지정*/
 TABLE  SalesRep*Type ALL, AmountSold*(N (MEAN SUM)*f=dollar10.2);
RUN;
```

〈프로그램 예6의 출력결과〉

		AmountSold		
		N	Mean	Sum
SalesRep	Type			
Garcia	Deluxe	4	$11,694.38	$46,777.50
	Standard	36	$12,924.81	$465,293.28
Hollingsworth	Deluxe	8	$4,702.50	$37,620.00
	Standard	24	$12,901.09	$309,626.10
Jensen	Deluxe	4	$10,147.50	$40,590.00
	Standard	34	$12,369.78	$420,572.60
All		110	$12,004.36	$1,320,479.48

5) TABLE 구성변수의 레이블(LABEL) 지정

테이블을 구성하는 행 변수 또는 열 변수뿐만 아니라 통계값들에 대해 변수이름 대신 레이블을 적용하여 테이블을 작성할 수 있다. 기본적인 형식은 '변수이름='레이블''이며 이 형식은 통계값에도 동일한 형식으로 적용된다. 만일 변수이름=' '과 같이 지정하면 분석변수의 이름이 삭제된다.

〈프로그램 예〉 레이블 적용하기

```
PROC TABULATE DATA=year_sales format=comma10.;
 CLASS SalesRep Type;
```

```
   VAR AmountSold;
   TABLE SalesRep='Sales Representative'*
          (Type='Type of Coffee Maker' ALL) ALL,
          AmountSold=' ' * (N='Sales'
                        SUM='Amount' *f=dollar16.2
                        COLPCTSUM='% Sales'
                        MEAN='Average Sale'*f=dollar16.2);
RUN;
```

		Sales	Amount	% Sales	Average Sale
Sales Representative	Type of Coffee Maker				
Garcia	Deluxe	4	$46,777.50	4	$11,694.38
	Standard	36	$465,293.28	35	$12,924.81
	All	40	$512,070.78	39	$12,801.77
Hollingsworth	Type of Coffee Maker				
	Deluxe	8	$37,620.00	3	$4,702.50
	Standard	24	$309,626.10	23	$12,901.09
	All	32	$347,246.10	26	$10,851.44
Jensen	Type of Coffee Maker				
	Deluxe	4	$40,590.00	3	$10,147.50
	Standard	34	$420,572.60	32	$12,369.78
	All	38	$461,162.60	35	$12,135.86
All		110	$1,320,479.48	100	$12,004.36

6) PROC TABULATE에서 Style 옵션 지정하기

Table의 스타일 지정은 Table 명령, CLASS 명령, CLSSLEV 명령, VAR 명령 등의 단계에서 "글자 스타일" 및 "셀 스타일" 등을 지정하는 옵션으로 테이블에 적용되는 행 및 열 변수에 출력 스타일을 지정할 수 있다.

① 테이블 옵션에서 스타일 지정: PROC TABULATE 명령에서 지정하는 'STYLE =' 옵션은 테이블의 전체 데이터값에 대한 스타일을 지정하는 옵션이다.

(예) /*진한 글자체를 지정*/

PROC TABULATE DATA=ex STYLE=[fontweight=bold];

		AmountSold
		Sum
SalesRep	Type	
Garcia	Deluxe	46,778
	Standard	465,293
Hollingsworth	Deluxe	37,620
	Standard	309,626
Jensen	Deluxe	40,590
	Standard	420,573

② 분석변수에 대한 부차 그룹에 대한 스타일 지정: CLASS 명령에서 적용하는 'STYLE =' 옵션은 그룹변수 이름의 머릿글에 대한 스타일을 지정하는 옵션이다.

(예) /*머릿글 글자위치를 가운데로 지정*/

CLASS region division type / STYLE=[textalign=center];

		AmountSold
		Sum
SalesRep	Type	
Garcia	Deluxe	46,778
	Standard	465,293
Hollingsworth	Deluxe	37,620
	Standard	309,626
Jensen	Deluxe	40,590
	Standard	420,573

③ 하위 그룹변수의 머릿글에 대한 스타일 속성을 지정: PROC TABULATE 명령에서 지정하는 'STYLE =' 옵션은 그룹변수의 하위 변수이름에 대한 스타일을 지정하는 옵션이다.

(예) /*하위그룹변수 이름의 왼쪽 정렬*/

CLASSLEV SalesRep Type / STYLE=[textalign=center];

		AmountSold
		Sum
SalesRep	Type	
Garcia	Deluxe	46,778
	Standard	465,293
Hollingsworth	Deluxe	37,620
	Standard	309,626
Jensen	Deluxe	40,590
	Standard	420,573

④ 분석변수와 그 스타일 속성을 지정: VAR 명령에서 지정하는 'STYLE=' 옵션은 변수 이름의 머릿글에 대한 스타일을 지정하는 옵션이다.

(예) /*분석변수의 머릿글 크기지정*/

VAR AmountSold / STYLE=[fontsize=5];

		AmountSold
		Sum
SalesRep	Type	
Garcia	Deluxe	46,778
	Standard	465,293
Hollingsworth	Deluxe	37,620
	Standard	309,626
Jensen	Deluxe	40,590
	Standard	420,573

⑤ 키워드(keyword)와 'ALL' 키워드의 레이블에 대한 스타일 속성 지정: KEYWORD 명령에서 'STYLE=' 옵션은 키워드에 대한 스타일을 지정하며, KEYLABEL 명령은 키워드에 대한 레이블을 지정한다.

(예) /*키워드 명령에 대한 스타일 지정*/

KEYWORD ALL sum / STYLE=[fontwidth=wide];

KEYLABEL ALL="합계";

	Type	
	Deluxe	Standard
	합계	합계
	N	N
SalesRep		
Garcia	4	36
Hollingsworth	8	24
Jensen	4	34

⑥ 테이블의 행과 열의 스타일을 지정: 테이블의 차원을 지정하는 절차에서 지정한 'STYLE =' 옵션은 테이블의 셀에 대한 속성을 지정한다. 이 절차에서 슬래쉬(/) 다음에 지정하는 'STYLE =' 옵션은 테이블 셀 보다는 테이블의 일부분에 대해 영향을 준다.

(예) /*일부 셀의 배경색을 지정하고, 테이블의 일부 경계선의 색을 지정*/

```
TABLE  (SalesRep all)*(Type all*[STYLE=[backgroundcolor=yellow]]),
            (AmountSold*f=dollar10.)/STYLE=[bordercolor=blue];
```

		AmountSold
		Sum
SalesRep	Type	
Garcia	Deluxe	$46,778
	Standard	$465,293
	합계	$512,071
Hollingsworth	Type	
	Deluxe	$37,620
	Standard	$309,626
	합계	$347,246
Jensen	Type	
	Deluxe	$40,590
	Standard	$420,573
	합계	$461,163
합계	Type	
	Deluxe	$124,988
	Standard	$1,195,492
	합계	$1,320,479

⑦ 테이블에서 행 제목 위의 빈 상자에 대한 스타일을 지정: TABLE 명령에서 BOX 옵션에서 지정하는 'STYLE =' 옵션은 행 제목 위의 빈 상자에 적용하는 문자에 대한

스타일을 지정한다.

(예) /*일부 셀의 배경색을 지정하고, 테이블의 일부 경계선의 색을 지정*/

```
TABLE (SalesRep all)*(Type all*[STYLE=[backgroundcolor=yellow]]),
      (AmountSold*f=dollar10.)/STYLE=[bordercolor=blue];
```

지점별 상품 유형별 매출액		AmountSold
		Sum
SalesRep	Type	
Garcia	Deluxe	$46,778
	Standard	$465,293
	합계	$512,071
Hollingsworth	Type	
	Deluxe	$37,620
	Standard	$309,626
	합계	$347,246
Jensen	Type	
	Deluxe	$40,590
	Standard	$420,573
	합계	$461,163
합계	Type	
	Deluxe	$124,988
	Standard	$1,195,492
	합계	$1,320,479

[예제 3-6]

다음 자료를 이용하여 'sales' 변수의 행과 열 및 셀에 대한 합계 퍼센트(%)를 각각 테이블에 표현하시오. 단 변수의 순서는 team, classrm, name, pencils, tablets이며, 'sales = pencils + tablets'로 새로운 변수를 생성한다. 표의 구성에서는 행 변수는 team, 열 변수는 classrm이며, 분석변수는 sales이다.

```
BLUE    A ANN        4    8 RED    A MARY      5  10
GREEN   A JOHN       6    4 RED    A BOB       2   3
BLUE    B FRED       6    8 GREEN  B LOUISE   12   2
BLUE    B ANNETTE    .    9 RED    B HENRY     8  10
GREEN   A ANDREW     3    5 RED    A SAMUEL   12  10
BLUE    A LINDA      7   12 GREEN  A SARA      4   .
BLUE    B MARTIN     9   13 RED    B MATTHEW   7   6
GREEN   B BETH      15   10 RED    B LAURA     4   3
```

풀이 다음과 같이 데이터세트를 생성한다.

```
DATA Ex3_6;
  LENGTH name $ 8 classrm $ 1;
  INPUT team $ classrm $ name $ pencils tablets @@;
  sales=pencils + tablets;
CARDS;
;
데이터
;
```

다음으로 행과 열, 셀에 대해 sales 변수의 합계를 기준으로 %를 나타내기 위해 다음과 같이 출력형식을 지정한다.

〈셀, 행과 열에 대한 % 값의 형식지정〉

```
PROC FORMAT;
   PICTURE pctfmt low-high='009 %';
RUN;
```

FORMAT 프로시저를 이용하여 출력형식을 숫자 9자리로 지정하고, 단위 %를 붙이는 형식을 지정하였다.

〈테이블 작성〉

```
PROC TABULATE DATA=Ex3_6 FORMAT=7.;
  CLASS team classrm;                         /*범주형 변수*/
  TABLE (team ALL),                           /*행 변수*/
        classrm='Classroom'*sales=' '*(SUM    /*열 변수 및 분석변수*/
        COLPCTSUM*f=pctfmt9.                  /*열 합계기준 %*/
        ROWPCTSUM*f=pctfmt9.                  /*행 합계기준 %*/
        REPPCTSUM*f=pctfmt9.)                 /*총합기준 셀%*/
        ALL*sales*SUM=' '
        /RTS=20;
  VAR sales;                                  /*통계분석 변수*/
RUN;
```

〈테이블 출력〉

	Classroom								All
	A				B				
	Sum	ColPctSum	RowPctSum	RepPctSum	Sum	ColPctSum	RowPctSum	RepPctSum	sales
team									
BLUE	31	34 %	46 %	15 %	36	31 %	53 %	17 %	67
GREEN	18	19 %	31 %	8 %	39	34 %	68 %	19 %	57
RED	42	46 %	52 %	20 %	38	33 %	47 %	18 %	80
All	91	100 %	44 %	44 %	113	100 %	55 %	55 %	204

테이블 출력결과로부터 먼저 행변수 team에 대해 sales 변수의 합계값 들이 A 학급(classrm)에 BLUE팀은 31, GREEN팀은 18등으로 출력되었고, 이들의 열 합계(ALL)는 91이며, 이 값을 기준으로 BLUE팀의 열 %(COLPCTSUM)는 31/91*100=34 %가 출력되었다. 한편 BLUE팀의 sales 변수의 행 합계는 61이며, BLUE 팀의 행 %(ROWPCTSUM)는 31/67*100=46 %로 출력되었다. 마지막으로 A 학급의 BLUE 팀의 sales 합계는 31인데 이 값의 전체 204에 대한 백분율은 31/204*100=15 %로 출력되었다.

만일 분석변수의 합계 대신 단지 도수(인원수: N)에 대한 %를 산출하고 할 때는 다음과 같이 설정하면 된다.

```
PROC TABULATE DATA=Ex3_6 FORMAT=7.;
  CLASS team classrm;
  TABLE (team ALL),
        classrm='Classroom'*sales=' '*(N      /*SUM 대신 N*/
        COLPCTN*f=pctfmt9.
        ROWPCTN*f=pctfmt9.
        REPPCTN*f=pctfmt9.)
        ALL*sales*N=' '
        /rts=20;
 VAR sales;
RUN;
```

〈2차원 테이블의 빈도수에 대한 행, 열, 셀 % 출력〉

	Classroom								All
	A				B				
	N	ColPctN	RowPctN	RepPctN	N	ColPctN	RowPctN	RepPctN	sales
team									
BLUE	2	28 %	50 %	14 %	2	28 %	50 %	14 %	4
GREEN	2	28 %	50 %	14 %	2	28 %	50 %	14 %	4
RED	3	42 %	50 %	21 %	3	42 %	50 %	21 %	6
All	7	100 %	50 %	50 %	7	100 %	50 %	50 %	14

위의 프로그램에서 TABLE 명령 다음의(team ALL),은 행변수와 행변수 범주의 마지막에 합계를 표현한 것이고, 다음의 classrm = 'Classroom'*sales = ' '은 열변수와 그에 대한 레이블을 지정하고, 각 셀값에 해당하는 변수로는 sales 변수를 지정한 것이다. 다음으로 *(N COLPCTN*f = pctfmt9. ROWPCTN*f = pctfmt9. REPPCTN*f = pctfmt9.)는 열변수의 범주별로 순서대로 통계값을 출력하도록 설정한 것이다. ALL*sales*N = ' '은 맨 마지막 열에 총계를 표시하는데 열의 도수총계를 출력하는 것이다.

마지막의 /rts = 20은 행머리글의 라인당 길이를 20문자로 지정한 것이다.

[예제 3-7]

다음 자료를 이용하여 각각의 테이블을 작성하시오.

```
M 23 40 M 64 88 M 66 110 M 31 86 M 55 137 M 48 78 M 31 46
M 58 11 M 31 88 M 27 80 M 25 66 M 23 65 F 40 60 F 38 53
F 56 89 F 34 99 F 78 110 F 45 100 F 20 89 F 56 78 F 44 99
F 30 89 F 24 57 F 89 100 F 80 90 F 22 60
```

단, 변수는 각각 gender, age, chol이다.

① 성별(gender) 평균연령을 1차원 도수분포표로 나타내시오.

② 연령을 5개의 계급으로 나누어 성별과 연령에 따른 평균 콜레스테롤(chol)을 구하시오.

③ 분석변수를 chol로 하여 연령에 따른 평균을 구하시오.

풀이 ① 성별(gender) 따른 평균연령을 1차원 도수분포표로 표현

〈데이터 입력〉

```
DATA Ex3_7;
INPUT gender $ age chol @@;
CARDS;
M 23 40 M 64 88 M 66 110 M 31 86 M 55 137 M 48 78 M 31 46
M 58 11 M 31 88 M 27 80 M 25 66 M 23 65 F 40 60 F 38 53
F 56 89 F 34 99 F 78 110 F 45 100 F 20 89 F 56 78 F 44 99
F 30 89 F 24 57 F 89 100 F 80 90 F 22 60
;
```

〈테이블 작성〉

```
PROC FORMAT;
VALUE $genderfmt 'F'='여성' 'M'='남성';
RUN;
PROC TABULATE DATA=Ex3_7;
CLASS gender;
TABLE age='연령'*MEAN='평균연령', gender='성별'/rts=25
     BOX=[label="성별 평균연령"];
VAR age;
FORMAT gender $genderfmt.;
RUN;
```

〈도수분포표의 출력: 성별〉

성별 평균연령		성별	
		여성	남성
연령	평균연령	46.86	40.17

② 연령을 5개의 계급으로 나누어 성별과 연령에 따른 2차원 도수분포표

```
DATA Ex3_7_1;                          /*연령을 5개 계급으로 구분*/
SET  Ex3_7;
 IF age < 29 THEN agecls=1;
  ELSE IF age <39 THEN agecls=2;
   ELSE IF age <49 THEN agecls=3;
    ELSE IF age <59 THEN agecls=4;
     ELSE agecls = 5;
RUN;
```

```
/*연령과 성별에 대한 출력형식 지정*/
PROC FORMAT;
VALUE agefmt 1 ='20-29' 2 ='30-39' 3 ='40-49' 4 ='50-59' 5 ='60+';
VALUE $genderfmt 'F'='여성' 'M'='남성';
RUN;
/*테이블 작성*/
PROC TABULATE DATA=Ex3_7_1;
TABLE (agecls='연령계급' ALL='합계'), (gender='성별' ALL='합계')*N='인원수';
CLASS agecls gender;
FORMAT agecls agefmt. gender $genderfmt.;
RUN;
```

연령과 성별로 구성된 2차원 테이블이므로 "(agecls='연령계급' ALL='합계'), gender='성별' ALL='합계'"로 지정하였으며, 출력결과는 다음과 같다.

〈도수분포표의 출력: 성별〉

	성별		합계
	여성	남성	
	인원수	인원수	인원수
연령계급			
20-29	3	4	7
30-39	3	3	6
40-49	3	1	4
50-59	2	2	4
60+	3	2	5
합계	14	12	26

③ 분석변수를 chol로 하여 연령계급에 따른 평균 콜레스테롤

```
PROC TABULATE DATA=Ex3_7_1;
CLASS agecls;
TABLE agecls='연령계급',chol='콜레스테롤'*MEAN='평균';
VAR chol;
FORMAT agecls agefmt.;
RUN;
```

즉, 20~29세의 평균 콜레스테롤은 65.29이며, 30~39세의 평균 콜레스테롤은 76.83 등으로 출력되었다.

〈출력결과〉

	콜레스테롤
	평균
연령계급	
20-29	65.29
30-39	76.83
40-49	84.25
50-59	78.75
60+	99.60

[예제 3-8]

다음 자료를 이용하여 각각의 테이블을 작성하시오.

```
DATA Ex3_8;
 LENGTH State $2;
 INPUT Region Division state $ Type Expenditures @@;
 CARDS;
1 1 ME 1 708 1 1 ME 2 379 1 1 NH 1 597 1 1 NH 2 301
1 1 VT 1 353 1 1 VT 2 188 1 1 MA 1 3264 1 1 MA 2 2498
1 1 RI 1 531 1 1 RI 2 358 1 1 CT 1 2024 1 1 CT 2 1405
1 2 NY 1 8786 1 2 NY 2 7825 1 2 NJ 1 4115 1 2 NJ 2 3558
1 2 PA 1 6478 1 2 PA 2 3695 4 3 MT 1 322 4 3 MT 2 232
4 3 ID 1 392 4 3 ID 2 298 4 3 WY 1 194 4 3 WY 2 184
4 3 CO 1 1215 4 3 CO 2 1173 4 3 NM 1 545 4 3 NM 2 578
4 3 AZ 1 1694 4 3 AZ 2 1448 4 3 UT 1 621 4 3 UT 2 438
4 3 NV 1 493 4 3 NV 2 378 4 4 WA 1 1680 4 4 WA 2 1122
4 4 OR 1 1014 4 4 OR 2 756 4 4 CA 1 10643 4 4 CA 2 10114
4 4 AK 1 349 4 4 AK 2 329 4 4 HI 1 273 4 4 HI 2 298
;
```

① 행변수는 Division, 열변수는 Type으로 설정하여 2차원 테이블을 작성하시오. 단, 행변수의 범주별로 'Number of customers', '% of row', '% of column', '% of all customers'의 순으로 출력하시오.

② 행 변수로 Region과 Division, 열변수를 Type과 Expenditures를 지정하여 분석변수인 Expenditures의 합계를 2차원 테이블에 표현하시오.(단, 화폐단위는 $로 표시한다.)

풀이 ① 행변수는 Division, 열변수는 Type이므로 2차원 테이블 형식으로 TABLE 명령에 입력하고, 주어진 테이블 형식에 맞추어 프로그램을 작성하면 다음과 같다.

```
PROC TABULATE DATA=Ex3_8;
 CLASS Division Type;
 TABLE Division* (N='Number of customers'                    /*도수 레이블*/
                  PCTN<Type>='% of row'                      /*행 %*/
                  PCTN<Division>='% of column'               /*열 %*/
                  PCTN='% of all customers'), type/RTS=50;   /*셀 %*/
  RUN;
```

프로그램으로부터 PCTN 다음에 입력된 〈Type〉 또는 〈Division〉은 각 변수의 도수 합에 대한 %를 나타내기 때문에 각각 행과 열의 %를 나타내고 있다.

〈출력결과〉

		Type	
		1	2
Division			
1	Number of customers	6	6
	% of row	50.00	50.00
	% of column	27.27	27.27
	% of all customers	13.64	13.64
2	Number of customers	3	3
	% of row	50.00	50.00
	% of column	13.64	13.64
	% of all customers	6.82	6.82
3	Number of customers	8	8
	% of row	50.00	50.00
	% of column	36.36	36.36
	% of all customers	18.18	18.18
4	Number of customers	5	5
	% of row	50.00	50.00
	% of column	22.73	22.73
	% of all customers	11.36	11.36

② 행 변수로 Region과 Division, 열변수를 Type과 Expenditures를 지정한 후 분석변수인 Expenditures의 합계를 구하기 위해 먼저 사용될 변수들에 대한 출력형식을 다음과 같이 설정하고, TABULATE 프로시저에서 테이블을 구성할 변수들을 다음과 같이 지정하면 된다. 이때 FORMAT을 함께 지정한다.

〈출력형식의 지정〉

```
PROC FORMAT;
VALUE regfmt  1='Northeast' 2='South' 3='Midwest' 4='West';
VALUE divfmt  1='New England' 2='Middle Atlantic' 3='Mountain' 4='Pacific';
VALUE usetype 1='Housing' 2='Industrial';
RUN;
```

〈테이블 작성〉

```
PROC TABULATE DATA=Ex3_8 FORMAT=dollar12.;
   CLASS region division type;
   VAR expenditures;
   TABLE region*division, type*expenditures  rts=25;
   FORMAT region regfmt. division divfmt. type usetype.;
RUN;
```

〈출력결과〉

		Type	
		Housing	Industrial
		Expenditures	Expenditures
		Sum	Sum
Region	Division		
Northeast	New England	$7,477	$5,129
	Middle Atlantic	$19,379	$15,078
West	Mountain	$5,476	$4,729
	Pacific	$13,959	$12,619

※ 참고로 테이블에서 범주별로 소계(subtotal)를 산출할 때는 다음과 같이 지정할 수 있다.

〈테이블에서 소계 산출〉

```
PROC TABULATE DATA=Ex3_8 FORMAT=comma12.;
 CLASS Region Division Type;
 VAR Expenditures;
 TABLE Region*(Division ALL='Subtotal')
        ALL='Total for All Regions'*f=dollar12.,
        Type='Customer Base'*Expenditures=' '*SUM=' '
        ALL='All Customers'*Expenditures=' '*SUM=' '/ RTS=25;
  FORMAT Region regfmt. Division divfmt. Type usetype.;
RUN;
```

〈출력결과〉

		Customer Base		All Customers
		Housing	Industrial	
Region	Division			
Northeast	New England	7,477	5,129	12,606
	Middle Atlantic	19,379	15,078	34,457
	Subtotal	26,856	20,207	47,063
West	Division			
	Mountain	5,476	4,729	10,205
	Pacific	13,959	12,619	26,578
	Subtotal	19,435	17,348	36,783
Total for All Regions		$46,291	$37,555	$83,846

3.3 MEANS 프로시저

자료에 대한 기술통계량을 계산하기 위한 가장 유용한 프로시저로서, 기본적으로 관찰치의 수, 평균, 최대값, 최소값, 표준편차 등을 계산한다. 그 외 다양한 통계값을 산출하는 프로시저로서 MEANS 프로시저의 형식은 다음과 같다.

[MEANS 프로시저의 형식]

```
PROC MEANS DATA=데이터세트이름 <선택사항> 키워드;
VAR 변수이름1 변수이름2 …;
[BY 변수이름;]
[CLASS 변수이름;]
[TYPES ( ) 변수이름1*변수이름2;]
[FREQ 변수이름;]
[WEIGHT 변수이름;]
[WAYS;]
[OUTPUT OUT=데이터세트이름 통계량=이름;]
RUN;
```

(1) MEANS 프로시저의 명령

① VAR 명령: MEANS 프로시저를 통해 분석하고자 하는 변수를 지정한다.

② BY 명령: BY 다음에 오는 변수를 기준으로 그룹화하여 분석한다. 특별히 BY 명령을 이용하고자 할 때는 SORT 프로시저에 의해 분석하고자 하는 데이터세트가 BY 변수이름을 기준으로 정렬되어야 한다.

③ CLASS 명령: 그룹(집단)별로 통계값을 산출하며, BY와 유사한 기능을 수행한다.

④ TYPES 명령: CLASS 명령으로 그룹변수별로 통계값을 산출할 때 전체 자료에 대한 통계값도 동시에 산출한다.

(예) TYPES() gender*dept;

⇒ 분석 결과를 전체, gender와 dept의 교차 집단별로 출력한다.

⑤ FREQ 명령: 레코드별로 관찰 값들이 도수(빈도)인 경우 도수를 고려한 통계를 산출한다.

⑥ WEIGHT 명령: 단순 통계량이 아닌 가중값을 고려한 통계량을 산출할 때 사용된다.

⑦ WAYS 명령: CLASS 변수의 조합방식을 정의한다.

(예) WAYS 1 2;

⇒ CLASS 변수의 1차원 및 2차원 배열 조합을 지정함.

⑧ OUTPUT OUT 명령: MEANS 프로시저에 의해 산출된 결과를 새로운 데이터세트로 만들고자 할 때 사용되는 명령이다. 분석 결과를 데이터세트로 생성하기 때문에 결과의 형식을 살펴볼 필요가 있다. 즉, "OUTPUT OUT="으로 지정한 결과에는 자동변수로 _TYPE_과 _FREQ_가 있다. _TYPE_ 변수는 통계값의 수준을 나타내며, _FREQ_는 _TYPE_변수의 수분에 따른 관찰치 수를 나타낸다. 다음과 같은 통계량들은 DATA 문장에 입력하고, 'OUTPUT OUT=' 문장에 의해 해당 통계량을 출력할 수 있다.

| 표 3.4 | OUTPUT 명령에서 지정할 수 있는 통계량

통계량	의미	통계량	의미	통계량	의미
MEAN	산술평균	MIN	최소값	USS	총제곱합
STD	표준편차	MAX	최대값	CSS	수정제곱합
VAR	분산	N	관찰치 수	CV	변동계수(%)
STDERR	표준오차	NMISS	결측치 수	T	t-통계량
RANGE	범위	PRT	Pr>¦T¦	SUMWGT	가중합
MEDIAN	중위수	SKEWNESS	왜도	KURTOSIS	첨도
CLM	95%신뢰구간	MODE	최빈수	Q1, Q3	제1, 3사분위수
NOBS	전체 자료수	Pn	백분위수	QRANGE	사분위범위

[예제 3-9]

다음의 데이터를 이용하여 물음에 답하시오.(단, 변수는 입력 순서대로 Id, Name, Gender, Dept, Atten, Report, Mid, Fin이며 Total = Atten + Report + Mid + Fin이다.)

① 성별에 따른 Total 변수의 평균과 표준편차를 구하시오.

② 학과별 Total 변수의 평균과 표준편차를 구하시오.

③ 학과별 Total 변수의 평균, 표준편차, 변동계수, 중위수, Q1, Q3, 왜도, 첨도를 각각 구하여, 변동계수와 왜도를 이용하여 3개 학과(Dept)의 성적 분포를 비교하시오.

```
20193401 SK.KIM M STAT 10 20 40 34
20193405 SI.HWANG M STAT 10 18 38 28
20193410 KS.LEE F MATH 10 19 38 40
20193411 SS.LEE M MATH 10 20 29 34
20193412 MS.SEO F ECON 10 20 38 30
20193415 NR.JUNG F ECON 10 15 20 34
20193420 KW.YEOM M STAT 10 19 34 35
20193425 HJ.KIM F STAT 10 20 20 28
20193426 NK.LEE M ECON 10 20 5 10
20193458 JS.BAE M MATH 10 20 38 40
```

풀이 ① Total 변수의 성별에 따른 평균과 표준편차

〈데이터 입력〉

```
DATA Ex3_9;
INPUT Id $ Name $ Gender $ Dept $ Atten Report Mid Fin;
Total=Atten+Report+Mid+Fin;
CARDS;
데이터
;
```

〈PROC MEANS 입력〉

```
PROC MEANS DATA=Ex3_9;
CLASS Gender;
VAR Total;
RUN;
```

〈출력결과〉

분석 변수 : Total						
Gender	관측값 수	N	평균	표준편차	최솟값	최댓값
F	4	4	90.5000000	14.3410832	78.0000000	107.0000000
M	6	6	90.3333333	22.9492193	45.0000000	108.0000000

② Total의 학과별 평균과 표준편차

프로그램에서 DATA 문장 다음의 "MAXDEC=2"는 소수점 이하 자릿수를 2자리로 지정한 것이다.

〈평균과 표준편차의 지정〉

```
PROC MEANS DATA=Ex3_9 MAXDEC=2 MEAN STD;
CLASS Dept;
VAR Total;
RUN;
```

〈출력결과〉

분석 변수 : Total			
Dept	관측값 수	평균	표준편차
ECON	3	74.00	26.85
MATH	3	102.67	8.39
STAT	4	93.50	11.12

③ Total 변수의 학과별 평균, 표준편차, 변동계수, 중위수, 왜도, 첨도

〈PROC MEANS에서 통계값 지정〉

```
PROC MEANS DATA=Ex3_9 MAXDEC=2 MEAN STD CV MEDIAN SKEWNESS KURTOSIS;
CLASS Dept;
VAR Total;
RUN;
```

〈출력결과〉

분석 변수 : Total							
Dept	관측값 수	평균	표준편차	변동계수	중위수	왜도	첨도
ECON	3	74.00	26.85	36.29	79.00	-0.81	.
MATH	3	102.67	8.39	8.17	107.00	-1.70	.
STAT	4	93.50	11.12	11.89	96.00	-1.20	1.82

[예제 3-10]

다음의 데이터를 이용하여 PresentScore 변수와 TasteScore 변수의 통계값을 구하시오. (단, 통계값은 관찰치 수, 평균, 최대, 최소, 범위, 표준편차이다.)

```
DATA Cake;
   INPUT LastName $ 1-12 Age 13-14 PresentScore 16-17
         TasteScore 19-20 Flavor $ 23-32 Layers 34 ;
CARDS;
Orlando      27 93 80  Vanilla    1
Ramey        32 84 72  Rum        2
Goldston     46 68 75  Vanilla    1
Roe          38 79 73  Vanilla    2
Larsen       23 77 84  Chocolate  .
Davis        51 86 91  Spice      3
Strickland   19 82 79  Chocolate  1
Nguyen       57 77 84  Vanilla    .
Hildenbrand 33 81 83  Chocolate  1
Byron        62 72 87  Vanilla    2
Sanders      26 56 79  Chocolate  1
Jaeger       43 66 74             1
Davis        28 69 75  Chocolate  2
Conrad       69 85 94  Vanilla    1
Walters      55 67 72  Chocolate  2
Rossburger   28 78 81  Spice      2
Matthew      42 81 92  Chocolate  2
Becker       36 62 83  Spice      2
Anderson     27 87 85  Chocolate  1
Merritt      62 73 84  Chocolate  1
;
```

풀이 PROC MEANS 프로시저를 이용하여 다음과 같이 프로그램을 작성한다.

```
PROC MEANS DATA=Cake n mean max min range std fw=8;
  VAR PresentScore TasteScore;
RUN;
```

〈출력결과〉

변수	N	평균	최댓값	최솟값	레이블	표준편차
PresentScore	20	76.1500	93.0000	56.0000	37.0000	9.3768
TasteScore	20	81.3500	94.0000	72.0000	22.0000	6.6116

[예제 3-11]

다음의 데이터를 이용하여 Status와 Year에 따른 Score 변수의 통계값을 구하시오. (단, 전체 관찰값에 대해서도 Score 변수의 통계값을 동시에 구한다.)

```
DATA Grade;
   INPUT Name $ 1-8 Gender $ 11 Status $13 Year $ 15-16
         Section $ 18 Score 20-21 FinalGrade 23-24;
 CARDS;
Abbott    F 2 97 A 90 87
Branford  M 1 98 A 92 97
Crandell  M 2 98 B 81 71
Dennison  M 1 97 A 85 72
Edgar     F 1 98 B 89 80
Faust     M 1 97 B 78 73
Greeley   F 2 97 A 82 91
Hart      F 1 98 B 84 80
Isley     M 2 97 A 88 86
Jasper    M 1 97 B 91 93
;
```

풀이 출력결과 전체 데이터에 대한 통계값과 그룹별 통계값을 출력하고 있다. 즉, TYPES()를 지정하여 전체 통계값과 CLASS 변수에 대한 그룹별 통계값을 순서대로 출력한다.

TYPES() 명령과 더불어 그룹변수에 대한 교차 수준을 지정하여 그룹별 통계값을 출력할 수 있는 WAYS 명령을 사용할 수 있다.

```
PROC MEANS DATA=grade maxdec=3;
   VAR  Score;
   CLASS Status Year;
   TYPES ( ) Status*Year;
  RUN;
```

〈출력결과〉

분석 변수 : Score					
관측값 수	N	평균	표준편차	최솟값	최댓값
10	10	86.000	4.714	78.000	92.000

〈그룹별 관찰치에 대한 통계값〉

분석 변수 : Score							
Status	Year	관측값 수	N	평균	표준편차	최솟값	최댓값
1	97	3	3	84.667	6.506	78.000	91.000
	98	3	3	88.333	4.041	84.000	92.000
2	97	3	3	86.667	4.163	82.000	90.000
	98	1	1	81.000	.	81.000	81.000

[예제 3-12]

[예제 3-11] 데이터를 이용하여 Year와 Status 별로 Score 변수의 평균과 표준편차를 1차원 및 2차원 교차분석 결과를 출력하시오.

풀이 WAYS 명령을 이용하여 CLASS 변수의 1차원 및 2차원 분석이 가능하다.

```
PROC MEANS DATA=grade mean std maxdec=3;
 VAR  Score;
 CLASS Status Year;
 WAYS 1 2;                /*1차원 및 2차원 교차 분석의 지정*/
 RUN;
```

〈Year와 Status별 Score 변수의 1차원 분석〉

분석 변수 : Score			
Year	관측값 수	평균	표준편차
97	6	85.667	5.007
98	4	86.500	4.933

분석 변수 : Score			
Status	관측값 수	평균	표준편차
1	6	86.500	5.244
2	4	85.250	4.425

〈Year와 Status별 Score 변수의 2차원 분석〉

분석 변수 : Score				
Status	Year	관측값 수	평균	표준편차
1	97	3	84.667	6.506
	98	3	88.333	4.041
2	97	3	86.667	4.163
	98	1	81.000	

[예제 3-13]

다음의 도수분포표로부터 MEANS 프로시저를 이용하여, 평균과 표준편차를 구하시오.

용돈(만원)	도수
10	3
15	5
20	5
25	2
30	1

풀이 각각의 용돈 계급에 대한 도수를 적용하여 평균과 표준편차를 구하기 위해 MEANS 프로시저에서 FREQ 명령을 이용하면 된다.

```
DATA Ex3_13;
INPUT money freq @@;
CARDS;
10 3 15 5 20 5 25 2 30 1
;
PROC MEANS DATA=EX3_13 mean std maxdec=2;
VAR money;
FREQ freq;
RUN;
```

〈FREQ를 지정한 출력결과〉

분석 변수 : money	
평균	표준편차
17.81	5.76

앞의 **[예제 3-13]**의 프로그램에서 다음과 같이 OUTPUT OUT 명령을 추가하여 그 결과를 출력해보자. 이때 평균과 표준편차의 변수이름을 OUT 명령에서 다음과 같이 지정할 수 있다. 이러한 경우는 주로 사용자가 계산값을 데이터세트로 관리하여 다른 곳에서 계산값을 사용하고자 할 때 통계값을 변수이름으로 지정하여 사용한다.

〈OUTPUT 명령을 추가한 프로그램〉

```
PROC MEANS DATA=Ex3_13 mean std NOPRINT;
VAR money;
FREQ freq;
OUTPUT OUT=Ex3_13out mean=Xbar std=Sx;
RUN;
PROC PRINT DATA=Ex3_13out;
RUN;
```

〈Ex3_13out 데이터세트의 내용〉

OBS	_TYPE_	_FREQ_	Xbar	Sx
1	0	16	17.8125	5.76447

3.4 UNIVARIATE 프로시저

MEANS 프로시저와는 달리 분석변수에 대한 모든 통계량들을 출력하는 프로시저이다. 이와 더불어 줄기-잎-그림(stem-and-leaf display), 상자그림(box plot), 정규확률도(normal-probability plot) 등을 함께 출력하여 자료의 분포형태를 파악할 수 있도록 한다. UNIVARIATE 프로시저의 형식은 다음과 같다.

[UNIVARIATE 프로시저의 형식]

```
PROC UNIVARIATE DATA=데이터세트이름 선택사항;
VAR 변수명1 변수명2 …;
[CLASS 변수명 / KEYLEVEL= 숫자;]
[HISTOGRAM 변수명;]
[FREQ 변수명;]
[WEIGHT 변수명;]
OUTPUT OUT=데이터세트이름 통계량=이름;
RUN;
```

UNIVARIATE 프로시저에 FREQ, PLOT, NORMAL 등과 같은 명령을 주지 않으면, 기본적인 통계량들만 출력된다.

(1) UNIVARIATE 프로시저의 선택사항들

① NOPRINT: 모든 출력이 정지된다. 주로 NOPRINT 선택사항은 UNIVARIATE 프로시저로부터 계산된 OUTPUT을 새로운 데이테세트로 관리할 때 사용된다.

② PLOT: 줄기 잎 그림, 수평막대(또는 수직막대)그래프, 상자그림, 정규확률도가 출력된다.

③ FREQ: 수치자료의 도수가 제시된 경우 이를 도수로 지정한다.

④ NORMAL: 자료의 정규성을 검정하는 통계량들이 출력된다.

⑤ PCTDEF: 분위수의 정의공식을 지정한다. 기본값은 5이다.

(2) UNIVARIATE 프로시저의 명령어들

① VAR 명령: 통계 분석대상 변수를 지정한다.

② BY 명령: BY 다음에 오는 변수를 기준으로 그룹화하여 분석한다.

③ CLASS 명령: 그룹(집단)별로 통계값을 산출하며, BY와 유사한 기능을 수행한다.

④ HISTOGRAM 명령: 통계분석 변수에 대한 히스토그램을 작성한다.

⑤ FREQ 명령: 레코드별로 관찰 값들이 도수(빈도)인 경우 도수를 고려한 통계를 산출한다.

⑥ WEIGHT 명령어: 단순 통계량이 아닌 가중값을 고려한 통계량을 산출할 때 사용된다.

⑦ OUTPUT 명령어: UNIVARIATE 프로시저에 의해 산출된 결과를 새로운 데이터세트로 만들고자 할 때 사용되는 명령이다.

[예제 3-13]

다음 데이터를 이용하여 UNIVARIATE 프로시저를 적용하여 출력하시오.
(단, 변수는 데이터의 순서에 따라 Id, Name, Gender, Dept, Atten, Report, Mid, Fin이며, Total = Atten + Report + Mid + Fin이다.)

① Total 변수에 대한 기본 통계량들을 출력하시오.
② 학과별(Dept) Mid 변수에 대한 줄기 잎 그림, 상자그림, 정규확률도를 작성하시오.
③ Total 변수에 대한 히스토그램을 작성하시오.
④ Total 변수의 평균과 표준편차를 out1 데이터세트로 생성하여 출력하시오.
⑤ Total 변수에 대한 백분위수(percentile)를 출력하시오.

```
20193401 SK.KIM M STAT 10 20 40 34
20193405 SI.HWANG M STAT 10 18 38 28
20193410 KS.LEE F MATH 10 19 38 40
20193411 SS.LEE M MATH 10 20 29 34
20193412 MS.SEO F ECON 10 20 38 30
20193415 NR.JUNG F ECON 10 15 20 34
20193420 KW.YEOM M STAT 10 19 34 35
20193425 HJ.KIM F STAT 10 20 20 28
20193426 NK.LEE M ECON 10 20 5 10
20193458 JS.BAE M MATH 10 20 38 40
```

풀이 ① Total 변수에 대한 기본통계량을 출력하기 위한 프로그램은 다음과 같다.

```
PROC UNIVARIATE DATA=Ex3_13;
VAR total;
RUN;
```

〈적률의 출력〉

적률			
N	10	가중합	10
평균	90.4	관측값 합	904
표준 편차	19.0040931	분산	361.155556
왜도	-1.6893293	첨도	3.19372755
제곱합	84972	수정 제곱합	3250.4
변동계수	21.0222269	평균의 표준 오차	6.00962191

〈기본통계값의 출력〉

기본 통계 측도			
위치측도		변이측도	
평균	90.40000	표준 편차	19.00409
중위수	96.00000	분산	361.15556
최빈값	98.00000	범위	63.00000
		사분위 범위	25.00000

〈평균에 대한 가설검정결과 출력〉

위치모수 검정: Mu0=0				
검정	통계량		p 값	
스튜던트의 t	t	15.04254	Pr > |t|	<.0001
부호	M	5	Pr >= |M|	0.0020
부호 순위	S	27.5	Pr >= |S|	0.0020

② 학과별 mid 변수에 대한 줄기 잎 그림, 상자그림, 정규확률도

```
PROC SORT DATA=Ex3_13;
BY dept;
RUN;
PROC UNIVARIATE DATA=Ex3_13 PLOT;
VAR mid;
BY dept;
RUN;
```

〈Dept = ECON에 대한 줄기잎그림 및 정규확률도〉

```
줄기 잎                      #        상자그림                                정규 확률도
   3 8                       1         +-----+            37.5+                                      +++
   3                                   |     |                |                                   +++
   2                                   |     |                |                                +++
   2 0                       1         *--+--*            22.5+                             +++
   1                                   |     |                |                          +++
   1                                   |     |                |                       +++
   0 5                       1         +-----+             7.5+                    +++
     ----+----+----+----                                      +----+----+----+----+----+----+----+----+----+----+
       값: (줄기.잎)*10**1                                           -2        -1         0        +1        +2
```

〈Dept = MATH에 대한 줄기잎그림 및 정규확률도〉

```
줄기 잎                  #        상자그림              정규 확률도
  38 00                  2        +-----+    38.5+                        *  ++ *
  37                              |     |        |                      ++
  36                              |     |        |                    ++
  35                              |  +  |    35.5+                  ++
  34                              |     |        |                 +
  33                              |     |        |               ++
  32                              |     |    32.5+             ++
  31                              |     |        |           ++
  30                              |     |        |         ++
  29 0                   1        +-----+    29.5+      +++
     ----+----+----+----                         +----+----+----+----+----+
                                                     -2   -1    0   +1   +2
```

〈Dept = STATH에 대한 줄기잎그림 및 정규확률도〉

```
줄기 잎                  #        상자그림              정규 확률도
   4 0                   1           |       42.5+                  ++++++
   3 8                   1        +-----+        |               +++++
   3 4                   1        |  +  |    32.5+          ++++++
   2                              +-----+        |       +++++
   2 0                   1           |       22.5+  ++++++
     ----+----+----+----                         +----+----+----+----+----+
        값: (줄기.잎)*10**1                          -2   -1    0   +1   +2
```

③ total 변수에 대한 히스토그램을 작성하기 위한 프로그램은 다음과 같다.

```
PROC UNIVARIATE DATA=Ex3_13 PLOT;
VAR total;
HISTOGRAM total;
RUN;
```

〈히스토그램〉

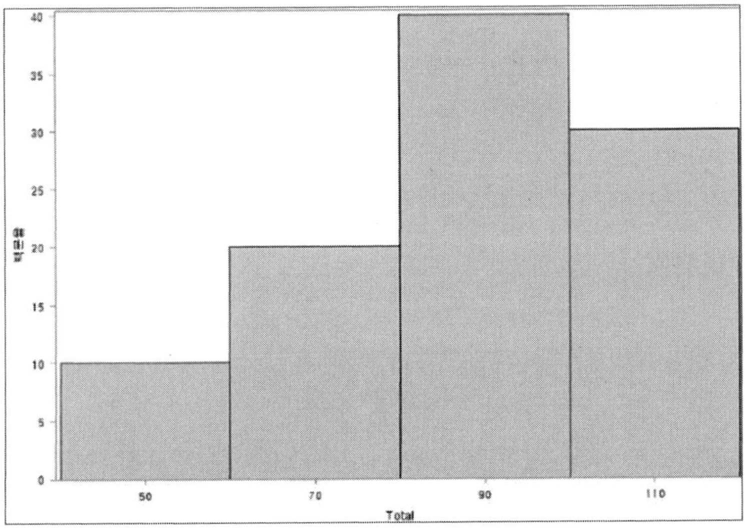

④ Total 변수의 평균과 표준편차를 out1 데이터세트로 생성하여 출력

```
PROC UNIVARIATE DATA=Ex3_13 ;
VAR total;
OUTPUT OUT=out1 mean=xbar std=sx;
RUN;
PROC PRINT;
RUN;
```

〈out1에 대한 출력결과〉

OBS	xbar	sx
1	90.4	19.0041

⑤ Total 변수에 대한 백분위수(percentile)는 다음과 같이 입력한다.

```
PROC UNIVARIATE DATA=Ex3_13;
VAR total;
OUTPUT OUT=out2 pctlpre=P pctlpts=10, 20, 30, 40, 50, 60, 70, 80, 90;
RUN;
PROC PRINT;
RUN;
```

〈백분위수의 출력결과〉

OBS	P10	P20	P30	P40	P50	P60	P70	P80	P90
1	61.5	78.5	86	93.5	96	98	101	105.5	107.5

3.5 SUMMARY 프로시저

MEANS 프로시저와 UNIVARIATE 프로시저의 통계량들을 요약하여 나타낸 프로시저가 SUMMARY 프로시저이며, 기본적으로 분석 결과값은 출력되지 않는다.

MEANS 또는 UNIVARIATE 프로시저는 출력을 통제할 때 NOPRINT 옵션을 적용하지만, SUMMARY 프로시저는 출력의 기본옵션이 NOPRINT이므로 분석결과를 출력하고

자 할 때는 PRINT 옵션을 지정한다.

SUMMARY 프로시저에서 사용되는 각종 명령어는 MEANS 또는 UNIVARIATE 프로시저와 동일하게 사용할 수 있다.

[SUMMARY 프로시저의 형식]

```
PROC SUMMARY DATA=데이터세트이름 통계량 [선택사항];
BY 변수이름;
CLASS 변수이름;
[FREQ 변수이름;]
VAR 변수이름1 변수이름2 …;
[TYPES;]
[WAYS;]
[WEIGHT 변수이름;]
OUTPUT OUT= 데이터세트이름 통계량=변수이름;
RUN;
```

[예제 3-14]

다음 데이터를 이용하여 SUMMARY 프로시저를 적용하여 Total 변수의 합계, 평균, 표준편차, 최소값, 최대값을 출력하시오. (단, 변수는 데이터의 순서에 따라 Id, Name, Gender, Dept, Atten, Report, Mid, Fin이며, Total = Atten + Report + Mid + Fin이다.)

```
20193401 SK.KIM M STAT 10 20 40 34
20193405 SI.HWANG M STAT 10 18 38 28
20193410 KS.LEE F MATH 10 19 38 40
20193411 SS.LEE M MATH 10 20 29 34
20193412 MS.SEO F ECON 10 20 38 30
20193415 NR.JUNG F ECON 10 15 20 34
20193420 KW.YEOM M STAT 10 19 34 35
20193425 HJ.KIM F STAT 10 20 20 28
20193426 NK.LEE M ECON 10 20 5 10
20193458 JS.BAE M MATH 10 20 38 40
```

풀이

〈데이터 입력〉

```
DATA Ex3_14;
INPUT Id $ Name $ Gender $ Dept $ Atten Report Mid Fin;
Total=Atten+Report+Mid+Fin;
CARDS;
  데이터
  ;
```

〈통계값 및 print 옵션 지정〉

```
PROC SUMMARY DATA=Ex3_14  SUM MEAN STD MAX MIN
                          MAXDEC=2 PRINT;            /*결과 출력*/
VAR total;
RUN;
```

〈PRINT 옵션 지정결과〉

분석 변수 : Total				
합계	평균	표준편차	최댓값	최솟값
904.00	90.40	19.00	108.00	45.00

[예제 3-14]에서 지정한 PRINT 옵션을 지정하지 않을 경우 다음과 같이 결과 데이터세트를 지정하여 이를 출력하면 된다.

〈OUTPUT 지정〉

```
PROC SUMMARY DATA=Ex3_14  SUM MEAN STD MAX MIN MAXDEC=2;
VAR total;
OUTPUT OUT=Ex3_14out sum=X_sum mean=X_mean std=Sx max=x_max min=x_min;;
RUN;
PROC PRINT; RUN;
```

〈OUTPUT 출력결과〉

OBS	_TYPE_	_FREQ_	X_sum	X_mean	Sx	x_max	x_min
1	0	10	904	90.4	19.0041	108	45

3.6 REPORT 프로시저

REPORT 프로시저는 MEANS, TABULATE, PRINT 프로시저를 결합한 분석 모듈로서 프로그램 환경에 따라 출력환경을 지정할 수 있다. 다양한 보고서를 단일 보고서 작성 도구를 사용하여 만들 수 있다.

[REPORT 프로시저의 형식]

```
PROC REPORT DATA=데이터세트이름 <선택사항>;
 COLUMN 칼럼변수이름;
 DEFINE 변수이름/<usage><attribute><option> <justification><column-heading>;
 RBREAK AFTER 변수이름;
 RUN;
```

(1) REPORT 프로시저의 선택사항

① VAR 또는 WD: 보고서 창에 나타남.

② NONWINDOW 또는 NOWD: 출력창에 나타남.

③ SPLIT = '문자': 두 줄 이상의 변수이름을 처리할 때 분리기호를 지정함.

④ HEADLINE: 열 제목과 제목들 사이에 밑줄 표시

⑤ HEADSKIP: 빈 줄 삽입

(2) REPORT 프로시저의 명령어

① COLUMN 명령: 보고서에 나타낼 변수를 선택한다.

② DEFINE 명령: 보고서에 변수를 나타낼 방법을 정의하며, 하나 이상의 DEFINE 명령을 사용할 수 있다.

③ BREAK / RBREAK AFTER(BEFROE) 명령: 변수별로 합계를 구하거나(BREAK), 보고서의 마지막 부분에 합계(RBREAK)를 구한다.

④ COMPUTE – ENDCOMP: 블록 내에서 변수를 연산한다.

(3) DEFINE 명령의 선택사항

① Usage: 변수의 사용방법을 지정

- Display
- Order: 보고서의 행을 순서화함
- Group: 그룹변수를 지정
- Across: 수평적으로 생성하는 그룹변수의 지정
- Analysis: 통계량 지정
- Computed: 연산으로 새로운 변수를 생성

② Attribute: 변수의 속성을 지정

- Format =: SAS 포맷 또는 사용자 정의 형식을 지정
- Width =: 열 너비 지정
- Spacing =: 칼럼과 칼럼 사이의 간격지정

③ Option: 출력형식을 지정

- Descending, Noprint, Nozero, Page 등과 같은 포맷옵션을 지정

④ Justification: 칼럼의 자리 맞춤을 지정

- Center, Left, Right를 지정

⑤ Column-heading: 칼럼제목에 대한 레이블을 지정

[예제 3-15]

다음 데이터를 이용하여 보고서를 출력하는 프로그램을 작성하시오. 통계값은 sales 변수의 합계(Sum), 최소(Min), 최대(Max), 범위(Range), 평균(Mean), 표준편차(Std)로 한다.

```
DATA Grocery;
   INPUT Sector $ Manager $ Department $ Sales @@;
   CARDS;
se 1 np1 50    se 1 p1 100   se 1 np2 120   se 1 p2 80
se 2 np1 40    se 2 p1 300   se 2 np2 220   se 2aa p2 70
nw 3 np1 60    nw 3 p1 600   nw 3 np2 420   nw 3 p2 30
nw 4 np1 45    nw 4 p1 250   nw 4 np2 230   nw 4 p2 73
nw 9 np1 45    nw 9 p1 205   nw 9 np2 420   nw 9 p2 76
sw 5 np1 53    sw 5 p1 130   sw 5 np2 120   sw 5 p2 50
sw 6 np1 40    sw 6 p1 350   sw 6 np2 225   sw 6 p2 80
ne 7 np1 90    ne 7 p1 190   ne 7 np2 420   ne 7 p2 86
ne 8 np1 200   ne 8 p1 300   ne 8 np2 420   ne 8 p2 125
;
```

풀이 먼저 다음과 같이 출력형식을 지정한다.

〈출력형식의 지정〉

```
PROC FORMAT;
   VALUE $sctrfmt 'se' = 'Southeast'
                  'ne' = 'Northeast'
                  'nw' = 'Northwest'
                  'sw' = 'Southwest';
   VALUE $mgrfmt '1' = 'Smith'    ''2' = 'Jones'
                 '3' = 'Reveiz'    '4' = 'Brown'
                 '5' = 'Taylor'    '6' = 'Adams'
                 '7' = 'Alomar'    '8' = 'Andrews'
                 '9' = 'Pelfrey';
   VALUE $deptfmt 'np1' = 'Paper'
                  'np2' = 'Canned'
                  'p1'  = 'Meat/Dairy'
                  'p2'  = 'Produce';
RUN;
```

〈보고서 작성〉

```
PROC REPORT DATA=Grocery;
COLUMN sector manager (Sum Min Max Range Mean Std),sales;
DEFINE manager / group format=$mgrfmt.;
DEFINE sector / group format=$sctrfmt.;
DEFINE sales / format=dollar11.2;
RUN;
```

〈보고서 작성 결과〉

		Sum	Min	Max	Range	Mean	Std
Sector	Manager	Sales	Sales	Sales	Sales	Sales	Sales
Northeast	Alomar	$786.00	$86.00	$420.00	$334.00	$196.50	$156.57
	Andrews	$200.00	$200.00	$200.00	$0.00	$200.00	.
Northwest	Brown	$598.00	$45.00	$250.00	$205.00	$149.50	$105.44
	Pelfrey	$746.00	$45.00	$420.00	$375.00	$186.50	$170.39
	Reveiz	$1,110.00	$30.00	$600.00	$570.00	$277.50	$278.61
Southeast	2aa	$70.00	$70.00	$70.00	$0.00	$70.00	.
	Jones	$560.00	$40.00	$300.00	$260.00	$186.67	$133.17
	Smith	$350.00	$50.00	$120.00	$70.00	$87.50	$29.86
Southwest	Adams	$695.00	$40.00	$350.00	$310.00	$173.75	$141.86
	Taylor	$353.00	$50.00	$130.00	$80.00	$88.25	$42.65

[예제 3-15] 데이터를 이용하여 보고서를 작성할 때 sales 변수의 전체에 대한 통계값을 보고서의 맨 마지막에 구할 때는 다음과 같이 RBREAK 명령을 지정하면 된다.

```
PROC REPORT DATA=Grocery;
COLUMN sector manager (Sum Min Max Range Mean Std),sales;
DEFINE manager / group format=$mgrfmt.;
DEFINE sector / group format=$sctrfmt.;
 RBREAK AFTER / summarize;
DEFINE sales / format=dollar11.2;
RUN;
```

〈보고서 작성 결과〉

		Sum	Min	Max	Range	Mean	Std
Sector	Manager	Sales	Sales	Sales	Sales	Sales	Sales
Northeast	Alomar	$786.00	$86.00	$420.00	$334.00	$196.50	$156.57
	Andrews	$200.00	$200.00	$200.00	$0.00	$200.00	.
Northwest	Brown	$598.00	$45.00	$250.00	$205.00	$149.50	$105.44
	Pelfrey	$746.00	$45.00	$420.00	$375.00	$186.50	$170.39
	Reveiz	$1,110.00	$30.00	$600.00	$570.00	$277.50	$278.61
Southeast	2aa	$70.00	$70.00	$70.00	$0.00	$70.00	.
	Jones	$560.00	$40.00	$300.00	$260.00	$186.67	$133.17
	Smith	$350.00	$50.00	$120.00	$70.00	$87.50	$29.86
Southwest	Adams	$695.00	$40.00	$350.00	$310.00	$173.75	$141.86
	Taylor	$353.00	$50.00	$130.00	$80.00	$88.25	$42.65
		$5,468.00	$30.00	$600.00	$570.00	$165.70	$142.28

실습과제

과제 3-1. 1장의 **실습과제 1-1**에서 Energy 데이터세트를 이용하여 다음의 물음에 답하시오.

변수	범주	설명	형식
Region	1 2 3 4	Northeast South Midwest West	수치형
Division	1 2 3 4	New England Middle Atlantic Mountain Pacific	수치형
type	1 2	주거용 산업용	수치형
State	–	주 이름	문자형($)
Expenditures	연속형	백만 달러	수치형

1) 권역별(Division)로 속하는 주(State)의 수를 출력하는 프로그램을 작성하시오. (힌트: 1단계로 FREQ를 이용하고, 그 결과를 TABULATE로 출력한다.)

2) 권역별(Division)*유형별(Type) 에너지 소비액(Expenditure)을 출력하는 프로그램을 작성하시오. (단, 소비액의 출력형식은 달러형식으로 지정한다.)

3) 권역별(Division)*유형별(Type) 에너지 소비액(Expenditure)을 출력하는 프로그램을 작성하시오. (단, 권역별, 유형별, 권역별*유형별로 평균을 각각 출력하는 프로그램을 작성한다.)

4) 에너지 소비액(Expenditure)에 대해 Type 변수에 따라 주거용과 산업용의 백분위수를 구하는 프로그램을 작성하시오.

5) 권역별 에너지소비액에 대한 히스토그램을 작성하시오.

실습과제

과제 3-2. 1장의 **실습과제 1-2**의 Sales 데이터세트를 이용하여 다음의 물음에 답하시오.

변수	범주	설명	형식
Region	NC TX	주 이름	문자형($)
CitySzie	S M L	도시규모	문자형($)
Population	연속형	인구수	수치형
Product	A100	생산품코드	문자형
SaleType	R W	소매(Retail) 도매(Whole)	문자형
Units	연속형	단가	수치형
NetSales	연속형	판매순익	수치형

1) 도매와 소매의 판매순익의 평균과 표준편차를 구하는 프로그램을 작성하시오.

2) 주별(Region), 도시규모(Citysize)별 총 판매순익을 테이블로 표현하시오. 이때 주별 총 판매순익과 규모별 총 판매순식을 동시에 표현한다. (단, 표시형식은 dollar12.0으로 한다.)

3) 도시규모(Citysize)별 평균 단가를 출력하는 프로그램을 작성하시오. (단, 소수점 자릿수는 2자리로 한다.)

4) 주별(Region), 도시규모(Citysize)별 총인구수를 테이블로 표현하시오. 이때 주별 총인구수와 규모별 총인구수를 동시에 표현한다. (단, 표시형식은 comma12.0으로 한다.)

5) 주(Region)별 도매 및 소매판매 순익의 평균을 테이블 형식으로 표현하시오. (단, 지역전체 평균을 표현하라.)

6) PROC UNIVARIATE를 이용하여 판매 순익에 대한 히스토그램을 작성하시오.

4장

자료의 시각적 표현

앞에서 다룬 FREQ 프로시저는 주어진 원시 자료를 도수분포표로 정리하여 나타내는 반면에 CHART 프로시저는 자료를 차트로 정리하여 나타낸다. 그림이나 그래프로 자료를 표현함으로써 자료의 분포와 특성을 파악하는 데 도움이 되며, 자료를 표로 나타내는 것보다 더 효과적인 방법이라 할 수 있다.

CHART 프로시저에서는 막대차트(BAR CHART), 블록차트(BLOCK CHART), 파이차트(PIE CHART) 및 스타차트(STAR CHART) 등의 작성이 가능하다.

CHART 프로시저와 유사하게 그래프를 작성하는 프로시저로 GCHART가 있다. 이 프로시저는 CHART 프로시저보다 세밀하게, 그리고 독립된 하나의 그래픽 파일로 저장할 수 있도록 작성하는 프로시저로 형식은 CHART 프로시저의 형식과 거의 유사하다.

4.1 CHART 프로시저와 GCHART 프로시저

앞에서 다룬 FREQ 프로시저는 주어진 원시 자료를 도수분포표로 정리하여 나타내는 반면에 CHART 프로시저는 자료를 차트로 정리하여 나타낸다. 그림이나 그래프로 자료를 표현함으로써 자료의 분포와 특성을 파악하는 데 도움이 되며, 자료를 표로 나타내는 것보다 더 효과적인 방법이라 할 수 있다.

CHART 프로시저에서는 막대차트(BAR CHART), 블록차트(BLOCK CHART), 파이차트(PIE CHART) 및 스타차트(STAR CHART) 등의 작성이 가능하다.

CHART 프로시저와 유사하게 그래프를 작성하는 프로시저로 GCHART가 있다. 이 프로시저는 CHART 프로시저보다 세밀하게, 그리고 독립된 하나의 그래픽 파일로 저장할 수 있도록 작성하는 프로시저로 형식은 CHART 프로시저의 형식과 거의 유사하다.

[CHART 프로시저의 형식]

```
PROC CHART DATA=데이터세트 이름;
[BY 변수이름;]
[BLOCK 변수이름;/선택사항]
[VBAR 또는 HBAR 변수이름/선택사항;]
[PIE 변수이름/선택사항;]
[STAR 변수이름/선택사항;]
RUN;
```

(1) CHART 프로시저의 명령문

① BLOCK 명령: 그룹별로 또는 분기별로 그룹화하여 그래프를 표현하고자 할 때 사용하는 명령문이다. BLOCK 명령문 다음의 변수는 그룹을 나눌 수 있는 데이터를 가진 변수이어야 한다.

② VBAR[HBAR] 명령: 수직(수평) 막대그래프

③ PIE 명령: 파이차트 작성

④ STAR 명령: 스타차트 작성

CHART 프로시저에서 사용될 수 있는 명령문은 이 외에도 많은 것들이 있지만, 일일이 모두 표현하기에는 어려우므로 필요한 경우에 따라 도움말을 참조하기 바란다.

(2) CHART 프로시저의 선택사항들

① MIDPOINT와 AXIS: 수평축과 수직축의 지표값들을 조정하기 위한 선택사항들이다.

② LEVELS: 차트에 나타낼 막대그래프의 수 또는 파이차트에서 조각의 수를 조정하는 선택사항이다. MIDPOINT와 LEVELS를 함께 지정하면 LEVELS은 무시된다.

③ FREQ: 작성된 도수분포표를 이용하여 막대그래프를 작성하고자 할 때는 각 계급에 대한 도수를 나타내는 변수를 지정해야 한다. 이때 사용되는 선택사항이 FREQ이다.

④ DISCRETE: CHART 프로시저에는 수치의 경우 항상 연속형 자료로 취급한다. 따라서 수치변수가 이산형 자료일 때는 이산형 변수임을 명시해야 한다. 이를 위해 DISCRETE를 지정한다.

⑤ SPACE: 막대그래프를 작성할 때 그래프상에서 막대와 막대 사이의 간격을 지정한다. 특별히 SPACE=0으로 설정하여 히스토그램을 작성할 수 있다.

⑥ WIDTH: 막대그래프에 나타낼 막대의 폭을 지정한다.

⑦ TYPE: 차트의 유형을 지정한다.

TYPE=FREQ: 도수분포도

TYPE=CFREQ: 누적도수분포도

TYPE=PERCENT: 상대도수분포도

TYPE=CPERCENT: 누적상대도수 분포도

[GCHART 프로시저]

```
PROC GCHART DATA=데이터세트 이름;
[BY 변수명;]
VBAR[VBAR3D] 변수명/선택사항;
HBAR[HBAR3D] 변수명/선택사항;
PIE [PIE3D][DONUT]변수명/선택사항;
STAR 변수명/선택사항;
BLOCK 변수명/선택사항;
RUN;
```

다음은 GCHART 프로시저에서 선택사항들을 지정하여 다시 표현한 형식이다.

```
PROC GCHART DATA=데이터세트이름;
VBAR x/SUM CAXIS=BLACK CTEXT=BLACK MAXIS=AXIS1
          RAXIS=AXIS2 WIDTH=6
FRAME TYPE=SUM SUMVAR=변수이름
DISCRETE PATTERNID=MIDPOINT SPACE=1;
RUN;
```

CHART 프로시저와는 달리 GCHART 프로시저에서는 보다 다양한 형태의 그래프를 작성할 수 있으며, GCHART 프로시저를 사용하기 위해서는 먼저 그래프에 나타낼 사항들을 숙지해야 한다.

(3) GOPTIONS의 사항들

GOPTIONS의 내용들은 다음에 다룰 GPLOT 프로시저에서도 유용하게 사용되기 때문에 GCHART나 GPLOT의 경우 그래프의 크기와 글꼴 등의 선택사항들은 반드시 알아둘 필요가 있다.

[GOPTIONS 형식]

```
GOPTIONS DEVICE=WIN HSIZE=n VSIZE=n HORIGIN=n
         VORIGIN=n BORDER FTEXT=SWISS HTEXT=n
         FTITLE=CENTX HTITLE=1
TITLE1 LS=n '그래프의 제목';
```

```
TITLE2 H=n;
FOOTNOTE1 H=0.7 F=SWISS '주석1';
                :
FOOTNOTEk H=0.7 F=SWISS '주석k';
PATTERN1 COLOR = BLACK¦BLUE¦RED¦YELLOW  VALUE=EMPTY;
                 :
PATTERNk COLOR = BLACK¦BLUE¦RED¦YELLOW  VALUE=EMPTY;
AXIS1 WIDTH=n COLOR=BLACK STYLE=n LABEL=('수평축 레이블')
                     ORDER =0 TO n BY n;
AXIS2 WIDTH=n COLOR=BLACK STYLE=n LABEL=('수직축 레이블')
                     ORDER =0 TO n BY n;
```

| 표 4.1 | GOPTIONS의 사항들

GOPTIONS	GOPTIONS의 사항들
DEVICE=WIN ¦PRINTER	출력 형태를 지정한다.
HSIZE=n	그래프 그림 영역의 가로 크기를 지정한다.
VSIZE=n	그래프 그림 영역의 세로 크기를 지정한다.
HORIGIN=n	그래프 가장자리로부터 가로 여백의 크기를 지정한다.
VORIGIN=n	그래프 가장자리로부터 세로 여백의 크기를 지정한다.
BORDER	테두리 선을 지정한다.
FTEXT=SWISS	그래프의 전반적인 글꼴을 지정한다.
HTEXT=n	그래프에 표현되는 글자의 크기를 지정한다.
FTITLE=CENTX	제목의 위치를 지정한다.
HTITLE=n	그래프 제목의 글자 크기를 지정한다.
H=n	글자의 크기를 지정한다. 기본값은 H=1이다.
LS=n	줄 띄움을 지정한다.
F=글꼴이름	글꼴을 지정한다.
PATTERN n	막대의 형태를 각각 지정한다.
COLOR=색이름	막대에 채워지는 색을 지정한다.
VALUE=EMPTY	막대에 채워지는 색 값을 지정한다. EMPTY로 지정하면 색을 지정하지 않는다.
AXIS1, AXIS2	그래프의 수평축과 수직축을 지정한다.
STYLE=n	그래프의 선의 형태를 지정한다. (점선, 실선 등)
LABEL	x축과 y축의 레이블을 지정한다.
ORDER=0 To n	x축과 y축의 눈금값을 지정한다.

[예제 4-1]

다음 데이터는 특정 셔츠 브랜드의 사이즈를 기록한 데이터로서 수평 막대그래프를 작성하시오.

```
DATA Shirts;
 INPUT Size $ @@;
 CARDS;
medium large large large large medium medium small small
medium medium large small medium large large large small
medium medium medium medium medium large small small
;
```

풀이 먼저 도수를 산출하여 전체 데이터의 개수(빈도)를 측정하고, 다음으로 수평 막대그래프를 작성한다.

〈빈도분석〉

```
PROC FREQ DATA= Shirts;
TABLES Size;
RUN;
```

〈빈도분석 결과〉

Size	빈도	백분율	누적 빈도	누적 백분율
large	9	34.62	9	34.62
medium	11	42.31	20	76.92
small	6	23.08	26	100.00

〈수평 막대그래프 작성〉

```
PROC CHART DATA=Shirts;
   HBAR Size;
  /*VBAR size*/
 RUN;
```

〈수평 막대그래프 출력〉

```
Size                                                                                      누적              누적
                                                                                  빈도    빈도    백분율    백분율
         |
large    |******************************************************                            9       9     34.6     34.62
         |
medium   |******************************************************************               11      20     42.3     76.92
         |
small    |************************************                                              6      26     23.0    100.00
         |
         -----+-----+-----+-----+-----+-----+-----+-----+-----+-----+-----+
              1     2     3     4     5     6     7     8     9    10    11

                                    빈도
```

[예제 4-2]

다음은 특정 계란의 무게를 측정한 데이터이다.

```
102.0 106.3 106.6 108.8 107.7 106.1 105.9 106.7 106.8 110.2 101.7
106.6 106.3 110.2 109.9 102.0 105.8 109.1 106.7 107.3 102.0 106.8
110.0 107.9 109.3
```

① 막대그래프의 수를 4개로 하여 수평 막대그래프(HBAR)를 작성하라.

② 막대그래프의 수를 8개로 하여 수직 막대그래프(VBAR)를 작성하라.

③ 계급을 4개로 설정하여 원형(PIE) 그래프를 작성하라.

풀이 ① HBAR 명령과 선택사항으로 LEVELS=4를 지정한다.

```
DATA Ex4_2;
INPUT x @@;
CARDS;
102.0 106.3 106.6 108.8 107.7
106.1 105.9 106.7 106.8 110.2
101.7 106.6 106.3 110.2 109.9
102.0 105.8 109.1 106.7 107.3
102.0 106.8 110.0 107.9 109.3
;
PROC CHART DATA=Ex4_2;
HBAR x/LEVELS=4;
RUN;
```

```
  x                                                              누적            누적
중간점                                                    빈도   빈도   백분율   백분율
       |
102.5  |********************                                 4      4    16.0    16.00
       |
105.0  |***************                                      3      7    12.0    28.00
       |
107.5  |*******************************************************  11     18    44.0    72.00
       |
110.0  |***********************************                  7     25    28.0   100.00
       |
       ----+----+----+----+----+----+----+----+----+----+----+
           1    2    3    4    5    6    7    8    9   10   11

                             빈도
```

② VBAR 명령과 LEVELS=8을 선택사항으로 지정한다.

```
PROC CHART DATA=Ex4_2;
VBAR x/LEVELS=8;
RUN;
```

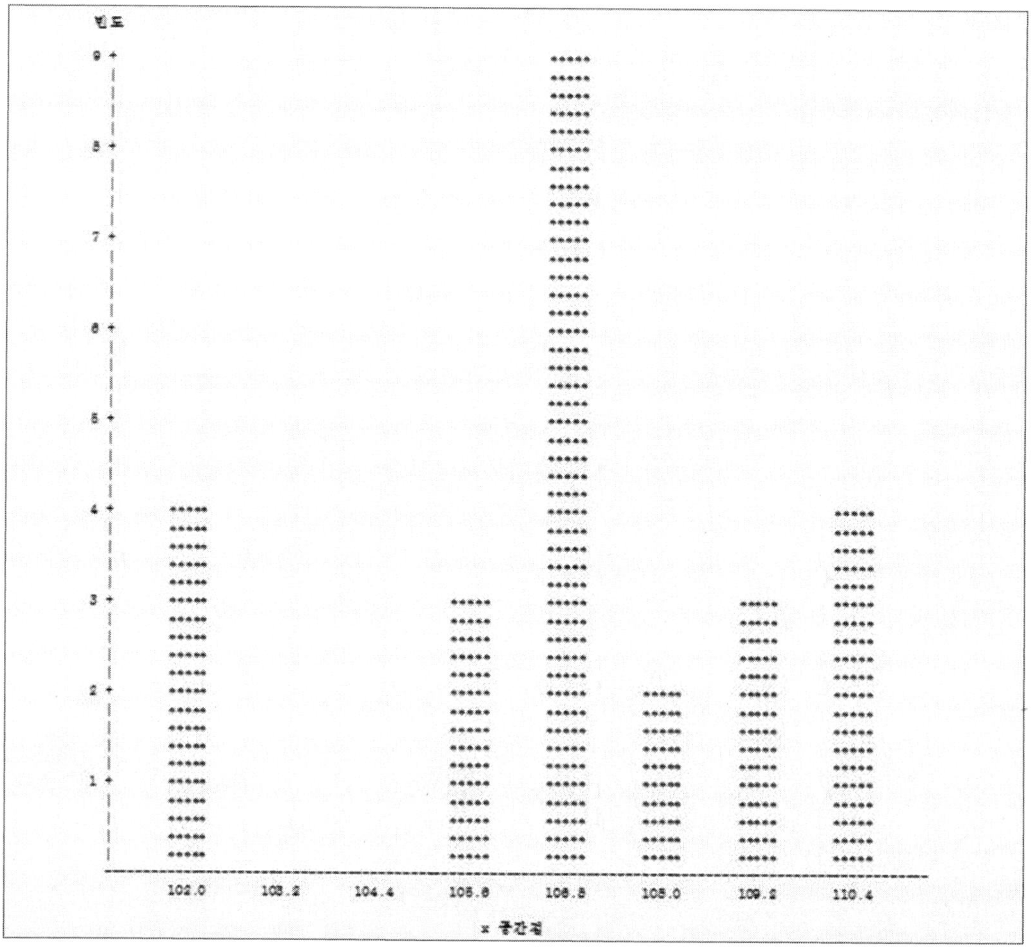

② PIE 명령을 이용하여 다음과 같이 원형차트를 작성한다. 이때, LEVELS=4를 지정한다.

```
PROC CHART DATA=Ex4_2;
PIE x/LEVELS=4;
RUN;
```

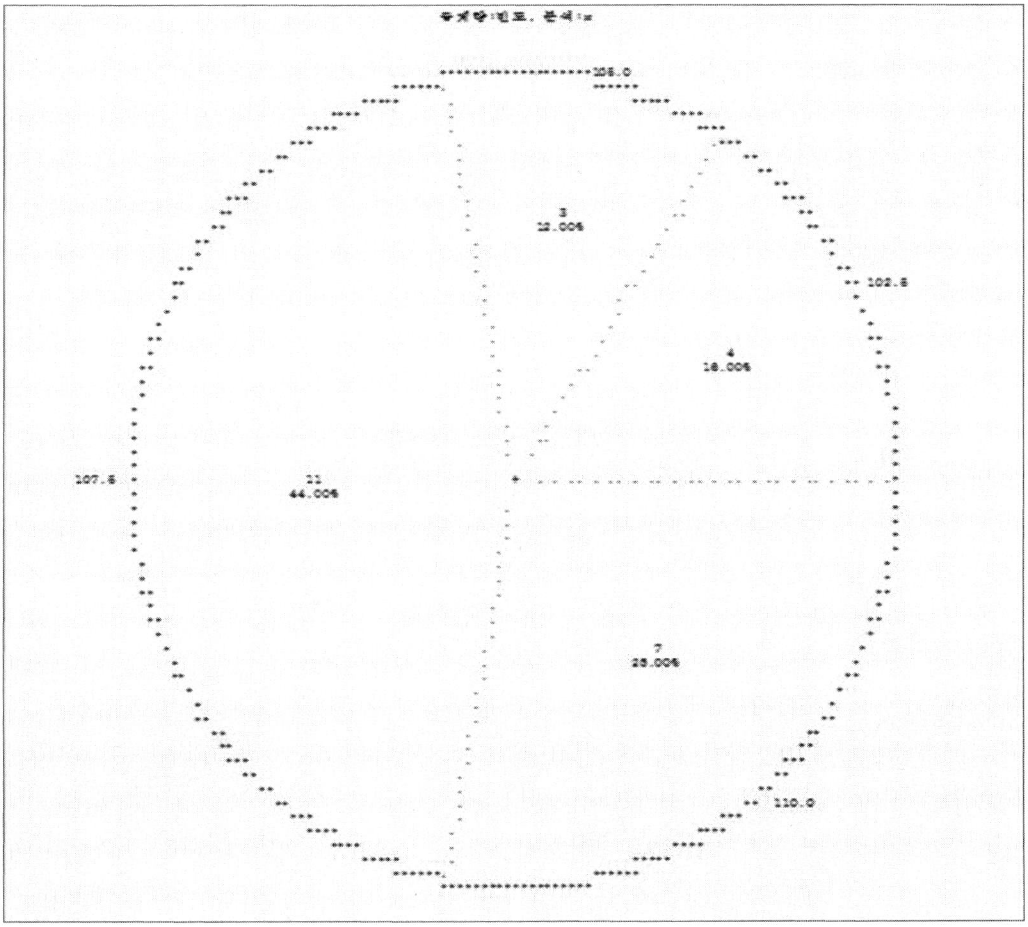

[예제 4-3]

다음의 데이터를 이용하여 Flavour 변수에 대한 수직 막대그래프를 "Pies_Sold" 변수의 합계에 대해 작성하시오. (단, 변수는 Bakery, Flavor, Year, Pies_Sold이다.)

```
Samford  apple      2005  234 Samford  apple      2006  288
Samford  blueberry  2005  103 Samford  blueberry  2006  143
Samford  cherry     2005  173 Samford  cherry     2006  195
Samford  rhubarb    2005   26 Samford  rhubarb    2006   28
Oak      apple      2005  219 Oak      apple      2006  371
Oak      blueberry  2005  174 Oak      blueberry  2006  206
Oak      cherry     2005  226 Oak      cherry     2006  311
Oak      rhubarb    2005   51 Oak      rhubarb    2006   56
Clyde    apple      2005  213 Clyde    apple      2006  415
Clyde    blueberry  2005  177 Clyde    blueberry  2006  201
Clyde    cherry     2005  230 Clyde    cherry     2006  328
Clyde    rhubarb    2005   60 Clyde    rhubarb    2006   59
```

① CHART 프로시저를 이용하여 그래프를 작성하시오.

② GCHART 프로시저를 이용하여 그래프를 작성하시오.

풀이 ① CHART 프로시저

〈데이터 입력〉

```
DATA piesales;
 INPUT Bakery $ Flavor $ Year Pies_Sold @@;
CARDS;
Samford  apple      2005  234 Samford  apple      2006  288
Samford  blueberry  2005  103 Samford  blueberry  2006  143
Samford  cherry     2005  173 Samford  cherry     2006  195
Samford  rhubarb    2005   26 Samford  rhubarb    2006   28
Oak      apple      2005  219 Oak      apple      2006  371
Oak      blueberry  2005  174 Oak      blueberry  2006  206
Oak      cherry     2005  226 Oak      cherry     2006  311
Oak      rhubarb    2005   51 Oak      rhubarb    2006   56
Clyde    apple      2005  213 Clyde    apple      2006  415
Clyde    blueberry  2005  177 Clyde    blueberry  2006  201
Clyde    cherry     2005  230 Clyde    cherry     2006  328
Clyde    rhubarb    2005   60 Clyde    rhubarb    2006   59
;
```

〈CHART 프로시저〉

```
PROC CHART DATA=piesales;
   VBAR flavor / Subgroup=bakery
                 Sumvar=pies_sold;
   Title 'Pie Sales by Flavor Subdivided by Bakery Location';
RUN;
```

〈CHART 출력결과〉

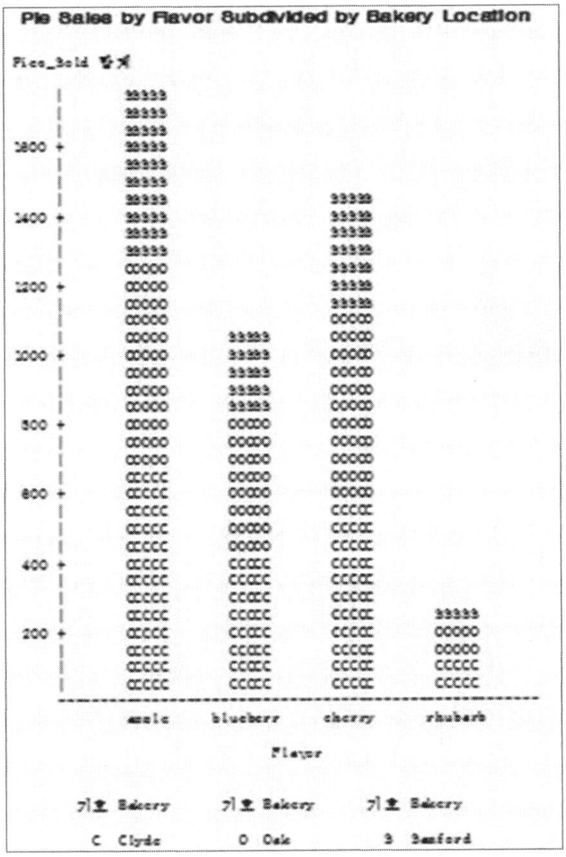

② GCHART 프로시저

```
PROC GCHART DATA=piesales;
   VBAR flavor / Subgroup=bakery
                 Sumvar=pies_sold;
   Title 'Pie Sales by Flavor Subdivided by Bakery Location';
RUN;
```

〈GCHART 출력결과〉

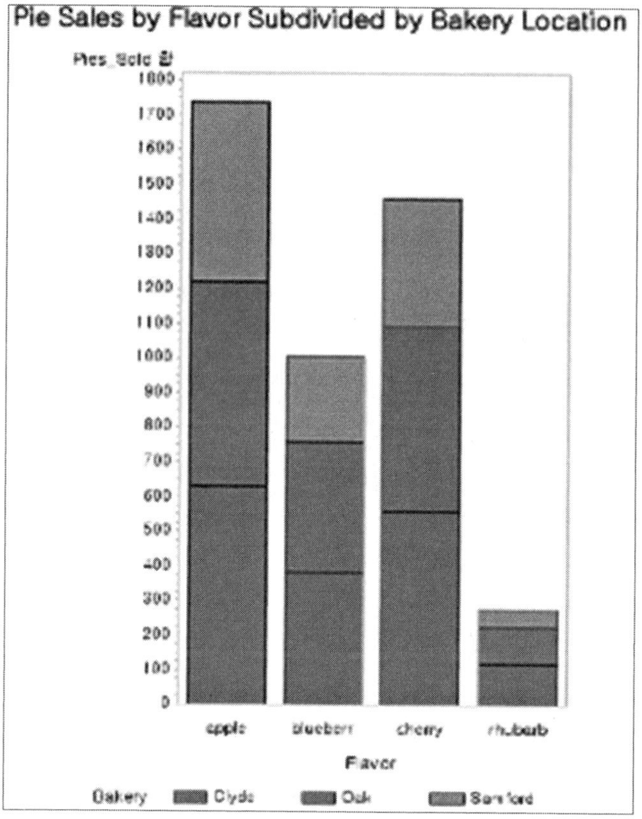

[예제 4-4]

다음 데이터를 GCHART 프로시저를 이용하여 그래프를 작성하라.

```
M 23 40 M 64 88 M 66 110 M 31 86 M 55 137 M 48 78 M 31 46
M 58 11 M 31 88 M 27 80 M 25 66 M 23 65 F 40 60 F 38 53
F 56 89 F 34 99 F 78 110 F 45 100 F 20 89 F 56 78 F 44 99
F 30 89 F 24 57 F 89 100 F 80 90 F 22 60
```

단, 변수는 각각 gender, age, chol이다.

① 성별(gender)에 따른 수직 막대그래프를 작성하라.

② 연령(age)에 따른 수평 막대그래프를 작성하라(LEVELS=8).

③ 연령(age)에 따른 DONUT그래프를 작성하라(LEVELS=8).

풀이 ① 성별(gender)에 따른 수직 막대그래프

〈빈도분석〉

```
PROC GCHART DATA=Ex4_4;
VBAR gender/ WIDTH=10 SPACE=7;
RUN;
```

〈빈도분석 결과〉

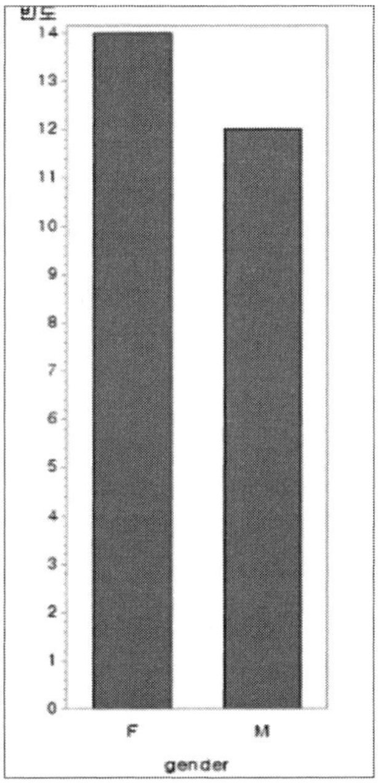

② 연령(age)에 따른 수평 막대그래프

```
PROC GCHART DATA=Ex4_4;
HBAR age/ LEVELS=8;
RUN;
```

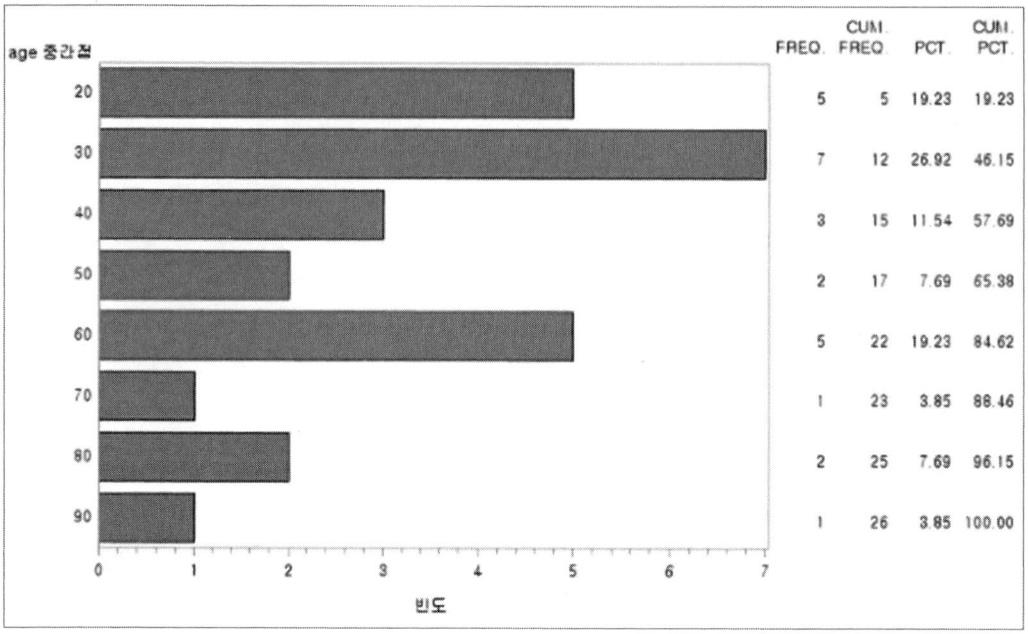

③ 연령에 따른 DONUT 그래프

```
PROC GCHART DATA=Ex4_4;
DONUT age/ LEVELS=8;
RUN;
```

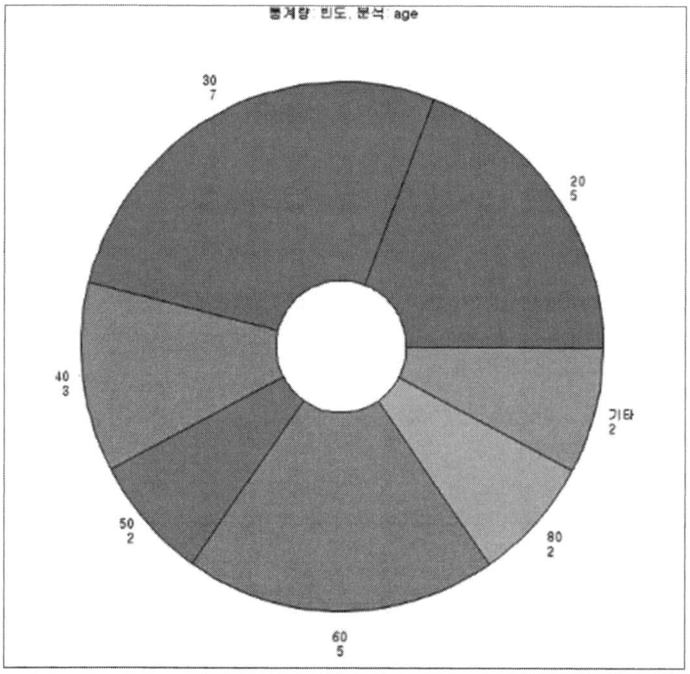

4.2 PLOT 프로시저와 GPLOT 프로시저

두 변수 간의 연관성을 그래프로 표현하기 위한 SAS 프로시저로는 PLOT과 GPLOT 프로시저가 있다. PLOT 프로시저는 2차원 평면상에 산점도(scatter plot)를 그릴 때 사용하며, 특히 GPLOT은 GCHART와 마찬가지로 해상도가 높은 그래프를 작성할 때 이용한다. PLOT 프로시저의 형식은 다음과 같다.

[PLOT 프로시저의 형식]

```
PROC PLOT DATA=데이터세트이름;
 PLOT 수직축 변수이름*수평축 변수이름 ="문자" /선택사항;
 BY 변수이름;
RUN;
QUIT;
```

(1) PLOT 명령의 선택사항들

① HAXIS 와 VAXIS: 수평축과 수직축의 지표값들을 사용자가 지정

② BOX: 산점도를 에워싸는 윤곽선 지정

③ OVERLAY: 두 그룹 간의 산점도를 하나의 그래프에 겹쳐서 표현할 때 사용

④ VREF와 HREF: 수직축과 수평축의 참조선을 나타낼 때 사용

[GPLOT 프로시저의 형식]

```
SYMBOL n H=숫자 V=DOT¦STAR¦CIRCLE I=JOIN;
PROC GPLOT DATA=데이터세트 이름 <선택사항>;
 PLOT 수직축 변수이름*수평축 변수이름 =n /선택사항;
 BUBBLE 수직축 변수이름*수평축 변수이름 =n /선택사항;
RUN;
QUIT;
```

특별히 GPLOT 프로시저에서 점과 점을 연결하여 꺾은선 그래프를 작성하고자 할 때는 SYMBOL 명령의 선택사항을 이용하여 지정한다. SYMBOL 명령은 GPLOT 프로시저 앞에 위치한다.

[GPLOT의 SYMBOL 명령]

```
SYMBOL번호 H=숫자 V=점의 모양 I=JOIN;
```

[예제 4-5]

다음의 데이터를 이용하여 버블산점도(bubble)를 작성하라.

```
DATA jobs;
   LENGTH eng $5;
   INPUT eng dollars num;
 CARDS:
Civil 27308 73273
Aero   29844 70192
Elec   22920 89382
Mech   32816 19601
Chem   28116 25541
Petro 18444 34833
;
```

풀이 num 변수의 크기에 따라 버블의 크기가 결정된다.

〈버블 차트의 작성〉

```
Axis1 Offset=(5,5);
PROC GPLOT DATA=jobs;
   Format dollars dollar9.;
   Bubble dollars*eng=num / haxis=axis1;
RUN;
QUIT;
```

〈버블 차트의 출력〉

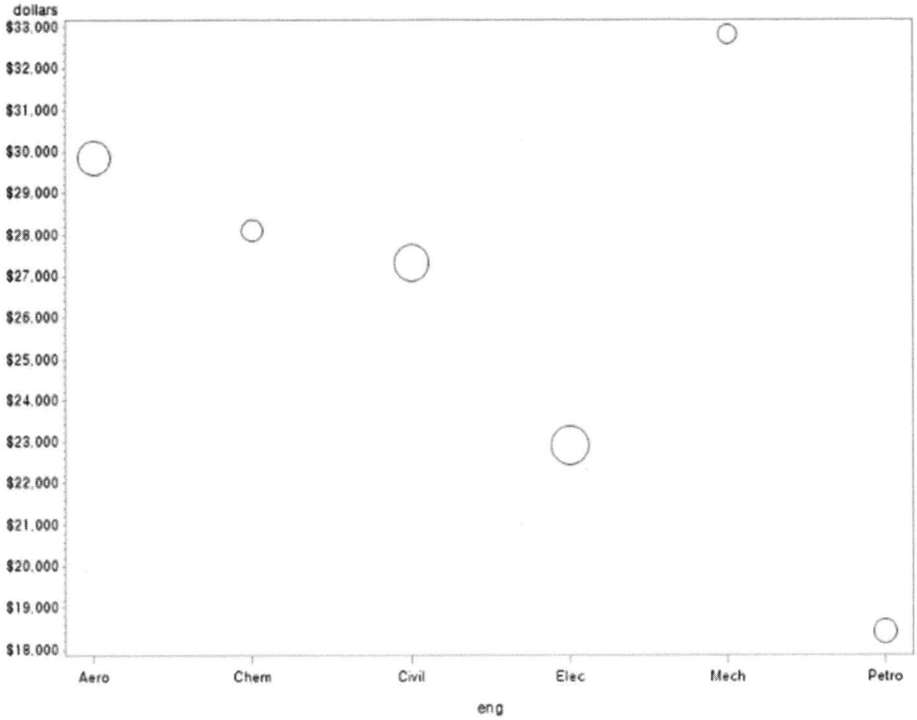

[예제 4-6]

다음의 데이터를 이용하여 산점도를 작성하라.

```
자동차의 무게: 3.4 3.8 4.1 2.2 2.6 2.9 2.0 2.7 1.9 3.4
소비된 연료량: 5.5 5.9 6.5 3.3 3.6 4.6 2.9 3.6 3.1 4.9
```

풀이 해상도를 높이기 위해 GPLOT 프로시저를 이용하여 산점도를 작성한다.

```
DATA Ex4_6;
INPUT weight fuel @@;
CARDS;
3.4 5.5 3.8 5.9  4.1 6.5 2.2 3.3 2.6 3.6
2.9 4.6 2.0 2.9  2.7 3.6 1.9 3.1 3.4 4.9
;
PROC GPLOT DATA=Ex4_6;
 PLOT fuel*weight="*";
RUN;
```

산점도를 작성할 때, 유의해야 할 사항은 x축과 y축에 표현될 변수를 바르게 지정해야 한다. 즉, 영향을 주는 변수와 영향을 받는 변수를 각각 x축과 y축의 변수로 지정해야 원하는 산점도를 얻을 수 있다. 이는 PLOT(GPLOT) 명령문 다음의 변수들을 지정할 때, 먼저 오는 변수가 y축에 다음 변수가 x축의 변수로 지정된다.

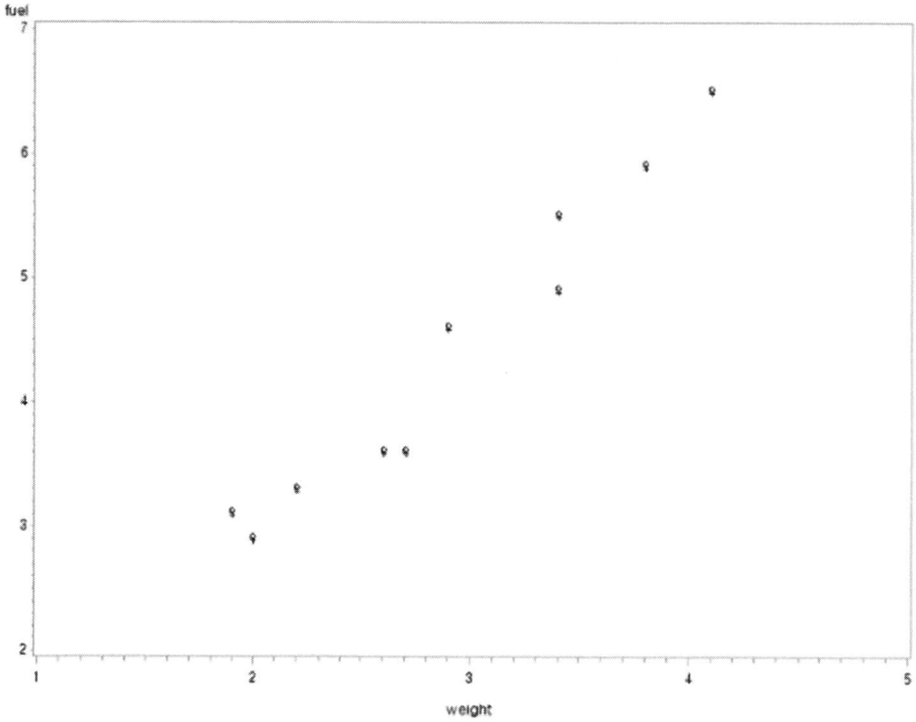

[예제 4-7]

다음 데이터를 이용하여 도수다각형(꺾은선 그래프)을 작성하라.

계급	8.2	8.3	8.4	8.5	8.6	8.7	8.8	8.9	9.0	9.1	9.2
도수	2	6	8	11	17	17	24	18	13	10	4

풀이 GPLOT 프로시저를 이용하여 도수다각형을 작성한다.

```
DATA Ex4_7;
INPUT weight nums @@;
CARDS;
8.2  2 8.3 6 8.4 8  8.5 11 8.6 17
```

```
8.7 17 8.8 24 8.9 18 9.0 13 9.1 10 9.2 4
;
GOPTIONS DEVICE=WIN HSIZE=5 VSIZE=5 HORIGIN=1 VORIGIN=1
          FTEXT=SWISS HTEXT=1.0  FTITLE=CENTX HTITLE=1;
SYMBOL1 H=0.5 V=DOT I=JOIN;
PROC GPLOT DATA=Ex4_7;
PLOT nums*weight=1;
RUN;
```

〈도수다각형 출력: I=JOIN〉

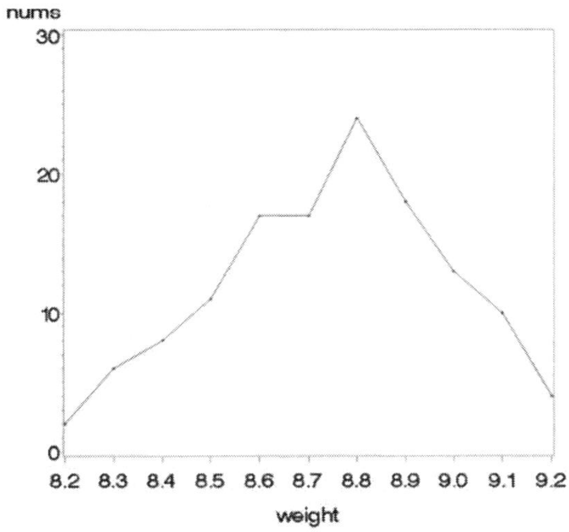

다음의 예는 다우존스(DOW JONES) 지수의 등락을 관찰한 데이터로서 연간 주가지수의 상한가와 하한가를 한 축에 2개의 선 그래프에 출력하는 사례를 기술한 것이다.

〈데이터 입력〉

```
GOPTIONS reset=all border;
DATA stocks;
 INPUT year high low @@;
CARDS;
1956  521.05  462.35 1957  520.77  419.79 1958  583.65  436.89
1959  679.36  574.46 1960  685.47  568.05 1961  734.91  610.25
1962  726.01  535.76 1963  767.21  646.79 1964  891.71  768.08
1965  969.26  840.59 1966  995.15  744.32 1967  943.08  786.41
1968  985.21  825.13 1969  968.85  769.93 1970  842.00  631.16
```

```
1971   950.82   797.97 1972 1036.27 889.15 1973 1051.70   788.31
1974   891.66   577.60 1975   881.81   632.04 1976 1014.79   858.71
1977   999.75   800.85 1978   907.74   742.12 1979    897.61   796.67
1980 1000.17   759.13 1981 1024.05   824.01 1982 1070.55   776.92
1983 1287.20 1027.04 1984 1286.64 1086.57 1985 1553.10 1184.96
1986 1955.57 1502.29 1987 2722.42 1738.74 1988 2183.50 1879.14
1989 2791.41 2144.64 1990 2999.75 2365.10 1991 3168.83 2470.30
1992 3413.21 3136.58 1993 3794.33 3241.95 1994 3978.36 3593.35
1995 5216.47 3832.08
;
```

〈Goption 선택사항들〉

```
symbol1 interpol=join value=dot color=_style_;
symbol2 interpol=join value=C  font=marker color=_style_;
axis1 order=(1955 to 1995 by 5) offset=(2,2)
      label=none
      major=(height=2)
      minor=(height=1);
axis2 order=(0 to 6000 by 1000) offset=(0,0)
      label=none
      major=(height=2)
      minor=(height=1);
legend1 label=none
        position=(top center inside)
        mode=share;
```

〈GPLOT 내용〉

```
PROC GPLOT DATA=stocks;
PLOT high*year low*year / OVERLAY LEGEND=legend1
                          VREF=1000 to 5000 by 1000
                          LVREF=2
                          HAXIS=axis1 hminor=4
                          VAXIS=axis2 vminor=1;
RUN;
QUIT;
```

〈GPLOT 출력결과〉

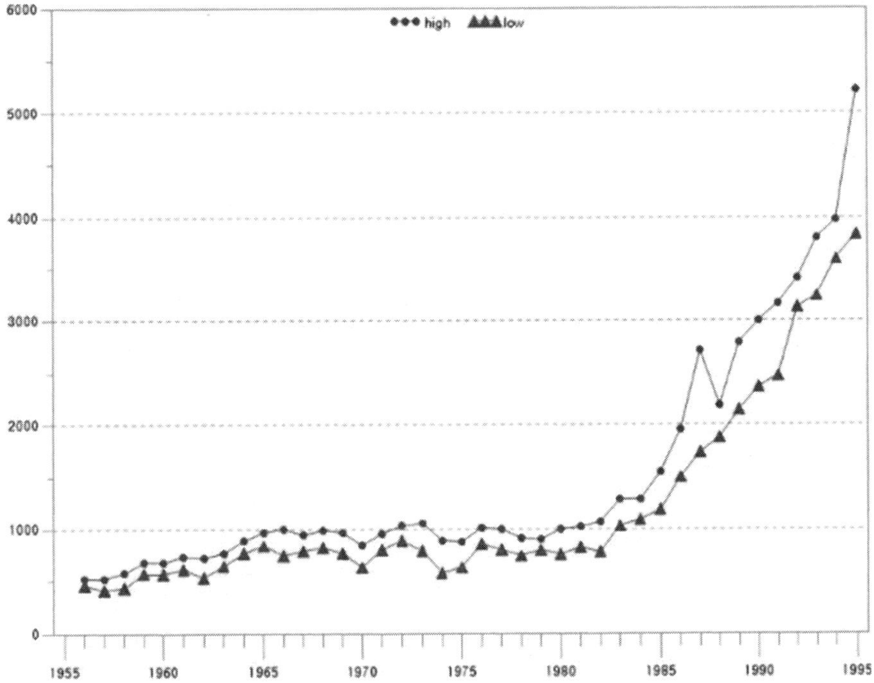

또 하나의 예로서 앞에서 사용한 데이터를 이용하여 영역 그래프를 작성하는 프로그램을 작성하면 다음과 같다.

〈Goptions 선택사항들〉

```
GOPTIONS reset=all border;
symbol1 interpol=join;
axis1 order=(1955 to 1995 by 5) offset=(2,2)
      label=none  major=(height=2) minor=(height=1);
axis2 order=(0 to 6000 by 1000) offset=(0,0)
      label=none  major=(height=2) minor=(height=1);
```

〈GPLOT 내용〉

```
PROC GPLOT DATA=stocks;
 PLOT low*year high*year / OVERLAY Haxis=axis1 Hminor=4 Vaxis=axis2
                                    Vminor=1 Caxis=black Areas=2;
RUN;
QUIT;
```

〈GPLOT 출력결과〉

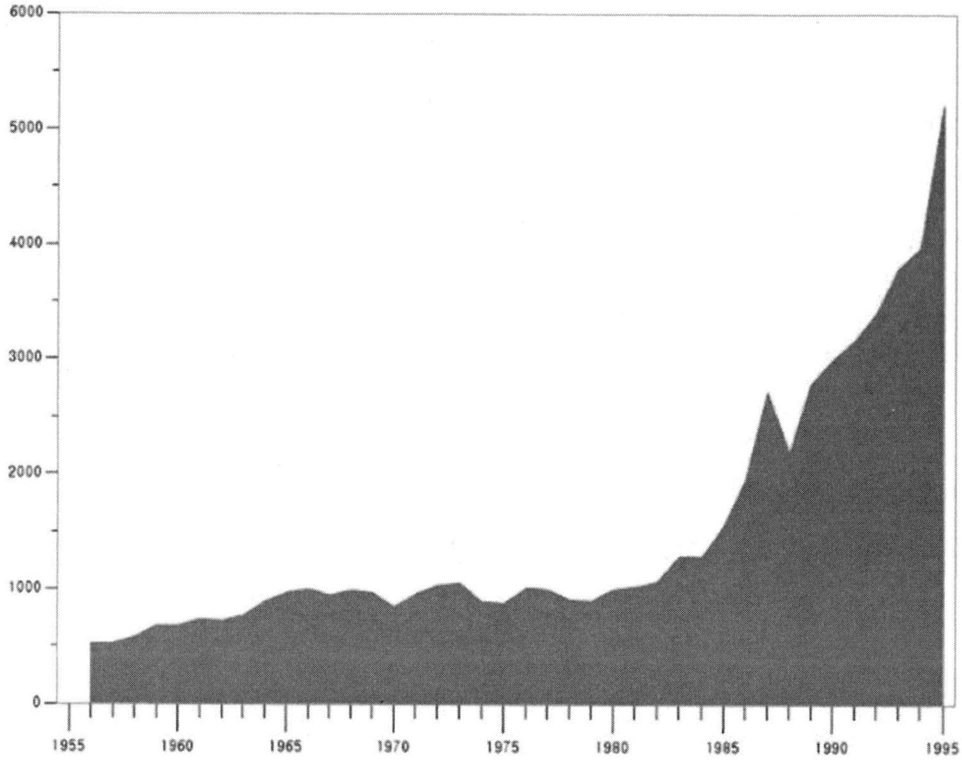

[예제 4-8]

[예제 4-6]의 데이터를 이용하여 추정된 직선(회귀)과 데이터를 동일한 축에 겹쳐서 작성하는 프로그램을 작성하시오.

풀이 PROC REG를 실행하여, 결과를 저장하고, 저장된 데이터세트 'b'를 이용하여 GPLOT에서 원데이터는 'O'로 출력하고, yhat로 저장된 값을 연결선으로 출력하면 된다.

```
GOPTIONS DEVICE=WIN HSIZE=5 VSIZE=5 HORIGIN=1 VORIGIN=1
          FTEXT=SWISS HTEXT=1.0  FTITLE=CENTX HTITLE=1;
SYMBOL1 H=0.5 V=DOT I=JOIN;

DATA Ex4_8;
INPUT weight nums @@;
CARDS;
```

```
8.2  2 8.3 6 8.4 8  8.5 11 8.6 17
8.7 17 8.8 24 8.9 18 9.0 13 9.1 10 9.2 4
;
PROC REG DATA=Ex4_8;
 MODEL nums=weight;
OUTPUT OUT=b P=yhat;              /*실행결과를 저장*/
RUN;
PROC GPLOT DATA=b;
PLOT nums*weight='o' yhat*weight=1/ OVERLAY;
RUN;
```

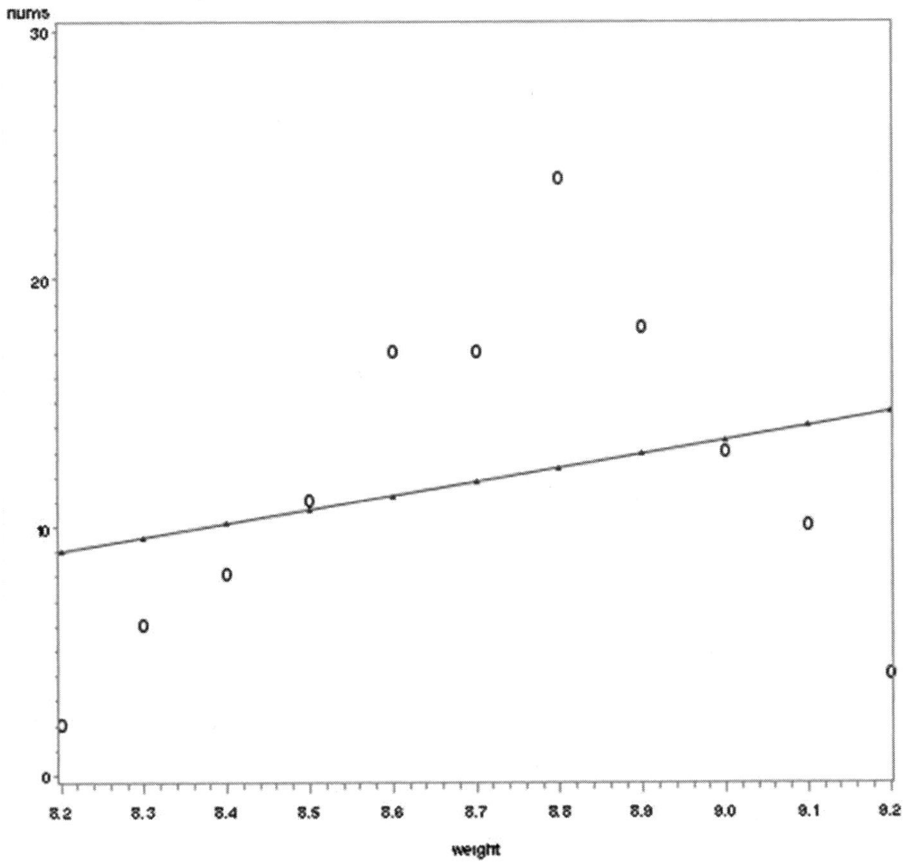

4.3 BOXPLOT 프로시저

자료의 퍼짐 정도를 나타내는 그래프 중에서 BOXPLOT은 상자그림을 작성하며 BOXPLOT 프로시저의 일반형식은 다음과 같다.

[BOXPLOT 프로시저의 형식]

```
PROC BOXPLOT DATA= 데이터세트이름;
[BY 변수이름;]
[ID 변수이름;]
PLOT 변수이름*그룹변수이름/선택사항;
RUN;
```

(1) BOXPLOT 명령의 선택사항

① ANNOTATE=데이터세트: SAS/GRAPH에서 지정한 데이터세트를 지정한다.

② BOX=데이터세트: 그룹 요약 통계량과 이상치가 포함된 데이터세트를 지정한다. 이때 주로 이전 단계의 PROC BOXPLOT의 OUTBOX=에서 생성된 데이터세트이다.

③ DATA=데이터세트: 원자료 데이터세트를 지정한다.

④ GOUT=데이터세트: BOXPLOT에서 생성된 SAS 카탈로그를 지정한다.

⑤ HISTORY=데이터세트: 그룹 요약통계값을 포함한 데이터세트를 지정한다.

(2) PLOT 명령의 선택사항들

① BOXSTYLE=SKELETAL ¦ SCHEMATIC

– SKELETAL: Q_1과 Q_3, 중앙값을 상자로 나타내고, 최소값과 최대값을 선으로 연결하여 나타낸다.

– SCHEMATIC: Q_1과 Q_3, 중앙값을 상자로 나타내고, 아래와 위 인접값 밖의 관찰치를 □으로 나타낸다.

② BOXWIDTH=n: 상자의 폭을 백분율(%)로 지정한다.

③ HOFFSET=n: 상자의 수평 간격을 백분율(%)로 지정한다.

다음은 **[예제 3-9]**로부터 total 변수에 대해 성별로 구분하여 상자그림을 작성한 프로그램과 출력결과이다.

```
PROC SORT DATA=Ex3_9;
BY gender;
RUN;
PROC BOXPLOT DATA=Ex3_9;
PLOT total*gender/BOXSTYLE=SCHEMATIC  BOXWIDTH=20  HOFFSET=15;
RUN;
```

〈BOXSTYLE=SCHEMATIC 결과〉

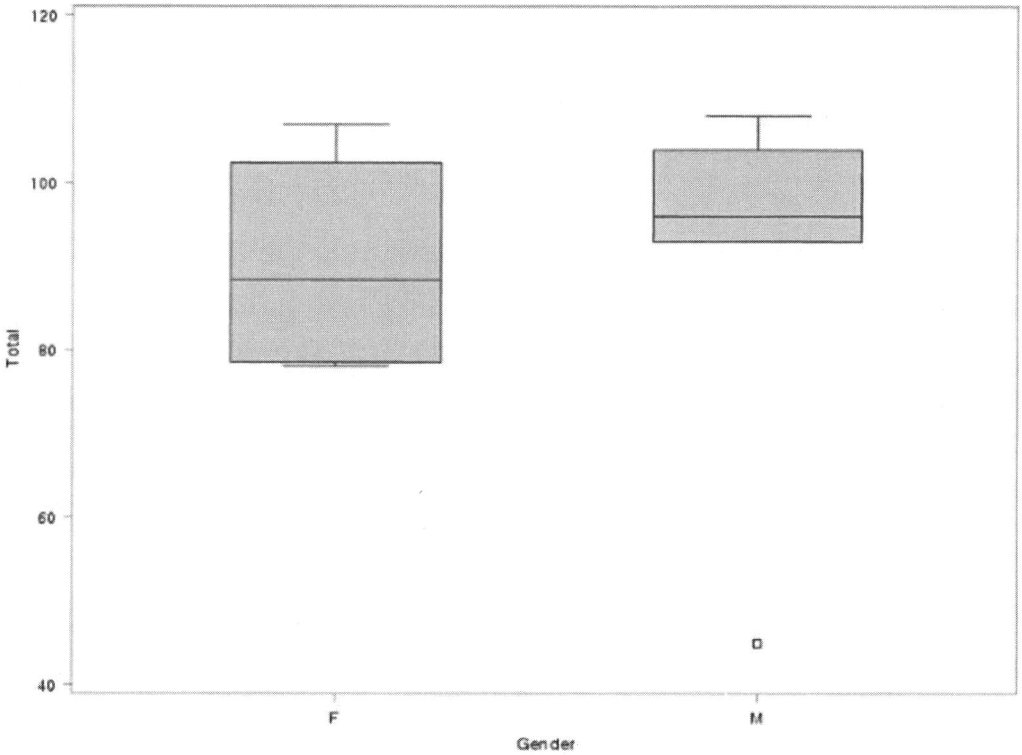

이와 유사하게 총점을 학과별 비교를 위해 상자그림을 SKELETAL 형태의 상자그림을 출력하기 위한 프로그램과 결과는 다음과 같다.

```
PROC SORT DATA=Ex3_9;
BY dept;
RUN;
PROC BOXPLOT DATA=Ex3_9;
PLOT total*dept/BOXSTYLE=SKELETAL BOXWIDTH=10  HOFFSET=15;
RUN;
```

〈BOXSTYLE=SKELETAL 출력결과〉

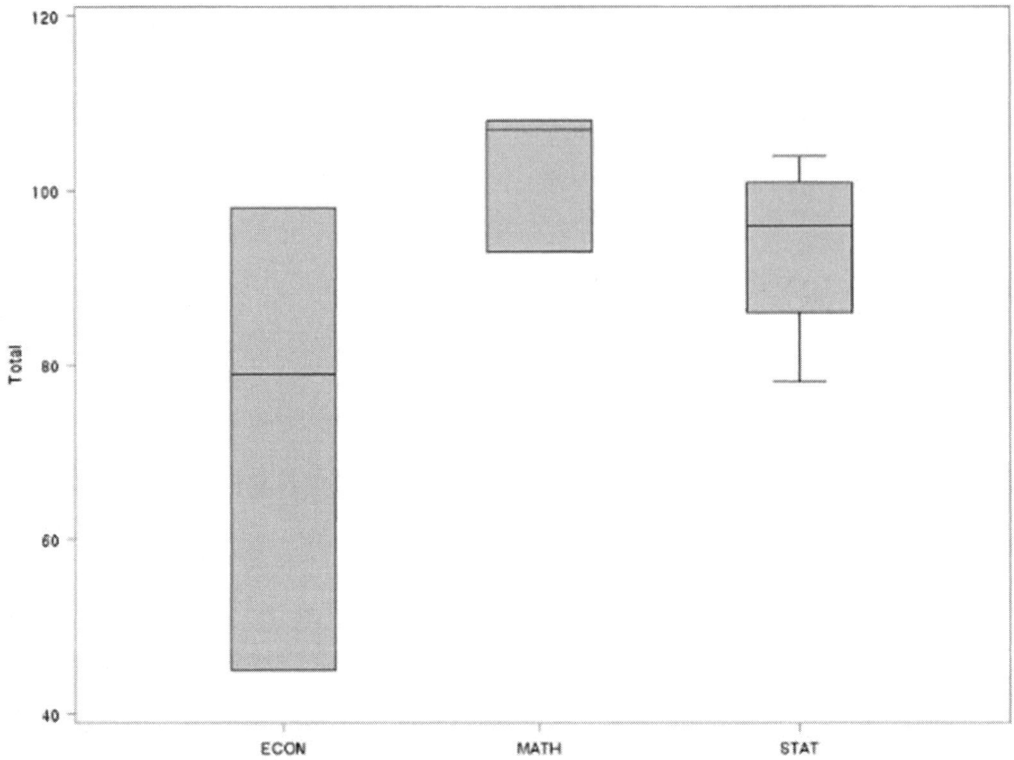

실습과제

과제 4-1. 1장의 **실습과제 1-1**에서 Energy 데이터세트를 이용하여 다음의 물음에 답하시오. 레이블과 포맷은 2장의 내용을 참고하시오.

변수	범주	설명	형식
Region	1 2 3 4	Northeast South Midwest West	수치형
Division	1 2 3 4	New England Middle Atlantic Mountain Pacific	수치형
type	1 2	주거용 산업용	수치형
State	–	주 이름	문자형($)
Expenditures	연속형	백만 달러	수치형

1) 권역별(Division) 별 빈도를 GCHART를 이용하여 수평 막대그래프로 작성하시오. (단, 포맷과 레이블을 적용한다.)

2) 소비량(Expenditure)에 대한 수직 막대그래프를 작성하시오. (단, 계급구간은 5개로 설정하고, 포맷과 레이블을 적용한다.)

3) 유형별*권역별 빈도를 수직 막대그래프로 작성하시오. (단, 포맷과 레이블을 적용한다.)

4) 유형별*권역별로 소비량(Expenditure)의 합계에 대해 수직 막대그래프로 작성하시오. (단, 포맷과 레이블을 적용한다.)

5) 주거용 소비량(x)과 산업용 소비량(y) 간의 산점도를 작성하시오.

6) 5)에서 주거용 소비량(x)과 산업용 소비량(y) 간의 추정 직선을 겹쳐서 표현하시오.

실습과제

과제 4-2. 1장의 **실습과제 1-2**의 Sales 데이터를 이용하여 다음의 물음에 답하시오.

변수	범주	설명	형식
Region	NC TX	주 이름	문자형($)
CitySzie	S M L	도시규모	문자형($)
Population	연속형	인구수	수치형
Product	A100	생산품코드	문자형
SaleType	R W	소매(Retail) 도매(Whole)	문자형
Units	연속형	단가	수치형
NetSales	연속형	판매순익	수치형

1) 도시규모별(Citysize)로 인구규모(Population)에 따른 파이차트를 작성하시오.

2) 도시규모별(Citysize)로 판매순익(NetSales)에 따른 파이차트를 작성하시오.

3) 도시규모별(Citysize), 도소매별(Saletype) 판매순익(NetSales)에 대한 막대그래프를 작성하시오.

4) 도시규모별(Citysize) 판매순익(NetSales)에 대한 상자그림을 작성하시오. (단, 상자스타일은 'SCHEMATIC' 형식이다.)

5) 주별(Region) 판매순익(NetSales)에 대한 상자그림을 작성하시오. (단, 상자스타일은 'SKELETAL' 형식이다.)

5장

SAS 함수와 확률함수

5.1 SAS의 함수

SAS 프로그램에서는 독립적으로 여러 가지 다양한 함수를 제공하고 있으며, 서브루틴 이름으로 존재한다. 각 SAS 함수는 해당 함수명과 그에 따르는 인수를 필요로 하며 인수는 반드시 괄호( ) 안에 입력해야 한다.

[SAS 함수의 기본형식]

```
함수명(인수1, 인수2, …, 인수n);
 또는 함수명(OF 인수1 인수2 …);
```

여기서 인수들은 변수, 상수, 수식 등이 올 수 있으며, 때때로 축약형이 올 수 있다. SAS에서 제공하는 함수를 분류하여 살펴보면 다음과 같다.

① 난수함수: 특정한 확률분포로부터 유사 확률난수(pesudo random number)를 발생시킨다.
② 확률밀도함수와 분포함수: 특정 확률분포의 누적 확률값을 계산하는 함수이다.
③ 표본통계량함수: 총 17가지의 표본통계량을 계산하는 함수이다.
④ 산술함수: 최대값, 최소값, 평균 등을 계산하는 함수이다.
⑤ 수학함수: 지수함수, 로그함수, 감마함수 등의 값을 계산하는 함수이다.
⑥ 분위수함수: 특정 확률분포의 분위수를 계산하는 함수이다.
⑦ 문자함수: 데이터의 특정 문자에 대한 연산을 수행하는 함수이다.

이와 같은 함수들을 분류별로 살펴보면 우선 통계관련 함수들은 다음과 같다. 통계함수의 특징은 함수의 인구로 사용되는 자료가 결측이라도 결측자료를 제외하고 통계값이 산출된다.

| 표 5.1 | 통계량 관련 함수

함수명	의미	사용 예
CV	변동계수	y1=CV(10,13,14,18);
MAX	최대값	y2=MAX(10,13,14,18);
MIN	최소값	y3=MIN(10,13,14,18);
MEAN	평균	y4=MEAN(10,13,14,18);
N	관찰치의 개수	y5=N(10,13,14,18);
NMISS	결측값의 개수	y6=NMISS(.,13,14,18);
RANGE	범위	y7=RANGE(10,13,14,18);
STD	표준편차	y8=STD(10,13,14,18);
STDERR	표준오차	y9=STDERR(10,13,14,18);
SUM	총합	y10=SUM(10,13,14,18);
VAR	분산	y11=VAR(10,13,14,18);

| 표 5.2 | 수학함수

함수명	의미	사용 예
ABS	절댓값	z1=ABS(-10);
MOD	나머지	z2=MOD(10,3);
SIGN	부호	z3=SIGN(-10);
SQRT	제곱근	z4=SQRT(10);
CEIL	인수 이상의 최소 정수	z5=CEIL(10.234);
ROUND	반올림	z6=ROUND(10.45,1);
FLOOR	인수 이하의 최대 정수	z7=FLOOR(10.434);
INT	정수값	z8=INT(10.234);
EXP	지수함수	z9=EXP(10);
LOG	자연로그	z10=LOG(10);
LOG10	상용로그	z11=LOG10(10);
COS	코사인함수	z12=COS(3.14);
SIN	사인함수	z13=SIN(3.14);
TAN	탄젠트함수	z14=TAN(3.14);

| 표 5.3 | 문자함수

함수명	의미	사용 예
BYTE	아스키코드를 문자로 변환	c1=BYTE(65);
COMPBL	공백문자 축소	c2=COMPBL(L E E);
COMPRESS	중복문자제거	c3=COMPRESS('1,200',',');
COLLATE	시작과 끝 번호 아스키코드를 문자열로 변환	c4=COLLATE(65,68);
DEQUOTE	인용부호의 제거	c5=DEQUOTE("LEE");
INDEX	지정된 문자열의 자릿수	c6=INDEX('KIMSON','S');
INDEXC	지정된 문자의 자릿수	c7=INDEXC('KIMSON','S');
INDEXW	지정된 단어 단위의 자릿수	c8=INDEXW('KIMSON','S');
LENGTH	문자열의 길이	c9=LENGTH('KIMSON');
LOWCASE/UPCASE	소문자/대문자변환	c10=LOWCASE('KIMSON');
LEFT/RIGHT	왼쪽/오른쪽 정렬	c11=LEFT(' KIM');
QUOTE	이중인용부호 첨가	c12=QUOTE('KIM');
RANK	문자를 아스키코드로 변환	c13=RANK('A');
REPEAT	문자열을 n+1번 반복	c14=REPEAT('K',3);
REVERSE	문자열의 순서를 변환	c15=REVERSE('SON');
SCAN	문자의 분리	c16=SCAN('SON',2,'O');
SUBSTR	문자열을 지정된 길이만큼 분리	c17=SUBSTR('200224',5,2);
TRANSLATE	지정된 문자열로 변환	c18=TRANSLATE('SON','K','S');
TRANWRD	문자열 일부를 지정된 문자열로 변환	c19=TRANWRD('SON C K','C K','LY');
TRIM/TRIMN	오른쪽 공백문자 제거	c20=TRIM('SON ');
VERIFY	INDEX와 반대	c21=VERIFY('SONG','SIN');
INPUT	문자를 숫자로 변환	c22=INPUT('2,200',COMMA5.);
PUT	숫자를 문자로 변환	c23=PUT('2002',$4.);

[예제 5-1]

다음 관측치들에 대한 통계값들을 통계함수를 이용하여 구하시오. (단, 자료에서 "."은 결측값을 나타낸다.)

```
DATA Ex5_1;
 y1=CV(10,13,14,18);          y2=MAX(10,13,14,18);
 y3=MIN(10,13,14,18);         y4=MEAN(.,13,14,18);
 y5=N(10,13,14,18);           y6=NMISS(.,13,14,18);
 y7=RANGE(10,13,14,18);       y8=STD(10,13,14,18);
 y9=STDERR(10,13,14,18);      y10=SUM(.,13,14,18);
 y11=VAR(10,13,14,18);
RUN;
```

풀이

〈변수에 대한 레이블 지정〉

```
PROC PRINT  LABEL;
id;
LABEL y1='변동계수(CV)'
      y2='최대값(MAX)'
      y3='최소값(MIN)'
      y4='평균(MEAN)'
      y5='자료 수(N)'
      y6='결측치 수(NMISS)'
      y7='범위(RANG'
      y8='표준편차(STD)'
      y9='준오차(STDERR)'
      y10='합계(SUM)'
      y11='분산(VAR)';
RUN;
```

〈출력결과〉

변동계수(CV)	최대값(MAX)	최소값(MIN)	평균(MEAN)	자료 수(N)	결측치 계수(NMISS)	범위(RANGE)	표준편차(STD)	표준오차(STDERR)	합계(SUM)	분산(VAR)
24,0294	18	10	15	4	1	8	3,30404	1,65202	45	10,9167

[예제 5-2]

다음 관측치들에 대한 연산값을 수학함수를 이용하여 구하시오.

```
DATA Ex5_2;
 z1=ABS(-10);          z2=MOD(10,3);
 z3=SIGN(-10);         z4=SQRT(10);
 z5=CEIL(10.234);      z6=ROUND(10.45,1);
 z7=FLOOR(10.434);     z8=INT(10.234);
 z9=EXP(10);           z10=LOG(10);
 z11=LOG10(10);        z12=COS(3.14/2);
 z13=SIN(3.14/2);      z14=TAN(3.14/2);
RUN;
```

풀이

```
PROC PRINT LABEL;
id;
  LABEL z1='절댓값(ABS)'
        z2='나머지(MOD)'
        z3='부호(SIGN)'
        z4='제곱근(SQRT)'
        z5='올림(CEIL)'
        z6='올림(ROUND)'
        z7='버림(FLOOR)'
        z8='정수(INT)'
        z9='지수값(EXP)'
        z10='자연로그(LOG)'
        z11='상용로그(LOG10)'
        z12='코사인(COS)'
        z13='사인 (SIN)'
        z14='탄젠트(TAN)';
RUN;
```

〈출력결과〉

절대값 (ABS)	나머지 (MOD)	부호 (SIGN)	제곱근 (SQRT)	올림 (CEIL)	반올림 (ROUND)	버림 (FLOOR)	정수 (INT)	지수값 (EXP)	자연로그 (LOG)	상용로그 (LOG10)	코사인 (COS)	사인 (SIN)	탄젠트 (TAN)
10	1	-1	3,16228	11	10	10	10	22026,47	2,30259	1	,000796327	1,00000	1255,77

[예제 5-3]

다음 데이터를 문자함수를 이용하여 년도와 월, 일로 구분하여 출력하라. (단 변수명은 각각 year(4자리), month(2자리), date(2자리)로 한다.)

```
20010603     20020131     20021203     20031212     20030701
```

풀이 SUBSTR( ) 함수를 이용하여 각 문자를 분리할 수 있다.

```
DATA Ex5_3;
INPUT id $ @@;
CARDS;
20010603 20020131 20021203 20031212 20030701
;
DATA Ex5_3;
SET Ex5_3;
 year = SUBSTR(id,1,4);          /*1칼럼부터 4자리*/
 month = SUBSTR(id,5,2);         /*5칼럼부터 2자리*/
 date = SUBSTR(id,7,2);          /*7칼럼부터 2자리*/
RUN;
PROC PRINT DATA=Ex5_3;
RUN;
```

〈출력결과〉

OBS	id	year	month	date
1	20010603	2001	06	03
2	20020131	2002	01	31
3	20021203	2002	12	03
4	20031212	2003	12	12
5	20030701	2003	07	01

[예제 5-4]

다음 데이터는 SAS 강좌 수강생들에 대한 데이터로서 id 변수의 5~6번째 자리가 '학과코드'를 나타낸다. 학과 코드에 따라 학과를 지정하여 학과별 점수를 계산하고자 할 때 학과를 분리하는 작업을 수행하시오. (단, 각 학과 코드는 MATH: 31, PHY: 32, CHEM: 33, STAT: 34이다.)

```
DATA sungjuk;
INPUT id $ name $ gender $ atten report mid fin;
total=atten+ report+ mid +fin;
CARDS;
20193401 SK.KIM M  10 20 40 34
20193405 SI.HWANG M 10 18 38 28
20193410 KS.LEE F 10 19 38 40
20193211 SS.LEE M  10 20 29 34
20193312 MS.SEO F  10 20 38 30
20193115 NR.JUNG F  10 15 20 34
20193120 KW.YEOM M  10 19 34 35
20193225 HJ.KIM F  10 20 20 28
20193226 NK.LEE M  10 20 5 10
20193458 JS.BAE M 10 20 38 40
;
```

풀이

〈SUBSTR 함수를 이용한 학과코드 분리하기〉

```
DATA sungjuk;
SET sungjuk;
 DEPT=SUBSTR(ID,5,2);     /*ID 변수에서 5번째 문자부터 두 자리를 분리함*/
 IF DEPT='31' THEN DEPT='MATH';
 IF DEPT='32' THEN DEPT='PHY';
 IF DEPT='33' THEN DEPT='CHEM';
 IF DEPT='34' THEN DEPT='STAT';
RUN;
PROC PRINT DATA=sungjuk;
RUN;
```

〈학번(id)으로부터 학과코드를 분리하여 학과(dept)를 지정한 출력결과〉

OBS	id	name	gender	atten	report	mid	fin	total	DEPT
1	20193401	SK.KIM	M	10	20	40	34	104	STAT
2	20193405	SI.HWANG	M	10	18	38	28	94	STAT
3	20193410	KS.LEE	F	10	19	38	40	107	STAT
4	20193211	SS.LEE	M	10	20	29	34	93	PHY
5	20193312	MS.SEO	F	10	20	38	30	98	CHEM
6	20193115	NR.JUNG	F	10	15	20	34	79	MATH
7	20193120	KW.YEOM	M	10	19	34	35	98	MATH
8	20193225	HJ.KIM	F	10	20	20	28	78	PHY
9	20193226	NK.LEE	M	10	20	5	10	45	PHY

5.2 난수함수

SAS 프로그램에서 특정한 분포를 따르는 확률난수를 발생시켜 가상의 모집단으로 이용할 수 있다. 이를 위해 SAS 프로그램에서는 통계학에서 다루는 여러 가지 분포들에 대한 난수를 발생시키는 함수를 제공하며, 다음과 같은 함수들이 있다. 이때 seed값은 임의의 수를 입력한다.

|표 5.4| 난수발생함수

함수명	의미
NORMAL(seed)	표준정규난수
RANBIN(seed,n,p)	이항난수
RANCAU(seed)	표준코우쉬난수
RANEXP(seed)	표준지수난수
RANGAM(seed)	표준감마난수
RANNOR(seed)	표준정규난수
RANPOI(seed,)	표준포아송난수
RANUNI(seed)	표준균일난수
UNIFROM(seed)	표준균일난수
RAND('분포이름', 모수1, 모수2)	지정된 분포의 난수

[예제 5-5]

정육면체 주사위를 던져서 나타나는 주사위의 눈을 관찰하는 시행에서 각 눈의 나타날 확률은 1/6이다. 이 확률이 경험적으로 성립하는지를 N=1,000, N=10,000회 시행하여 확인하라.

풀이 1부터 6까지의 난수를 발생하여 이들의 도수를 계산함으로써 각 눈이 나올 확률이 1/6 = 0.167에 근사한지를 검토한다.

```
DATA Ex5_5;
 DO i=1 TO 1000;          /*10000*/
   x=RANUNI(123)*10;
   y=INT(MOD(x,6));
   IF y=0 THEN y=6;
   OUTPUT;
 END;
RUN;
PROC FREQ DATA=Ex5_5;
 TABLE y;
RUN;
```

〈N=1,000의 도수분포표〉

y	빈도	백분율	누적 빈도	누적 백분율
1	214	21.40	214	21.40
2	208	20.80	422	42.20
3	185	18.50	607	60.70
4	100	10.00	707	70.70
5	110	11.00	817	81.70
6	183	18.30	1000	100.00

〈N=10,000의 도수분포표〉

y	빈도	백분율	누적 빈도	누적 백분율
1	1935	19.35	1935	19.35
2	1980	19.80	3915	39.15
3	1942	19.42	5857	58.57
4	1039	10.39	6896	68.96
5	1047	10.47	7943	79.43
6	2057	20.57	10000	100.00

[예제 5-6]

표준정규난수 10,000개를 발생시켜 이들의 평균이 0, 분산이 1이 됨을 밝혀라.

풀이 RANNOR 함수를 이용하여 다음과 같이 프로그램을 작성하고, 발생된 난수의 평균과 분산을 구하기 위해 MEANS 프로시저를 이용한다.

```
DATA Ex5_6;
 DO i=1 TO 10000;
  x=RANNOR(1538794);
  OUTPUT;
 END;
RUN;
PROC MEANS DATA=Ex5_6;
id;
VAR x;
RUN;
```

〈표준정규분포의 통계값 출력〉

분석 변수 : x				
N	평균	표준편차	최솟값	최댓값
10000	0.0090919	0.9904303	-3.7381126	3.6417203

출력결과로부터 평균이 0.0090919이고, 표준편차는 0.9904303으로서 각각 0과 1에 가까움을 알 수 있다.

[예제 5-7]

표준정규난수 N=10,000개를 발생시켜, 이 값들 중 −1.96과 1.96 사이에 있을 확률이 약 0.95($P(-1.96 \le Z \le 1.96) = 0.95$)가 됨을 확인하시오.

풀이 **[예제 5-6]**과 같이 표준정규난수를 10,000개 발생시키고, 이 값들 중 −1.96과 1.96 사이의 값들의 수를 관찰하면 된다. 이를 위해 FREQ 프로시저를 사용한다.

```
DATA Ex5_7;
DO i=1 TO 10000;
 z=RANNOR(1538794);
IF -1.96<= z <= 1.96 THEN y=1;
 ELSE y=0;
OUTPUT;
END;
RUN;
PROC FREQ DATA=Ex5_7;
TABLE y;
RUN;
```

〈변수 y의 도수분포표〉

y	빈도	백분율	누적 빈도	누적 백분율
0	461	4.61	461	4.61
1	9539	95.39	10000	100.00

[예제 5-8]

시행횟수 n=1,200, 성공확률 p=0,4인 이항분포가 다음과 같은 표준화 확률변수 Z가 근사적으로 평균이 0, 분산이 1인 표준정규분포가 됨을 난수를 이용하여 밝혀라. (단, 난수는 10,000개를 발생한다.)

$$Z = \frac{(X - np)}{\sqrt{np(1-p)}} \sim N(0,1).$$

풀이 RANBIN 함수를 이용하여 이항난수를 발생시킨 후 이를 평균과 표준편차로 표준화하여 표준화된 값들의 평균이 0, 분산이 1에 근접함을 보이면 된다.

```
DATA Ex5_8;
 DO i=1 TO 10000;
  x=RANBIN(1538794,1200,0.4);             /*n=1200, p=0.4*/
  z=(x-1200*0.4)/SQRT(1200*0.4*0.6);      /*표준화 변수*/
  OUTPUT;
 END;
RUN;
PROC MEANS DATA=Ex5_8;
 VAR Z;
RUN;
```

〈표준화 변수 Z의 통계값〉

분석 변수 : z				
N	평균	표준편차	최솟값	최댓값
10000	0.0089567	0.9906654	-3.7123106	3.6533850

출력결과로부터 평균은 0.0089567이고, 표준편차는 0.9906654로서 표준정규분포의 평균과 표준편차에 근사함을 알 수 있다.

[예제 5-9]

평균이 $m=3$인 포아송 분포로부터 $n=1500$개의 확률 난수를 발생시켰을 때, 다음의 표준화 확률변수 Z가 근사적으로 표준정규분포가 됨을 보여라.

$$Z=\frac{(X-m)}{\sqrt{m}} \sim N(0,1)$$

풀이 포아송 확률난수인 RANPOI 함수를 이용하여 이항난수를 발생시킨 후 이를 평균과 표준편차로 표준화하여 표준화된 값들의 평균이 0, 분산이 1에 근접함을 보이면 된다.

```
DATA Ex5_9;
DO i=1 TO 1500;
  x=RANPOI(1538794,3);
  z=(x-3)/SQRT(3);
OUTPUT;
END;
RUN;
 PROC MEANS DATA=Ex5_9;
VAR z;
RUN;
```

〈표준화 변수 Z의 통계값〉

분석 변수 : z				
N	평균	표준편차	최솟값	최댓값
1500	0.0111621	0.9923478	-1.7320508	3.4641016

5.3 확률함수와 분포함수

여기서는 통계학에서 주로 사용되는 확률분포와 관련된 몇 가지 함수들에 대해서 중점적으로 살펴보기로 한다. 특히 확률밀도함수 또는 확률함수(pmf)와 분포함수(cdf)에 대한 기본적인 형식과 그에 대한 분포의 이름들을 먼저 살펴보기로 한다.

1) 이산확률분포

이산확률분포의 확률값을 구하기 위해 SAS에서는 PMF( ) 또는 CDF( ) 함수를 이용할 수 있다. 두 함수의 형식은 다음과 같으며, 공통적으로 '분포이름'과 '모수1', '모수2' 등이 함수의 인수로 포함된다.

[확률질량함수(pmf)의 기본형식]

```
PMF('분포이름', x, 모수1, 모수2);
```

[누적분포함수(CDF)의 기본형식]

```
CDF('분포이름', x, 모수1, 모수2);
```

(1) 베르누이분포(Bernoulli distribution)

확률변수 X가 베르누이분포를 따르는 확률변수로서 $X \sim B(1,p)$로 표현하고, 확률변수 X는 다음과 같은 확률함수를 갖는다.

$$p(x) = P(X = x) = p^x (1-p)^{1-x}, x = 0, 1.$$

(2) 이항분포(Binomial distribution)

성공의 확률이 p인 베르누이 시행을 독립적으로 n회 반복할 때, 나타나는 성공의 회수를 확률변수 Y라고 하면, 확률변수 Y는 **이항분포**를 따르며, $Y \sim B(n,p)$으로 표현한다. 이 때, 이항분포의 확률함수는 다음과 같다.

$$p(y) = P(Y = y) = \binom{n}{y} p^y (1-p)^{n-y},\ y = 0, 1, 2, \cdots, n.$$

(3) 초기하분포(Hypergeometric distribution)

크기 N인 유한모집단에서 k개는 성공집단에 속하고, $N-k$개는 실패집단에 속한다고 하자. 이로부터 비복원으로 n개를 임의로 추출할 때, n개 중에서 성공의 횟수를 X라 하면, 확률변수 X는 **초기하분포**를 따르며,

$$p(x) = P(X = x) = \frac{\binom{k}{x}\binom{N-k}{n-x}}{\binom{N}{n}}\ ,\quad x = 0, 1, 2 \cdots, \min(n, k)$$

(4) 음이항분포(Negative binomial distribution)

성공확률이 p인 베르누이 시행을 독립적으로 반복시행할 때 k번 성공하기까지의 시행 횟수를 X라 하면, 확률변수 X의 확률분포는 다음과 같으며, 이 확률분포를 **음이항분포**라고 하며, $X \sim NB(k,p)$로 나타낸다.

$$p(x) = P(X = x) = \binom{x-1}{k-1} p^k (1-p)^{x-k} \quad , \; x = k, k+1, \cdots$$

대부분의 통계학 서적에서는 위와 같이 음이항 분포를 정의하고 있는 반면에 SAS 프로그램에서는 다음과 같이 음이항 분포를 정의하고 있다.

확률변수 Y를 k번 성공하기 전까지 총 실패의 수라 하면, $y + k$은 정확히 k번 성공하기까지 필요한 시행횟수가 된다. 따라서 음이항 분포는 다음과 같이 정의할 수 있다.

$$p(y) = P(Y = y) = \binom{y+k-1}{k-1} p^k (1-p)^y \quad , \; y = 0,1,2,\cdots$$

(5) 기하분포(Geometric distribution)

성공의 확률 p인 베르누이 시행을 처음으로 성공할 때까지 반복시행할 때, 그 시행횟수 X의 확률함수는 **기하분포**를 따르며, $X \sim Ge(p)$로 나타낸다.

$$p(x) = P(X = x) = p(1-p)^{x-1} \quad , \; x = 1,2,\cdots .$$

음이항 분포와 마찬가지로 SAS 프로그램에서는 기하분포를 다음과 같이 정의하고 있다.

$$p(y) = P(Y = y) = p(1-p)^y \quad , \; y = 0,1,2,\cdots .$$

(6) 포아송 분포(Poisson distribution)

주어진 시간구간 또는 단위 영역에서 발생하는 성공의 횟수를 확률변수 X라고 하면, X는 **포아송 분포**를 따르며, $X \sim Po(m)$로 표현하고, 포아송 확률변수 X의 확률함수는 다음과 같다.

$$p(x) = P(X = x) = \frac{e^{-m} m^x}{x!} \quad , \; x = 0,1,2,\cdots$$

| 표 5.5 | 이산확률 분포의 확률(PMF)과 누적확률(CDF)

확률분포	형식	사용 예
베르누이분포	PMF('Bern', x, p) CDF('Bern', x, p)	X~Be(0.1)일 때, P(X=1) y1=PMF('Bern', 1, 0.1);
이항분포	PMF('Binom', x, p, n) CDF('Binom', x, p, n) 또는 PROBBNML(p, n, x)	X~B(10, 0.5)일 때, P(X=3) y2=PMF('Bino', 3, 0.5, 10);
초기하분포	PMF('Hyper', x, N, k, n) CDF('Hyper', x, N, k, n) 또는 PROBHYPR(N, k, n, x)	X~HG(10, 4, 3)일 때, P(X=2) y3=PMF('Hyper', 2, 10, 4, 3);
음이항분포	PMF('Negb', x-k, p, k) CDF('Negb', x-k, p, k) 또는 PROBNEGB(p, k, x-k)	X~NB(3, 0.5)일 때, P(X=10) y4=PMF('Negb', 7, 0.5, 3);
기하분포	PMF('Geom', x-1, p) CDF('Geom', x-1, p)	X~Ge(0.5)일 때, P(X=3) y5=PMF('Geom', 2, 0.5);
포아송 분포	PMF('Poiss',x,m) CDF('Poiss',x,m) 또는 Poisson(m,x)	X~Po(4)일 때, P(X=3) y6=PMF('Poisson',3,4);

[예제 5-10]

다음의 이산확률변수에 대해 각각의 확률함수를 이용하여 프로그램을 작성한 후 그에 따르는 확률을 구하고, SAS의 PMF( ) 함수를 이용한 결과와 비교하시오.

① X~B(10,0.3)일 때, P(X=4)

② X~NB(3,0.4)일 때, P(X=10)

③ X~Po(3)일 때, P(X=4)

④ X~Ge(0.8)일 때, P(X=5)

풀이 앞에서 정의한 이산확률 분포의 확률함수를 연산식으로 표현하여 확률을 구하는 것과 확률함수인 PMF( ) 함수를 이용하여 확률을 구한 결과가 동일하게 나타나는 것을 확인할 수 있다.

〈확률함수 식을 이용한 SAS 프로그램〉

```
DATA Ex5_10;
  y1=COMB(10,4) *(0.3)**4 *(0.7)**6;
  y2=COMB(10-1,3-1)*(0.4)**3*(0.6)**(10-3);
  y3=(3**4 * EXP(-3))/FACT(4);
  y4=(0.8)*(0.2)**(5-1);
 LABEL y1='B(10,0.3)일 때* P(X=4)'
       y2='NB(3,0.4)일 때 * P(X=10)'
       y3='Po(3)일 때 * P(X=4)'
       y4='Ge(0.8)일 때 * P(X=5)';
RUN;
PROC PRINT DATA=Ex5_10 LABEL split='*';
VAR y1-y4;
RUN;
```

〈PMF( ) 함수를 이용한 SAS 프로그램〉

```
DATA Ex5_10_1;
  y11=PMF('Bino',4,0.3,10);
  y21=PMF('NEGB', 7, 0.4,3);
  y31=PMF('POISSON',4 ,3);
  y41=PMF('GEOM',4,0.8);
RUN;
PROC PRINT DATA=Ex5_10_1 LABEL split='*';
id;
VAR y11 y21 y31 y41;
 LABEL y11='B(10,0.3)일 때 * P(X=4)'
       y21='NB(3,0.4)일 때 * P(X=10)'
       y31='Po(3)일 때 * P(X=4)'
       y41='Ge(0.8)일 때 * P(X=5)';
RUN;
```

〈확률값 출력〉

B(10,0.3)일 때 P(X=4)	NB(3,0.4)일 때 P(X=10)	Po(3)일 때 P(X=4)	Ge(0.8)일 때 P(X=5)
0.20012	0.064497	0.16803	.00128

[예제 5-11]

다음 이산확률분포들의 확률을 구하라.

① $X \sim B(10,0.5)$일 때, $P(1 \le X \le 3)$

② $X \sim NB(4,0.8)$일 때, $P(6 \le X \le 8)$

③ $X \sim Po(10)$일 때, $P(1 \le X \le 3)$

④ $X \sim Ge(0.8)$일 때, $P(1 \le X \le 3)$

⑤ $X \sim HG(25,10,5)$일 때, $P(1 \le X \le 3)$

풀이 이산확률분포의 경우 누적확률을 이용하여 $P(a \le X \le b)$의 확률을 구하기 위해서는 다음과 같이 계산해야 정확한 확률을 구할 수 있다.

$$P(a \le X \le b) = P(X \le b) = P(X \le a-1)$$

```
DATA Ex5_11;
 y1=CDF('Bino',3,0.5,10) - CDF('Bino',0,0.5,10);
 y2=CDF('Negb',4,0.8,4) - CDF('Negb',1,0.8,4);
 y3=CDF('Poisson',3,10) - CDF('Poisson',0,10);
 y4=CDF('Geom',2,0.8);
 y5=CDF('Hyper',3,25,10,5) - CDF('Hyper',0,25,10,5);
RUN;
PROC PRINT DATA=Ex5_11 label split='*';
 VAR y1-y5;
 id;
 label y1='B(10,0.5)일 때, * P(1≤X≤3)'
       y2='NB(4,0.8)일 때, * P(6≤X≤8)'
       y3='Po(10)일 때, * P(1≤X≤3)'
       y4='Ge(0.8)일 때, * P(1≤X≤3)'
       y5='HG(25,10,5)일 때, * P(1≤X≤3)';
RUN;
```

B(10,0.5) 일 때, P(1≤X≤3)	NB(4,0.8) 일 때, P(6≤X≤8)	Po(10) 일 때, P(1≤X≤3)	Ge(0.8) 일 때, P(1≤X≤3)	HG(25,10,5) 일 때, P(1≤X≤3)
0.17090	0.25231	0.010291	0.992	0.87945

2) 연속확률분포

연속확률분포에서 특정한 확률을 구하기 위해 SAS에서는 확률밀도함수 PDF( ) 함수와 누적분포함수값을 구하는 함수로 CDF( ) 함수가 있으며 이에 대한 형식은 다음과 같다.

[확률밀도함수(pdf)의 기본형식]

```
PDF('분포이름', x, 모수1, 모수2);
```

[분포함수(CDF)의 기본형식]

```
CDF('분포이름', x, 모수1, 모수2);
```

(1) 균등분포

확률변수 X가 구간 $[a,b]$에서 다음과 같은 확률밀도 함수로 주어지면, X는 **균등분포**를 따르며, $X\sim U(a,b)$로 표현한다.

$$f(x)=\frac{1}{b-a},\ a\le\ x\le\ b$$

(2) 정규분포

확률변수 X가 다음과 같은 확률밀도 함수를 가질 때, 확률변수 X는 평균이 μ이고, 분산이 σ^2인 **정규분포**를 따른다고 하며, $X\sim N(\mu,\sigma^2)$으로 표현한다.

$$f(x)=\frac{1}{\sqrt{2\pi}\,\sigma}exp\left\{-\frac{(x-\mu)^2}{2\sigma^2}\right\},\quad -\infty<x<\infty$$

(3) 지수분포

확률변수 X가 다음과 같은 확률밀도 함수를 가질 때, 확률변수 X는 평균이 μ이고, 분산이 σ^2인 **정규분포**를 따른다고 하며, $X\sim N(\mu,\sigma^2)$으로 표현한다.

확률변수 X가 다음과 같은 확률밀도함수를 가질 때, X는 **지수분포**를 따른다고 하며, $X\sim Exp(\theta)$로 표기한다.

$$f(x)=\frac{1}{\theta}exp\left(-\frac{x}{\theta}\right),\ x>0,\ \theta>0$$

(4) 베타분포

확률변수 X가 다음과 같은 확률밀도함수를 가질 때, X는 **베타분포**를 따른다고 하며, $X\sim Beta(\alpha,\beta)$로 표기한다.

$$f(x) = \frac{1}{B(\alpha,\beta)} x^{\alpha-1}(1-x)^{\beta-1},\ 0 < x < 1, \alpha > 0, \beta > 0$$

(5) 감마분포

확률변수 X가 다음과 같은 확률밀도함수를 가질 때, X는 **감마분포**를 따른다고 하며, $X \sim G(\alpha,\beta)$로 표기한다.

$$f(x) = \frac{1}{\Gamma(\alpha)\beta^{\alpha}} x^{\alpha-1} exp\left(-\frac{x}{\beta}\right),\ x > 0, \alpha > 0, \beta > 0$$

(6) 카이제곱분포

확률변수 X가 다음과 같은 확률밀도함수를 가질 때, X는 자유도 n인 **카이제곱분포**를 따른다고 하며, $X \sim \chi^2(n)$로 표기한다.

$$f(x) = \frac{1}{\Gamma\left(\frac{n}{2}\right)2^{n/2}} x^{n/2-1} exp\left(-\frac{x}{2}\right),\ x > 0$$

(7) t-분포

확률변수 Z가 표준정규분포 $N(0,1)$를 따르고, 확률변수 V가 자유도 n인 χ^2-분포를 따를 때, 다음의 확률변수 T는 자유도 인 **t-분포**를 따른다.

$$T = \frac{Z}{\sqrt{V/n}} \sim t(n)$$

(8) F-분포

확률변수 XU가 다음과 같은 확률밀도함수를 가질 때, X는 자유도 n인 **카이제곱분포**를 따른다고 하며, $X \sim \chi^2(n)$로 표기한다.

U와 V가 각각 자유도 n_1과 n_2인 χ^2-분포를 따르며, 서로 독립이면, 다음의 확률변수 F는 자유도가 (n_1, n_2)인 **F-분포**를 따른다.

$$F = \frac{U/n_1}{V/n_2} \sim F(n_1, n_2)$$

(9) 로그정규분포

확률변수 $Y=LN(X)$가 다음과 같은 확률밀도 함수를 가질 때, 확률변수 Y는 평균이 μ이고, 분산이 σ^2인 **로그정규분포**를 따른다고 하며, $Y \sim LN(\mu,\sigma^2)$으로 표현한다.

$$f(y) = \frac{1}{y\sigma\sqrt{2\pi}} exp\left\{-\frac{(y-\mu)^2}{2\sigma^2}\right\},\ y > 0$$

| 표 5.6 | 연속확률분포의 확률과 누적확률의 계산

연속확률분포	형식	사용 예
균등분포	PDF('Unif' ,x,a,b) CDF('Unif' ,x,a,b)	X~U(3,5)일 때, (3.5≤X≤4.5) y1=CDF('Unif' ,4.5,3,5) -CDF('Unif' ,3.5,3,5);
정규분포	PDF('Norm' ,x,μ,σ) CDF('Norm' ,x,μ,σ)	X~N(3,25)일 때, P(3.5≤X≤4.5) y2=CDF('Norm' ,4.5,3,5) -CDF('Norm' ,3.5,3,5);
표준정규분포	PDF('Norm' ,z,0,1) CDF('Norm' ,z,0,1) 또는 ProbNorm(z)	Z~N(0,1)일 때, P(3.5≤Z≤4.5) y3=CDF('Norm' ,4.5,0,1) -CDF('Norm' ,3.5,0,1);
지수분포	PDF('Expo' ,x,θ) CDF('Expo' ,x,θ)	X~Exp(3)일 때, P(3.5≤Z≤4.5) y4=CDF('Expo' ,4.5,3) -CDF('Expo' ,3.5,3);
베타분포	PDF('Beta' ,x,α,β) CDF('Beta' ,x,α,β) 또는 ProbBeta(x,α,β)	X~Beta(3,5)일 때, P(0.1≤X≤0.5) y5=CDF('Beta' ,0.5,3,5) -CDF('Beta' ,0.1,3,5);
감마분포	PDF('Gamma' ,x,α,β) CDF('Gamma' ,x,α,β) 또는 ProbGamma(x,α,β)	X~G(3,5)일 때, P(1≤X≤5) y6=CDF('Gamma' ,5,3,5) -CDF('Gamma' ,1,3,5);
카이제곱분포	PDF('Chis' ,x,df) CDF('Chis' ,x,df) 또는 ProbChi(x,df)	X~χ^2(10)일 때, P(1≤X≤5) y7=CDF('chis' ,5,10) -CDF('chis' ,1,10);
t-분포	PDF('T' ,x,df) CDF('T' ,x,df) 또는 ProbT(x,df)	X~t(10)일 때, P(1≤X≤5) y8=CDF('T' ,5,10) -CDF('T' ,1,10);
F-분포	PDF('F' ,x,df1,df2) CDF('F' ,x,df1,df2) 또는 ProbF(x,df1,df2)	X~F(5,10)일 때, P(1≤X≤5) y9=CDF('F' ,5,5,10) -CDF('F' ,1,5,10);
로그정규분포	PDF('Logn' ,x,μ,σ) CDF('Logn' ,x,μ,σ)	X~LN(3,25)일 때, P(1≤X≤5) y10=CDF('Logn' ,5,3,5) -CDF('Logn' ,1,3,5);

연속확률분포의 경우 확률변수 X가 구간 $[a,b]$에 있을 확률 $P(a \le X \le b)$은 다음과 같이 계산된다.

$$P(a \le X \le b) = P(X \le b) - P(X \le a)$$

[예제 5-12]

다음의 확률을 계산하라.

① $X \sim N(130,\ 25)$일 때, $P(120 \le X \le 135)$

② $X \sim t(10)$일 때, $P(1 \le X \le 3)$

③ $X \sim (10)$일 때, $P(3.5 \le X \le 4.5)$

풀이 각 확률분포의 CDF( ) 함수를 이용하여 주어진 확률을 구할 수 있다.

```
DATA Ex5_12;
 y1=CDF('Norm',135,130,5)-CDF('Norm',120,130,5);
 y2=CDF('T',3,10)-CDF('T',1,10);
 y3=CDF('Chis',4.5,10)-CDF('Chis',3.5,10);
RUN;
PROC PRINT DATA=Ex5_12 Label split='*';
 VAR y1 y2 y3;
id;
Label y1='N(130, 25)일 때 *P(120≤X≤135)'
        y2='t(10)일 때 *P(1≤X≤3)'
        y3='Chi^2(10)일 때 *P(3.5≤X≤4.5)';
RUN;
```

N(130, 25)일 때 P(120≤X≤135)	t(10) 일 때 P(1≤X≤3)	Chi^2(10)일 때 P(3.5≤X≤4.5)
0.81859	0.16377	0.045112

[예제 5-13]

표준정규확률변수 $Z \sim N(0,1)$에 대해 다음의 확률을 구하시오.

① $P(-1 \le Z \le 1)$

② $P(-1.64 \le Z \le 1.64)$

③ $P(-1.96 \le Z \le 1.96)$

④ $P(-2 \le Z \le 2)$

⑤ $P(-2.58 \le Z \le 2.58)$

⑥ $P(-3 \le Z \le 3)$

풀이 ProbNorm( ) 함수를 이용하여 다음과 같이 프로그램을 작성할 수 있다.

```
DATA Ex5_13;
p1=ProbNorm(1)-ProbNorm(-1);
p2=ProbNorm(1.64)-ProbNorm(-1.64);
p3=ProbNorm(2)-ProbNorm(-2);
p4=ProbNorm(1.96)-ProbNorm(-1.96);
p5=ProbNorm(2.58)-ProbNorm(-2.58);
p6=ProbNorm(3)-ProbNorm(-3);
RUN;
PROC PRINT DATA=Ex5_13 label;
VAR p1 – p6;
id;
label p1='P(-1≤Z≤1)'
      p2='P(-1.64≤Z≤1.64)'
      p3='P(-2≤Z≤2)'
      p4='P(-1.96≤Z≤1.96)'
      p5='P(-2.58≤Z≤2.58)'
      p6='P(-3≤Z≤3)';
RUN;
```

P(-1≤Z≤1)	P(-1.64≤Z≤1.64)	P(-2≤Z≤2)	P(-1.96≤Z≤1.96)	P(-2.58≤Z≤2.58)	P(-3≤Z≤3)
0.68269	0.89899	0.95450	0.95000	0.99012	0.99730

연속확률 분포 중에서 정규분포, 카이제곱분포, t-분포, F-분포 등은 특정한 확률을 갖는 α-점을 찾는 경우가 있다. 즉, $P(X \le x)=\alpha$를 만족하는 x값을 구한다. 이를 위해 SAS 프로그램에서는 다음과 같이 특정 분포에 대한 α-점을 제공하는 함수를 이용할 수 있다.

| 표 5.7 | α-점을 찾는 함수

분포	함수	의미
정규분포	PROBIT(α)	표준정규분포의 α-점
카이제곱분포	CINV(α, df)	카이제곱분포의 α-점
t-분포	TINV(α, df)	t-분포의 α-점
F-분포	FINV(α, df1, df2)	F-분포의 α-점

이와 같은 함수들을 이용하여 x가 되는 확률인 p-값을 구하는 데 이용할 수 있다. SAS 프로그램에서 구해주는 표준정규분포의 α-점은 다음과 같은 의미를 가진다.

$$P(Z \le z_{\alpha}) = \alpha$$

[예제 5-14]

다음의 분포들에 대한 α-점을 구하여라.

① $P(Z \le z_\alpha)=0.01,\ Z\sim N(0,1)$ ② $P(Z \le z_\alpha)=0.001,\ Z\sim N(0,1)$

③ $P(Z \le z_\alpha)=0.01,\ Z\sim N(0,1)$ ④ $P(U \ge \chi^{2\alpha})=0.05,\ U\sim \chi^2(25)$

⑤ $P(T \le t_\alpha)=0.01,\ T\sim t(10)$ ⑥ $P(T \ge t_\alpha)=0.025,\ T\sim t(20)$

⑦ $P(F \ge F_\alpha)=0.05,\ F\sim F(8,4)$ ⑧ $P(F \le F_\alpha)=0.1,\ F\sim F(10,5)$

풀이

〈α-점을 구하는 함수 이용하기〉

```
DATA Ex5_14;
 a1=PROBIT(0.01);
 a2=PROBIT(0.001);
 a3=CINV(0.01,15);
 a4=CINV(1-0.05,25);
 a5=TINV(0.01,10);
 a6=TINV(1-0.25,20);
 a7=FINV(1-0.25,8,4);
 a8=FINV(0.1,10,5);
RUN;
```

〈출력하기〉

```
PROC PRINT DATA=Ex5_14 LABEL;
 ID;
 VAR a1-a8;
 label a1='P(Z≤z)=0.01'
       a2='P(Z≤z)=0.001'
       a3='P(U≤x)=0.01'
       a4='P(U≥x)=0.05'
       a5='P(T≤t)=0.01'
       a6='P(T≥t)=0.025'
       a7='P(F≥f)=0.05'
       a8='P(F≤f)=0.01';
RUN;
```

〈확률 분포별 α-점〉

P(Z≤z)=0.01	P(Z≤z)=0.001	P(U≤x)=0.01	P(U≥x)=0.05	P(T≤t)=0.01	P(T≥t)=0.025	P(F≥f)=0.05	P(F≤f)=0.01
-1.64485	-3.09023	5.22935	37.6525	-2.76377	0.68695	2.08046	0.39657

[예제 5-15]

GCHART 프로시저를 이용하여 다음의 확률 막대그래프를 작성하시오.

① n=10, p=0.3인 이항분포의 확률 막대그래프를 작성하라.

② m=3인 포아송 분포의 확률 막대그래프를 작성하라.

풀이 먼저 확률막대그래프를 그래프로 표현하기 위해 Goptions을 지정한다. 즉, 확률막대별로 패턴을 지정하고 x축과 y축의 눈금을 지정하여 이를 VBAR 명령의 옵션으로 지정한다.

〈Goptions의 설정〉

```
GOPTIONS DEVICE=WIN CTEXT=BLACK HORIGIN=20 VORIGIN=30;
 PATTERN1 COLOR=BLACK VALUE=EMPTY;
 PATTERN2 COLOR=BLACK VALUE=EMPTY;
 PATTERN3 COLOR=BLACK VALUE=EMPTY;
 PATTERN4 COLOR=BLACK VALUE=EMPTY;
 PATTERN5 COLOR=BLACK VALUE=EMPTY;
 PATTERN6 COLOR=BLACK VALUE=EMPTY;
 PATTERN7 COLOR=BLACK VALUE=EMPTY;
 PATTERN8 COLOR=BLACK VALUE=EMPTY;
 PATTERN9 COLOR=BLACK VALUE=EMPTY;
 AXIS1 WIDTH=1 COLOR=BLACK STYLE=1 LABEL=("x")
   ORDER=0 TO 10 BY 1;
 AXIS2 WIDTH=1 COLOR=BLACK STYLE=1 LABEL=("f(x)")
   ORDER=0 TO 0.5 BY 0.1;
```

① $n=10$, $p=0.3$인 이항분포

〈이항분포의 확률막대그래프 작성〉

```
DATA Ex5_15_1;
 DO x=0 TO 10;
  fx =PMF('BINOM', x, 0.3,10);
 OUTPUT;
END;
Title 'B(10,0.3)인 확률분포';
PROC GCHART DATA=Ex5_15_1;
VBAR x/SUM CAXIS=BLACK CTEXT=BLACK MAXIS=AXIS1
        RAXIS=AXIS2 WIDTH=8 TYPE=SUM SUMVAR=fx
        DISCRETE PATTERNID=MIDPOINT;
RUN;
```

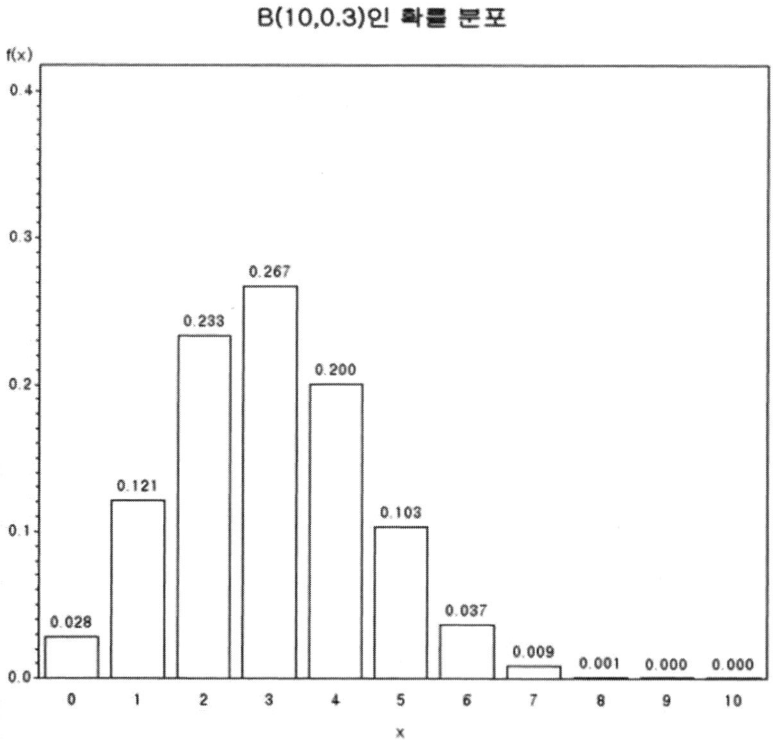

① m=0.3인 포아송 분포

〈이항분포의 확률막대그래프 작성〉

```
DATA Ex5_15_2;
 DO x=0 TO 10;
  fx =PMF('POISSON', x, 3);
OUTPUT;
END;
PROC GCHART DATA=Ex5_16_2;
 VBAR x/SUM CAXIS=BLACK CTEXT=BLACK
           MAXIS=AXIS1 RAXIS=AXIS2 WIDTH=6
           FRAME TYPE=SUM SUMVAR=fx DISCRETE;
Title 'm=3인 포아송 분포의 확률분포';
RUN;
```

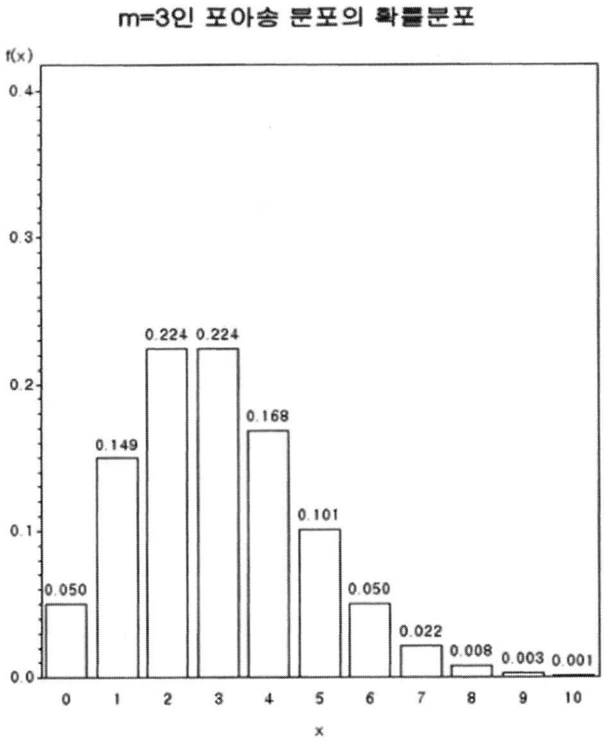

[예제 5-16]

평균이 0이고 분산이 1인 표준정규분포의 확률 그래프를 GPLOT을 이용하여 작성하라.

풀이 그래프의 옵션은 다음과 같이 지정한다.

```
GOPTIONS RESET=ALL;
GOPTIONS DEVICE=WIN CTEXT=BLACK GRAPHRC;
SYMBOL1 I=JOIN H=0.3 V=NONE CI=BLACK WIDTH=1;
AXIS1 WIDTH=1 COLOR=BLACK STYLE=1 LABEL=("x")
 ORDER=-3 TO 3 BY 0.1;
AXIS2 WIDTH=1 COLOR=BLACK STYLE=1 LABEL=("f(x)")
 ORDER=0 TO 0.4 BY 0.1;
```

〈N(0,1)인 표준정규분포의 확률 그래프 작성〉

```
DATA Ex5_16;
 DO x=-3 TO 3 BY 0.01;
  fx =PDF('NORMAL', x, 0,1);
OUTPUT;
END;
Title 'N(0,1)의 확률분포';
 PROC GPLOT DATA=Ex5_16;
  PLOT fx*x=1;
 RUN;
```

〈N(0,1)인 표준정규분포의 확률 그래프 작성〉

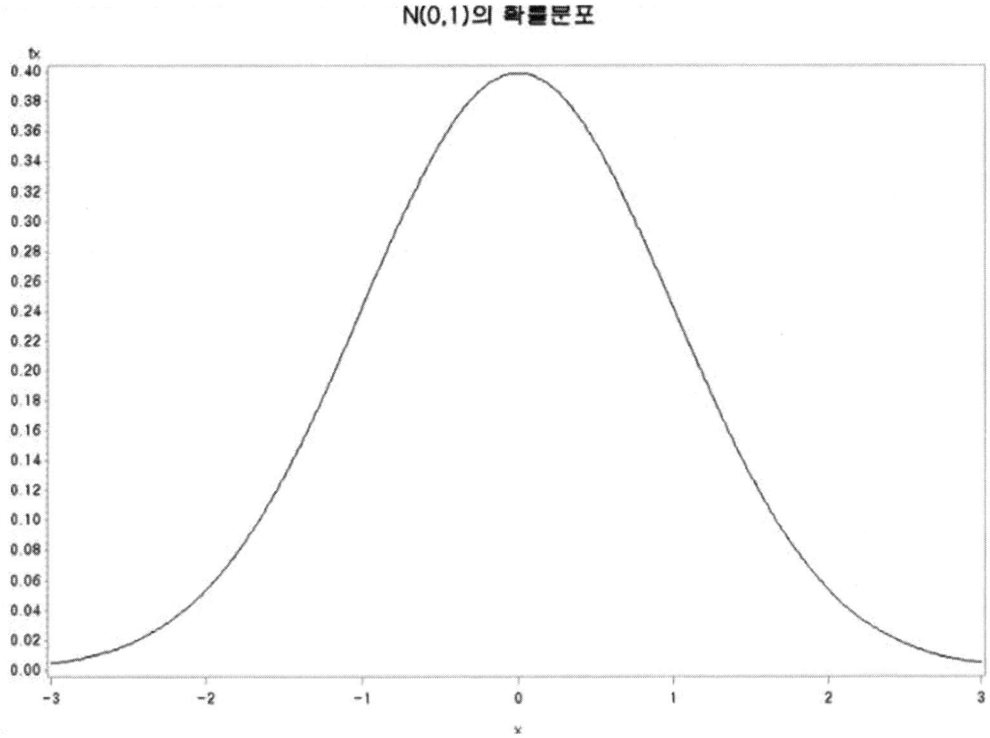

실습과제

과제 5-1. 다음 데이터는 행정구역 코드와 그에 대한 해당 지역(시도, 시군구, 동읍면)을 열거한 데이터이다.

〈데이터〉

동읍면 코드	시도	시군구	동읍면
1101054	서울특별시	종로구	삼청동
1101055	서울특별시	종로구	부암동
1102052	서울특별시	중구	소공동
1102054	서울특별시	중구	회현동
1104052	서울특별시	성동구	왕십리2동
1104054	서울특별시	성동구	마장동
2101058	부산광역시	중구	남포동
2101059	부산광역시	중구	영주1동
2131011	부산광역시	기장군	기장읍
2131012	부산광역시	기장군	장안읍

〈변수 설명〉

변수이름	설명	변수형
dongcode	동읍면코드	문자형($)
sido	시도이름	문자형($)
sigungu	시군구이름	문자형($)
dongname	동읍면	문자형($)

1) dongcode의 1~2자리는 시도코드(sidocode), 1~5자리는 시군구코드(sigungucode), 1~7자리 전체는 동읍면코드(dongcode)를 나타낸다. 이 데이터를 시도, 시군구, 동읍면으로 구분하여 출력하시오.

2) 동읍면 코드의 6~7자리는 동, 읍면을 나타내는 코드이다. 이 값이 '50'이상이면 동지역이고, '50' 미만이면 읍면지역을 나타낸다. 이때 동지역과 읍변지역을 구분하여 출력하시오.

3) TABUATE 프로시저를 이용하여 시도별 동, 읍면수를 출력하는 프로그램을 작성하시오.

실습과제

과제 5-2. 다음의 이산확률 분포 대한 확률을 구하시오.

① X~B(15,0.7)일 때, P(3≤X≤6)

② X~NB(8,0.7)일 때, P(1≤X≤3)

③ X~Po(2)일 때, P(0≤X≤2)

④ X~Ge(0.4)일 때, P(2≤X≤5)

⑤ X~HG(10,5,3)일 때, P(X≤2)

과제 5-3. 다음의 연속확률 분포 대한 확률을 구하시오.

① X~U(10,40)일 때, P(15≤X≤20)

② X~N(80,100)일 때, P(X≥90)

③ X~Exp(2)일 때, P(X≥2)

④ X~$\chi^2(8)$일 때, P(2≤X≤5)

⑤ X~$t(14)$일 때, P(1≤X≤3)

과제 5-4. 다음의 분포들에 대한 α-점을 구하여라.

① $P(Z \leq z_\alpha) = 0.05$, $Z \sim N(0,1)$

② $P(Z \leq z_\alpha) = 0.90$, $Z \sim N(0,1)$

③ $P(U \geq \chi^{2\alpha}) = 0.025$, $U \sim \chi^2(15)$

④ $P(T \leq t_\alpha) = 0.95$, $T \sim t(10)$

⑤ $P(F \geq F_\alpha) = 0.025$, $F \sim F(10,5)$

6장

SAS SQL

6.1 SQL이란

SQL 프로시저는 SAS에서 구조화된 질의 언어(Structured Query Language: SQL)를 구현한다. SQL은 테이블(Table)에서 데이터를 검색하고, 해당 테이블을 기반으로 하는 뷰(View)에서 데이터를 검색하고 업데이트하는 데 사용되는 표준화된 언어이다.

SAS SQL 프로시저에서는 다음과 같은 작업을 수행할 수 있다.

① 테이블이나 뷰에 저장된 데이터를 검색하고 조작할 수 있다.
② 테이블, 뷰 등을 생성하고 테이블의 칼럼에 인덱스를 생성한다.
③ 질의(쿼리)결과에 있는 행 값을 포함하는 SAS 매크로 변수를 생성한다.
④ 테이블의 칼럼에 있는 데이터를 추가하거나 수정하며, 행(row)을 삽입하거나 삭제한다. 또한 칼럼을 추가, 수정 또는 삭제함으로써 테이블 자체를 수정할 수 있다.
⑤ 데이터베이스 관리 시스템(DBMS)에 SQL 명령을 보내고 DBMS 데이터를 검색한다.

SAS SQL INPUT/OUTPUT

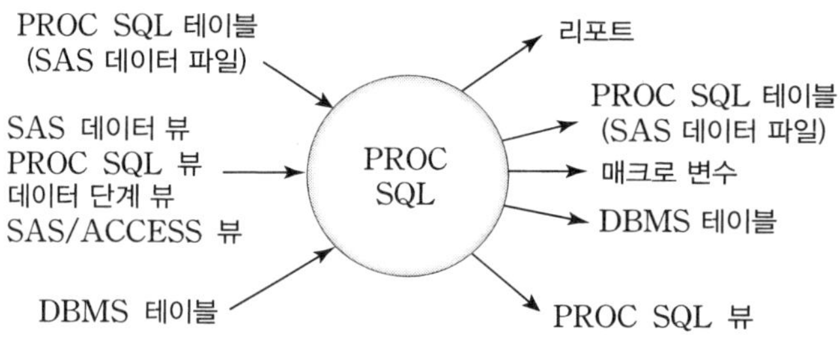

PROC SQL 테이블은 SAS 데이터파일과 동일하며, 멤버의 유형이 데이터이다. PROC SQL 테이블을 SAS 데이터 단계와 프로시저 단계의 입력으로 사용할 수 있다. PROC SQL에서 테이블의 행(row)은 SAS 데이터파일에서 관찰치와 동일하며, 칼럼(column)은 변수와 동일하다.

한편 SAS 뷰(view)는 나중에 사용하기 위해 명명하고 저장해놓은 가상의 데이터세트로 정의된다.

[SQL 프로시저의 특징]

PROC SQL은 구조적 쿼리 언어를 구현하기 때문에 다른 기본적인 SAS 프로시저와는 조금 다르게 작동한다.

① PROC SQL 문장이 실행될 때 PROC SQL은 QUIT 문, DATA 단계, 또는 다른 프로

시저가 실행될 때까지 계속 작동한다. 따라서 각 SQL 문장마다 PROC SQL을 반복 할 필요가 없다.

② SQL 프로시저 명령문은 절(clauses)로 구분된다. 예를 들어 가장 기본적인 SELECT 문은 SELECT~FROM 절로 구성된다. 구문 절 안에서 항목들은 다른 SAS 코드와는 같이 공백이 아닌 콤마(,)로 구분된다. 예를 들어 SELECT 절에서 3개의 칼럼(변수)을 나열하고자 하면, 그 칼럼들은 콤마(,)로 구분된다.

③ PROC SQL 문에서 NOPRINT 옵션을 지정하지 않으면 데이터를 검색하는 데 사용된 SELECT 문도 자동 출력된다. 결과적으로 PRINT 프로시저를 지정하지 않고 출력을 표시하거나 목록 파일을 결과 창으로 보낸다.

④ ORDER BY 절은 칼럼 기준으로 데이터를 정렬한다. 또한 테이블은 PROC SQL에서 사용하기 위해 하나의 변수에 의해 사전에 정렬될 필요는 없다. 결과적으로 PROC SQL 문장에서는 SORT 프로시저를 사용할 필요가 없다.

⑤ PROC SQL 문장은 제출(F8)될 때 실행된다. 결과적으로 RUN 문장을 지정할 필요가 없다. 만일 PROC SQL 문장과 함께 쓰이는 RUN 문장은 무시된다.

6.2 PROC SQL 기본구조와 선택사항

1) 기본구조

PROC SQL은 SAS가 구조적 쿼리 언어 구현을 위해 개발한 절차이다. 이 프로시저를 사용하여 테이블 및 뷰(테이블에서 작성된)의 데이터를 수정, 검색 및 보고할 수 있다. 다른 SAS 프로시저와 마찬가지로 PROC SQL에도 기본 구문 구조가 있으며 일반적인 형태는 다음과 같다.

[PROC SQL 기본 구조]

```
PROC SQL;
 SELECT 칼럼-1<,…, 칼럼-n>
 FROM 테이블-1 ¦ 뷰-1<,…테이블-n ¦ 뷰-n>
 <WHERE 연산식>
 <GROUP BY 칼럼-1<,…, 칼럼-n>>
 <HAVING 연산식>
 <ORDER BY 칼럼-1<,…, 칼럼-n>>;
QUIT;
```

우선, SQL과 다른 SAS Step 간에 용어의 차이가 나타날 수 있다. 예를 들어, 데이터파일을 다른 SAS Step에서는 데이터세트(data set)라고 하고, SQL에서는 테이블(table)이라고 한다. 또한 레코드(record)를 관찰(observation)이라고 하지만 SQL 테이블의 행(row)은 레코드(record)를 의미한다. 이와 더불어 변수(variable)로 데이터 필드를 호출하지만 SQL에서는 열(column)을 의미한다.

| 표 6.1 | 데이터 단계와 SQL 프로시저 간의 차이점

SAS STEP	SQL 프로시저
DATA SET	테이블(Table)
관찰치(observations)	행(row)
변수(variable)	열(column)

주의해야 할 또 다른 사항은 다른 SAS 프로시저와 달리 PROC SQL 내에 하나 또는 몇 개의 SELECT 문이 있을 수 있다. 하나의 SELECT 문을 쿼리(query)라고 하며,SELECT, FROM, WHERE, GROUP BY, HAVING 및 ORDER BY와 같은 많은 절로 구성된다. 이러한 SQL 내의 구문의 순서는 위의 기본구조에 따른다.

SQL에서 테이블이름, 칼럼 이름 등은 32문자를 초과할 수 없으며, 언더스코어(_)를 이름에 허용하며, 영문자와 언더스코어를 동시에 사용할 수 있고, 테이블이름 또는 칼럼이름은 문자나 언더스코어로 시작해야 한다.

한편 SQL에서 FROM 문에서 테이블 이름으로 사용할 수 없는 주요 키워드를 정리하면 다음과 같다.

AS	INNER	OUTER	EXCEPT
INTERSECT	RIGHT	FROM	JOIN
UNION	FULL	LEFT	WHEN
GROUP	ON	WHERE	HAVING
ORDER	CASE	SELECT	

2) 선택사항

| 표 6.2 | PROC SQL 선택사항

<table>
<tr><th>선택사항</th><th>설명</th></tr>
<tr><td>DQUOTE=ANSI</td><td>이중 인용부호 내의 값을 변수로 취급</td></tr>
<tr><td>DQUOTE=SAS</td><td>이중 인용부호 내의 값을 문자로 취급</td></tr>
<tr><td>NOERRORSTOP|ERRORSTOP</td><td>오류가 발생하더라도 계속 수행</td></tr>
<tr><td>NOEXEC</td><td>SQL명령의 문법을 정의하지만 명령을 실행하지는 않음</td></tr>
<tr><td>FEEDBACK</td><td>모든 뷰 참조를 전개한 후 SQL명령을 보여줌</td></tr>
<tr><td>FLOW=<n<m>)</td><td>n 보다 긴 문자 칼럼값을 다중라인에 표현</td></tr>
<tr><td>INOBS=n</td><td>FROM 에 지시된 n개의 모든 테이블을 읽는 것을 제한</td></tr>
<tr><td>LOOPS=n</td><td>내부루프를 n번으로 제한</td></tr>
<tr><td>OUTOBS=n</td><td>결과창에 n개의 자료만 출력</td></tr>
<tr><td>NOPRINT</td><td>SQL로부터 생성되는 결과의 출력을 제한</td></tr>
<tr><td>PROMPT|NOPROMPT</td><td>inobs, outobs, loops를 만났을 때 PROC SQL을 제한함</td></tr>
<tr><td>SORTSEQ=</td><td>ORDER BY에 대한 병합을 지정</td></tr>
<tr><td>SORTMSG</td><td>PROC SQL에서 정렬을 했을 때 메시지를 보고함</td></tr>
<tr><td>STIMER|NOSTIMER</td><td>PROC SQL을 실행했을 때 CPU시간을 보고함</td></tr>
<tr><td>THREADS|NOTHREADS</td><td>PROC SQL에서 직접 스레드를 이용함</td></tr>
<tr><td>UNDO_POLICY=REQUIRED</td><td>오류지점에서 모든 삽입과 갱신을 되돌림</td></tr>
<tr><td>UNDO_POLICY=NONE</td><td>모든 삽입과 갱신을 유지함</td></tr>
<tr><td>UNDO_POLICY=OPTIONAL</td><td>오류가 발생했을 때 갱신이나 삽입을 되돌릴수 있음</td></tr>
<tr><td>NUMBER|NONUMBER</td><td>결과에 행번호를 나타냄(NOMUMBER기본)</td></tr>
</table>

다음은 PROC SQL에서 사용할 수 있는 주요 선택사항에 대해 살펴보고자 한다.

[예제 프로그램 6-1]로부터 SQL을 실행하면, SAS는 PROMPT가 수행되면서 다음과 같은 메시지 상자가 나타나며, 사용자가 계속 실행할지를 결정할 수 있다.

[예제 프로그램 6-1] PROMPT, OUTO BS, RESET 옵션

```
Libname s502 "G:\통계자료분석\proc sql";
Title 'SQL-PROMPT, OUTOBS, RESET';
PROC SQL prompt outobs=5;
      SELECT*
         FROM s502.survey;
   RESET outobs=;
   SELECT*
         FROM s502.survey;
QUIT;
```

〈PROMPT 메시지 상자〉

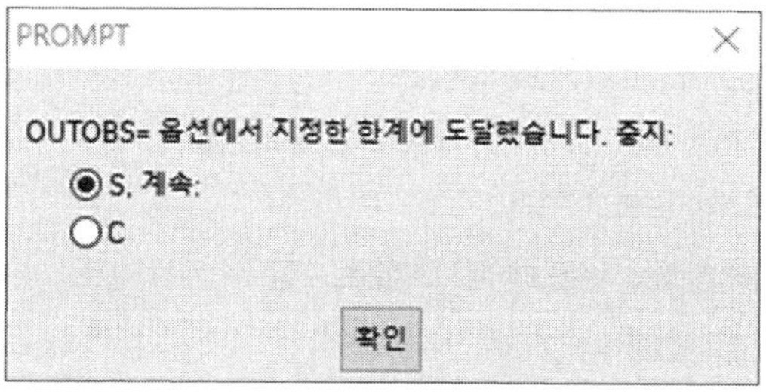

메시지 상자에서 "계속"을 선택하면, 다음으로 RESET OUTOBS=가 실행되면서 기존의 'OUTOBS=5' 옵션이 RESET되고 전체 레코드가 출력된다.

다음으로 DROP, OBS, KEEP 옵션 기능을 살펴보도록 한다. 먼저 DROP은 칼럼(변수)을 출력에서 삭제하는 기능이며, 만일 새롭게 테이블을 생성하는 과정에서 기존의 칼럼을 제외하고자 할 때 이용할 수 있다. OBS= 옵션은 새롭게 생성하고자 하는 테이블의 레코드 개수를 통제한다. KEEP 옵션은 DROP 옵션과 반대의 기능을 수행한다.

[예제 프로그램 6-2] OBS, DROP 옵션

```
Libname s502 "G:\통계자료분석\proc sql";
PROC SQL;
      SELECT*
         FROM s502.survey(obs=5 drop=GPA);
QUIT;
```

〈기존의 SURVEY 테이블에서 GPA 변수확인〉

id	Gender	GPA	SmokeCigarettes	SATM	SATV
1001	Male	2.67	No	700	700
1002	Female	2.98	No	700	500
1003	Female	2.67	No	470	470
1004	Female	3.6	No	710	560
1005	Female	3.76	No	600	520

〈DROP=GPA 실행결과〉

id	Gender	SmokeCigarettes	SATM	SATV
1001	Male	No	700	700
1002	Female	No	700	500
1003	Female	No	470	470
1004	Female	No	710	560
1005	Female	No	600	520

[예제 프로그램 6-3] KEEP 옵션

```
Libname s502 "G:\통계자료분석\proc sql";
PROC SQL;
        SELECT*
            FROM s502.survey(obs=5 KEEP=ID GPA);
QUIT;
```

〈KEEP = ID GPA 실행결과〉

id	GPA
1001	2.67
1002	2.98
1003	2.67
1004	3.6
1005	3.76

Views에서 참조하는 SELECT 명령에서 사용할 수 있는 테이블에 대한 허용과 관련된 선택사항으로 PW=, ALTER=, READ=, WRITE= 등이 있다.

[예제 프로그램 6-4] READ, PW 선택사항

```
Libname s502 "G:\통계자료분석\proc sql";
PROC SQL;
     CREATE VIEW surveyview
     AS SELECT*
        FROM s502.survey(READ=dog);
     SELECT*
        FROM surveyview(pw=dog);
QUIT;
```

[예제 프로그램 6-4]로부터 새로운 뷰인 surveyview를 생성하고 이때 패스워드는 'dog'는 액세스를 읽기 위해 적용하였고, 데이터세트 옵션 PW=을 요구한 패스워드를 제시하고 있다.

6.3 SELECT 구문

PROC SQL에서 가장 일상적으로 사용하는 명령 중의 하나가 SELECT 명령이다. SELECT 명령은 질의어(쿼리)로 알려져 있으며, 하나의 테이블이나 데이터세트에 부분집합, 요약, 조작, 보고정보를 저장할 수 있다.

테이블 전체를 보고하고, 모든 칼럼(변수) 내용을 리스트로 만든다. 그러나 추가적인 구절(clauses)이나 선택사항(options)을 추가함으로써 복잡한 질의를 생성할 수 있다. 이와 더불어 SELECT 명령은 테이블이나 데이터세트를 결합할 수 있다. 이러한 SELECT 명령은 FROM 구절과 함께 사용한다.

SQL 프로시저에서는 하나 이상의 SELECT~FROM 문으로 구성된다. 각 SELECT 문에는 SELECT, FROM, WHERE, ORDER BY와 같은 여러 절이 포함될 수 있으며, 이들의 순서는 고정되며 변경할 수 없다. SELECT 명령에서 연산을 통해 새로운 변수를 생성할 수 있으며, 통계함수를 사용할 수 있다.

한편 SELECT 및 FROM 절은 필수적으로 SQL 프로시저에 포함되어야 한다. 또한 하나의 SELECT 문마다 명령문 끝에 하나의 세미콜론(;)만 요구된다.

SELECT 문 다음에 별표(*)는 테이블에 있는 모든 칼럼을 참조하는 것이며, 만일 일부 칼럼만 지정하면 지정된 칼럼만 참조한다. 일반적인 SELECT 명령의 형식은 다음과 같다.

[SELECT~FROM 명령의 형식]

```
<PROC SQL;>
  SELECT <DISTINCT> * ¦<테이블 ¦ 별칭.> 칼럼 ¦ 연산식
                      <,<테이블 ¦ 별칭.> 칼럼 ¦ 연산식...>
   <INTO        구문>
  FROM <라이브러리.>테이블<별칭>
   <JOIN 연산자> <라이브러리.>테이블<별칭>
   <ON          구문>
   <WHERE       구문>
   <GROUP BY    구문>
   <HAVING      구문>
   <ORDER BY    구문>
   <USING       구문>
  <QUIT;>
```

가장 단순한 SELECT 명령문의 사례는 다음과 같다.

```
PROC SQL;
  SELECT *
  FROM Survey;
 QUIT;
```

실행결과는 SAS WORK 라이브러리에 저장된 Survey 테이블의 모든 칼럼 정보를 출력한다.

[예제 6-1]

다음과 같이 d:\ 드라이브에 저장된 'Survey' 테이블로부터 모든 칼럼을 선택하여 새로운 'SAT_Scores1'라는 테이블을 생성하는 프로그램을 작성하고 이를 출력하시오.

풀이

〈SAT_Scores1 테이블의 작성〉

```
Libname s502 "G:\통계자료분석\proc sql";
   PROC SQL;
      CREATE TABLE SAT_Scores1 as       /*SAT_Scores 테이블 생성*/
      SELECT*
      FROM s502.survey;
   QUIT;
PROC CONTENTS DATA=SAT_Scores1 VARNUM;
RUN;
```

〈SAT_Scores1 테이블의 구성 내역〉

변수(생성 순서)						
#	변수	유형	길이	출력형식	입력형식	레이블
1	id	숫자	8	BEST.		id
2	Gender	문자	6	$6.	$6.	Gender
3	GPA	숫자	8	BEST.		GPA
4	SmokeCigarettes	문자	3	$3.	$3.	SmokeCigarettes
5	SATM	숫자	8	BEST.		SATM
6	SATV	숫자	8	BEST.		SATV

[예제 6-2]

다음과 같이 d:\ 드라이브에 저장된 'Survey' 테이블로부터 ID, SATM, SATV 등 3개의 칼럼을 선택하여 10개의 레코드만 출력하는 프로그램을 작성하시오.

풀이 이 경우는 기존의 survey 테이블로부터 새로운 테이블을 각성하는 것이 아니고, 단순히 테이블로부터 특정한 칼럼(변수)을 출력하기 때문에 가장 단순한 형태의 SQL 프로시저를 작성한다. 이 경우 SELECT~FROM의 구문을 이용한다.

〈PROC SQL의 실행〉

```
Libname s502 "G:\통계자료분석\proc sql";
PROC SQL nobs=5;        /*관찰치 개수 지정 옵션*/
       SELECT ID,
              SATM,
              SATV
       FROM s502.survey;
QUIT;
```

〈지정된 3개 변수에 대한 5개의 관찰치 출력〉

id	SATM	SATV
1001	700	700
1002	700	500
1003	470	470
1004	710	560
1005	600	520

6.4 테이블의 생성과 업데이트

1) CREATE TABLE 구문

하나의 쿼리로부터 새로운 테이블을 생성하고자 할 때 PROC SQL에서 CREATE TABLE 명령을 AS 키워드 또는 SELECT 또는 FROM과 같은 다른 명령절과 함께 사용할 수 있다. 신규 테이블을 생성하거나 기존의 테이블로부터 일부 칼럼을 이용하여 별도의 테이블을 생성할 때 사용하는 구문이다.

[CREATE TABLE 명령 일반적 형식]

```
CREATE TABLE 테이블
  <INSERT INTO> 테이블
  <Value(칼럼값, 칼럼값, ... )>
SELECT 칼럼-1<,…칼럼-n>
FROM 테이블-1 ¦ 뷰-1<,…테이블-n ¦ 뷰-n>
       <선택적 쿼리 절>;
```

신규 테이블을 생성할 때는 3가지 선택사항을 활용할 수 있다. 첫 번째 칼럼 이름과 데이터 유형을 지정한 관찰치를 정의 할 수 있다. 두 번째로 기존의 테이블에 기반한 구조를 가질 수 있다. 세 번째로 신규 테이블의 구조는 기존 테이블과 신규 테이블에서 이용한 신규 데이터의 행에 기반할 수 있다. 만일 라이브러리가 정의되었다면 새롭게 생성된 테이블은 영구적인 테이블이 될 수 있다.

(1) 신규 데이터에 기반한 신규 테이블 생성

다음은 신규 데이터를 사용하는 CREATE TABLE 명령의 기본구조를 나타내고 있다.

[CREATE TABLE 명령1]

```
CREATE TABLE 테이블 이름
  (칼럼이름 데이터타입 <칼럼 수정자>
   <,칼럼이름 데이터타입 <칼럼 수정자>...>
   );
```

여기서 데이터타입은 다음과 같다.

- 문자형 데이터: CHARACTER¦CHAR¦VARCAHR 〈(길이)〉
- 정수형 데이터: INTEGER¦INT¦SMALLINIT
- 숫자 데이터: DECIMAL¦DEC¦NUMERIC¦FLOAT 〈(길이〈,소수점자릿수〉)〉
- 실수형 데이터: REAL¦DOUBLE PRECISION
- 날짜형 데이터: DATE

또한 칼럼 수정자는 다음과 같은 내용을 부여할 수 있다.

- 인포맷: INFORMAT = informat w.d
- 포맷: FORMAT = format w.d
- 레이블: LABEL = 'label'
- 길이: LENGTH = 'length'

[예제 6-3]

다음 데이터를 입력하여 'Sungjuk' 테이블을 생성하시오. 각 칼럼이름과 데이터 타입, 레이블은 다음과 같다.

Id: 문자형 7자리, "학번"

Name: 문자형 10자리. "이름"

Gender: 문자형 1자리, "성별"

Dept: 문자형 4자리, "학과"

Atten: 숫자형 2자리, "출석성적"

Report: 숫자형 2자리, "과제점수"

Mid: 숫자형 2자리, "중간고사점수"

Fin: 숫자형 2자리, "기말고사점수"

풀이

```
PROC SQL;
CREATE TABLE Sungjuk (
  Id          char(7)  label='학번',
  Name        char(10) label='이름',
  Gender      char(1)  label='성별',
  Dept        char(4)  label='학과',
  Atten       num      label='출석성적',
  Report      num      label='과제점수',
  Mid         num      label='중간고사점수',
  Fin         num      label='기말고사점수'
 );
QUIT;
PROC CONTENTS DATA=Sungjuk Varnum;
RUN;
```

변수(생성 순서)				
#	변수	유형	길이	레이블
1	Id	문자	7	학번
2	Name	문자	10	이름
3	Gender	문자	1	성별
4	Dept	문자	4	학과
5	Atten	숫자	8	출석성적
6	Report	숫자	8	과제점수
7	Mid	숫자	8	중간고사점수
8	Fin	숫자	8	기말고사점수

[예제 6-4]

다음과 같은 기존의 데이터세트 'School'을 **[예제 6-3]**에서 생성된 'Sungjuk' 테이블에 저장하는 프로그램을 작성하시오. (단, Total(= Atten + Report + Mid + Fin): 숫자형 3자리, "총점"을 지정한다.)

```
DATA school;
INPUT id $ name $ gender $Dept $ atten report mid fin;
CARDS;
023401 SK.KIM M STAT 10 20 40 34
023405 SI.HWANG M STAT 10 18 38 28
023410 KS.LEE F MATH 10 19 38 40
023411 SS.LEE M MATH 10 20 29 34
023412 MS.SEO F ECON 10 20 38 30
023415 NR.JUNG F ECON 10 15 20 34
023420 KW.YEOM M STAT 10 19 34 35
023425 HJ.KIM F STAT 10 20 20 28
023426 NK.LEE M ECON 10 20 5 10
023458 JS.BAE M MATH 10 20 38 40
;
```

풀이

```
PROC SQL;
CREATE TABLE Sungjuk  AS
 (SELECT
        Id format=$6. '학번',
        Name format=$10. '이름',
        Gender format=$1. '성별',
        Dept format=$4.  '학과',
        Atten  '출석성적',
        Report '과제점수',
        Mid '중간고사점수',
        Fin  '기말고사점수',
        sum(atten,Report,Mid,Fin) as Total '총점'
 FROM School);
Quit;
PROC PRINT LABEL; RUN;
```

OBS	학번	이름	성별	학과	출석성적	과제점수	중간고사점수	기말고사점수	총점
1	023401	SK.KIM	M	STAT	10	20	40	34	104
2	023405	SI.HWANG	M	STAT	10	18	38	28	94
3	023410	KS.LEE	F	MATH	10	19	38	40	107
4	023411	SS.LEE	M	MATH	10	20	29	34	93
5	023412	MS.SEO	F	ECON	10	20	38	30	98
6	023415	NR.JUNG	F	ECON	10	15	20	34	79
7	023420	KW.YEOM	M	STAT	10	19	34	35	98
8	023425	HJ.KIM	F	STAT	10	20	20	28	78
9	023426	NK.LEE	M	ECON	10	20	5	10	45
10	023458	JS.BAE	M	MATH	10	20	38	40	108

(2) 기존의 테이블 구조를 이용한 신규 테이블 생성

기존의 테이블이나 데이터세트를 신규 테이블의 구조로 이용할 수 있다. 신규 테이블은 기존의 테이블에 있는 칼럼 이름과 데이터 유형은 동일하지만 데이터는 포함하지 않는다. 만일 신규 테이블에서 불필요한 칼럼이 있는 경우 DROP= 명령을 적용할 수 있다.

[CREATE TABLE 명령2]

```
CREATE TABLE 신규테이블
    LIKE 기존테이블 <(DROP=칼럼 <칼럼...>)>;
```

① 기존 테이블에 있는 모든 칼럼을 신규 테이블에 포함할 수 있으나, DROP 옵션을 사용하면 해당 칼럼들은 제외할 수 있다.
② 기존 칼럼들의 데이터 유형은 신규 테이블에 있는 칼럼에 대해 사용된다.
③ 기존 칼럼에 할당된 칼럼 수정자들은 신규 테이블의 칼럼에 이용된다.

[예제 6-5]

[예제 6-4]에서 생성된 'Sungjuk' 테이블을 이용하여 동일한 구조의 신규 테이블 'New_sungjuk'을 생성하는 프로그램을 작성하시오.

풀이

〈New_sungjuk **테이블의 생성**〉

```
PROC SQL;
   CREATE TABLE New_sungjuk
   Like Sungjuk;
QUIT;
PROC CONTENTS DATA=New_sungjuk Varnum;
RUN:
```

변수(생성 순서)				
#	변수	유형	길이	레이블
1	Id	문자	7	학번
2	Name	문자	10	이름
3	Gender	문자	1	성별
4	Dept	문자	4	학과
5	Atten	숫자	8	출석성적
6	Report	숫자	8	과제점수
7	Mid	숫자	8	중간고사점수
8	Fin	숫자	8	기말고사점수

프로그램 실행결과 기존의 'Sungjuk' 테이블과 구조가 동일한 신규 테이블인 'New_sungjuk'이 생성되었다. 단, 신규 테이블에는 데이터는 없다.

(3) 기존의 테이블 구조와 데이터를 이용한 신규 테이블 생성

CREATE TABLE 명령을 SQL 쿼리에 결합할 수 있다. 이러한 유형의 CREATE 명령은 신규 테이블을 생성하고 데이터를 가진 테이블을 이용할 수 있다. 신규 테이블에 포함되는 데이터는 WHERE나 HAVING 구문으로 제한될 수 있다.

[CREATE TABLE 명령3]

```
CREATE TABLE 신규테이블
  AS (SELECT 칼럼, 칼럼,...,
      FROM 기존테이블, 기존 테이블..
      <WHERE>
      <ORDER BY>);
```

CREATE TABLE의 규칙은 다음과 같다.

① 신규 테이블은 쿼리의 SELECT 구문에 나열된 칼럼을 포함한다.

② 기존의 칼럼과 연산식의 데이터 유형은 신규테이블에 사용된다.

③ 기존의 칼럼에 할당된 칼럼 수정자들은 쿼리의 SELECT 구문에서 대체되지 않는 한 신규테이블에서 이용된다.

④ 쿼리로부터 검색한 행의 순서를 신규테이블에 적용하기 위해 ORDER BY 구문을 CREATE TABLE 명령에 추가할 수 있다.

⑤ 모든 합당한 SELECT 명령이나 쿼리를 사용할 수 있다.

[예제 6-6]

[예제 6-4]의 생성된 'Sungjuk' 테이블로부터 Id, Name, Gender, Dept 칼럼을 선택하여 'Student' 테이블을 생성하시오.

풀이

〈Student 테이블의 생성〉

```
PROC SQL;
  CREATE TABLE  Student
   AS
   (Select Id          '학번',
          Name         '이름',
          Gender       '성별',
          Dept         '학과'
        From Sungjuk);
Quit;
PROC PRINT LABEL;RUN;
```

OBS	학번	이름	성별	학과
1	023401	SK.KIM	M	STAT
2	023405	SI.HWANG	M	STAT
3	023410	KS.LEE	F	MATH
4	023411	SS.LEE	M	MATH
5	023412	MS.SEO	F	ECON
6	023415	NR.JUNG	F	ECON
7	023420	KW.YEOM	M	STAT
8	023425	HJ.KIM	F	STAT
9	023426	NK.LEE	M	ECON
10	023458	JS.BAE	M	MATH

[예제 6-7]

다음과 같이 d:\ 드라이브에 저장된 'Survey' 테이블로부터 ID, SATM, SATV 등 3개의 칼럼을 선택하여 새로운 'SAT_Scores'라는 테이블을 생성하는 프로그램을 작성하고, 이를 출력하시오.

풀이

〈SAT_Scores 테이블의 생성〉

```
libname s502 "D:\통계자료분석\proc sql";
PROC SQL;
   CREATE TABLE SAT_Scores AS           /*SAT_Scores 테이블 생성*/
   SELECT ID, SATM, SATV
   FROM s502.survey;
QUIT;
OPTIONS OBS=10;                         /*10개의 레코드를 출력*/
PROC PRINT DATA=SAT_Scores;
RUN;
```

〈SAT_Scores 테이블의 출력 〉

OBS	id	SATM	SATV
1	1001	700	700
2	1002	700	500
3	1003	470	470
4	1004	710	560
5	1005	600	520
6	1006	610	720
7	1007	710	670
8	1008	610	580
9	1009	690	620
10	1010	580	540

2) INSERT INTO 구문

CREATE TABLE 명령은 기존의 테이블로부터 일부 칼럼을 추출하여 새로운 테이블을 생성할 수 있고, 다른 한편으로는 신규 레코드(관찰치)를 삽입하여 새로운 테이블을 생성할 수 있다. 이 경우 'INSERT INTO' 명령을 이용하여 새로운 레코드를 삽입한다.

[INSERT INTO 명령]

```
INSERT INTO 테이블
  values(칼럼1, 칼럼2, ..)
```

이때 삽입되는 레코드는 VALUE ( ) 명령에서 칼럼별로 지정한다. 문자형 및 날짜형 칼럼은 ' '으로 묶고, 수치형 칼럼은 숫자를 나열한다.

[예제 6-8]

5명의 레코드가 있는 신규 테이블(Paylist)을 다음과 같이 생성하시오.

풀이

```
PROC SQL;
   CREATE TABLE paylist
       (IdNum char(4),                    /*4자리 문자형*/
        Gender char(1),                   /*1자리 문자형*/
        Jobcode char(3),                  /*3자리 문자형*/
        Salary num,                       /*숫자형*/
        Birth num informat=date7.         /*날짜형*/
                  format=date7.,
        Hired num informat=date7.
                  format=date7.);         /*날짜형*/

INSERT INTO paylist                       /*레코드 삽입*/
    values('1639','F','TA1',42260,'26JUN70'd,'28JAN91'd)
    values('1065','M','ME3',38090,'26JAN54'd,'07JAN92'd)
    values('1400','M','ME1',29769.'05NOV67'd,'16OCT90'd)
    values('1561','M',null,36514,'30NOV63'd,'07OCT87'd)
    values('1221','F','FA3',.,'22SEP63'd,'04OCT94'd);
title 'Paylist Table의 생성';
SELECT*
   FROM paylist;
QUIT;
```

IdNum	Gender	Jobcode	Salary	Birth	Hired
1639	F	TA1	42260	26JUN70	28JAN91
1065	M	ME3	38090	26JAN54	07JAN92
1400	M	ME1	29769	05NOV67	16OCT90
1561	M		36514	30NOV63	07OCT87
1221	F	FA3	.	22SEP63	04OCT94

[예제 6-9]

[예제 6-8]에서 생성된 신규 테이블(Paylist)로부터 '연봉(Salary)'의 10 %를 상여금을 지급하려 할 때 상여금(Bonus)이라는 칼럼을 생성하시오.

풀이

```
PROC SQL;
title 'Bonus 칼럼의 생성';
 SELECT*,
   Salary*0.1 AS Bonus '상여금'
   FROM paylist;
QUIT:
```

Bonus 칼럼의 생성

IdNum	Gender	Jobcode	Salary	Birth	Hired	상여금
1639	F	TA1	42260	26JUN70	28JAN91	4226
1065	M	ME3	38090	26JAN54	07JAN92	3809
1400	M	ME1	29769	05NOV67	16OCT90	2976.9
1561	M		36514	30NOV63	07OCT87	3651.4
1221	F	FA3	.	22SEP63	04OCT94	.

3) UPDATE~SET 구문

테이블에 저장된 칼럼값을 업데이트한다. SET 구문은 특정 칼럼에 대한 연산을 지정한다. UPDATE 명령은 기존의 칼럼값을 새로운 값으로 갱신하기 때문에 새로운 칼럼이름은 사용할 수 없다.

[UPDATE~SET 명령]

```
UPDATE 테이블이름
  SET 칼럼1 연산자1, 칼럼2 연산자2, ...
```

[예제 6-10]

[예제 6-8]에서 생성된 신규 테이블(Paylist)로부터 '연봉(Salary)' 값에 1000을 곱한 값으로 업데이트하시오.

풀이

```
PROC SQL;
 UPDATE paylist
     SET salary=salary*1000
 SELECT *
 FROM paylist;
QUIT;
```

IdNum	Gender	Jobcode	Salary	Birth	Hired
1639	F	TA1	42260000	26JUN70	28JAN91
1065	M	ME3	38090000	26JAN54	07JAN92
1400	M	ME1	29769000	05NOV67	16OCT90
1561	M		36514000	30NOV63	07OCT87
1221	F	FA3	.	22SEP63	04OCT94

4) CASE~WHEN~END 구문

SQL 문에서 조건에 맞는 레코드에 대한 연산이 필요한 경우 새로운 변수를 생성할 수 있다. CASE 문 다음에 WHEN 문장에서 조건을 주는 경우와 CASE 문장에 직접 조건을 주는 두 가지 방법이 있으며 결과는 동일하다.

[CASE~WHEN~END 명령]

```
SELECT object-item<, object-item>,
 CASE <case-연산자>
 WHEN 조건 THEN 결과 수식
 <WHEN 조건 THEN 결과 수식>
 <ELSE 결과 수식>
 END <AS 칼럼>
FROM 테이블;
```

[예제 6-11]

[예제 6-8]에서 생성된 신규 테이블(Paylist)로부터 'jobcode' 필드의 끝자리 값이 1이면 salary 값에 1.04를 곱하고, 그 외에는 1.025을 곱한 값으로 업데이트하시오.

풀이

```
PROC SQL;
SELECT *
 UPDATE paylist
     SET salary=salary*
     CASE WHEN jobcode LIKE '__1' THEN 1.04
          ELSE 1.025
     END
 FROM paylist;
QUIT;
```

〈새롭게 업데이트된 salary 값〉

IdNum	Gender	Jobcode	Salary	Birth	Hired
1639	F	TA1	43950400	26JUN70	28JAN91
1065	M	ME3	39042250	26JAN54	07JAN92
1400	M	ME1	30959760	05NOV67	16OCT90
1561	M		37426850	30NOV63	07OCT87
1221	F	FA3	.	22SEP63	04OCT94

[예제 6-11]에서 다룬 언더스코어(_)를 와일드카드(wildcard) 문자라고 하며, 이에는 언더스코어(_) 와 퍼센트(%), 등의 기호가 있다. 이러한 와일드카드문자는 LIKE 명령과 함께 사용해야 한다. 통상적으로 와일드카드 문자는 SELECT 명령에서 WHERE, HAVING과 같은 구문에 사용된다. 이에 대해서는 LIKE 연산자를 설명할 때 다시 한 번 다루도록 한다.

5) WHERE 구문

WHERE 구문은 하나 이상의 테이블로부터 관찰치를 검색하는데 사용된다. 단순한 PROC SQL 쿼리에서 WHERE 구문은 하나 이상의 조건 또는 칼럼값과 일치하는 기준 또는 결과에서 배제되는 행을 포함한다.

WHERE 구문은 기준의 일부로써 FROM 구문에 나열된 테이블에서 정의된 임의의 칼럼을 이용할 수 있다.

[WHERE 명령]

```
WHERE <CALCULATED> 별칭 ¦ 칼럼 ¦ 수식
      비교연산자
      상수 ¦ <CALCULATED> 별칭 ¦ 칼럼 ¦ 수식
      <논리연산자  조건 ...>
```

조건문에 적용하는 비교연산자는 칼럼값에 대해 수치값 또는 문자값들의 비교에 사용되며 다음과 같다. 연산 순서는 비교연산자는 논리연산자에 우선한다.

|표 6.3| 비교연산자

기호	문자	의미	사용예
=	EQ	equal to(=)	dept ='STAT'
>	GT	greater than(>)	age > 50
<	LT	less than(<)	age < 50
>=	GE	greater than or equal to(≥)	age >= 61
<=	LE	less than or equal to(≤)	age <= 20
¬=	NE	not equal to(≠)	gender ¬='M'
<>	NE	not equal to(≠)	gender <>'M'
~=	NE	not equal to(≠)	gender ~='M'
^=	NE	not equal to(≠)	gender ^='M'

주의할 사항은 기본적인 SAS 프로그램에서는 => 또는 <= 연산자가 GE 와 LE에서 대해 허용되지만, PROC SQL 에서는 표에서 제시된 기호만 허용된다.

한편 논리연산자는 NOT, AND, OR의 순으로 수행되며, 논리연산자의 결과는 참(TRUE), 또는 거짓(FALSE) 중의 하나이다.

|표 6.4| 논리연산자

기호	문자	사용예
&	AND	dept ='STAT'
¦, !	OR	age > 50
¬	NOT	age < 50
^	NOT	age >= 61
~	NOT	age <= 20

| 표 6.5 | 문자 비교연산자

비교연산자	의미	사용예
EQT	equal to(=)	dept EQT 'STAT'
GTT	greater than(>)	dept GTT 'STAT'
LTT	less than(<)	dept LTT 'STAT'
GET	greater than or equal to(≥)	dept GET 'STAT'
LET	less than or equal to(≤)	dept LET 'STAT'
NET	not equal to(≠)	gender NET 'M'

한편 WHERE 구절에서 사용할 수 있는 연산자는 앞에서 언급한 연산자와 더불어 IN, BETWEEN~AND, IS NULL(IS MISSING), LIKE, CONTAINS, SOUNDLIKE 등과 같은 연산자들이 있다.

[예제 6-12]

[예제 6-8]에서 생성된 신규 테이블(Paylist)로부터 Gender 필드값이 "M"인 관찰치만 출력하시오.

풀이

```
PROC SQL;
SELECT *
 FROM paylist
 WHERE Gender EQ 'M';
QUIT;
```

〈출력결과〉

IdNum	Gender	Jobcode	Salary	Birth	Hired
1065	M	ME3	39042250	26JAN54	07JAN92
1400	M	ME1	30959760	05NOV67	16OCT90
1561	M		37426850	30NOV63	07OCT87

[예제 6-13]

[예제 6-8]에서 생성된 신규 테이블(Paylist)로부터 'Jobcode'의 마지막 문자값이 '1'인 경우를 출력하시오.

풀이 이 경우 Jobcode의 마지막 문자가 '1'인 레코드만을 대상으로 출력하는 경우이므로, 와일드카드 기호인 언더스코어(_)를 이용하고, 언더스코어를 이용하는 경우 LIKE 함수를 이용한다.

```
PROC SQL;
SELECT *
 FROM paylist
 WHERE Jobcode LIKE '__1';
QUIT;
```

〈출력결과〉

IdNum	Gender	Jobcode	Salary	Birth	Hired
1639	F	TA1	43950400	26JUN70	28JAN91
1400	M	ME1	30959760	05NOV67	16OCT90

(1) IN 연산자

WHERE~IN으로 사용되며, IN 연산자는 OR의 개념과 같고 다중 비교가 가능하다. IN 연산자는 입력하기가 용이하며, IN 연산자 다음에 괄호로 묶음으로서 논리연산자와 결합하여 사용하기가 쉽다.

[예제 6-14]

[예제 6-8]에서 생성된 신규 테이블(Paylist)로부터 'Jobcode'의 값이 'TA1', 'ME1'인 경우를 출력하시오.

풀이 WHERE~IN을 이용하여 조건문을 수행한다.

```
PROC SQL;
SELECT *
 FROM paylist
 WHERE Jobcode  IN ('TA1', 'ME1');
QUIT;
```

〈출력결과〉

IdNum	Gender	Jobcode	Salary	Birth	Hired
1639	F	TA1	43950400	26JUN70	28JAN91
1400	M	ME1	30959760	05NOV67	16OCT90

(2) BETWEEN~AND 연산자

WHERE 구문에서 주어진 범위 내에서 값을 검토하기 위한 연산자이며, 이는 LESS~THAN과 GREATER~THAN의 조합과 같은 결과이다.

[형식]

```
WHERE 변수 >= 값1 AND <= 값2
WHERE 변수 BETWEEN 값1 AND 값2
```

[예제 6-15]

[예제 6-8]에서 생성된 신규 테이블(Paylist)로부터 'Salary'의 값이 35000 이상 40000 이하인 경우를 출력하시오.

풀이

```
PROC SQL;
SELECT *
 FROM paylist
 WHERE Salary Between 35000 and 40000;
QUIT;
```

〈출력결과〉

IdNum	Gender	Jobcode	Salary	Birth	Hired
1065	M	ME3	38090	26JAN54	07JAN92
1561	M		36514	30NOV63	07OCT87

(3) IS NULL / IS MISSING 연산자

WHERE 구문에서는 칼럼들을 서로 비교하거나 또는 하나 이상의 수치값 또는 문자값을 서로 비교하여 결과를 출력하는 기능을 한다. 그러나 만일 칼럼값이 결측(MISSING)이거나 정의되지 않으면 WHERE 조건문은 이를 평가하지 못한다. 따라서 IS NULL 또는 IS MISSING은 결측이거나 정의되지 않은 칼럼값을 검토한다. IS NULL의 부정은 NOT IS NULL 연산자이다.

IS MISSING 연산자는 정의되지 않은 문자나 수치 값을 검색할 때 IS NULL의 대안으로 사용할 수 있다. SQL에서는 IS NULL을 IS MISSING 보다 관계형 DB의 수행에서 더 선호한다.

[예제 6-16]

[예제 6-8]에서 생성된 신규 테이블(Paylist)로부터 'Jobcode'가 결측인 레코드를 출력하시오.

풀이

```
PROC SQL;
SELECT *
 FROM paylist
 WHERE jobcode IS NULL; /*WHERE jobcode IS MISSING;*/
QUIT;
```

〈Jobcode가 결측인 레코드 출력〉

IdNum	Gender	Jobcode	Salary	Birth	Hired
1561	M		36514	30NOV63	07OCT87

(4) LIKE 연산자

LIKE 연산자는 문자값을 포함하는 칼럼에서 패턴의 일치성을 검색하는 기능을 한다. LIKE의 부정은 NOT LIKE이다. 문자값 위치에서 값을 알 수 없는 경우 와일드카드 기호인 "%"와 "_"를 사용하여 패턴을 검색한다.

① 퍼센트(%): 0 또는 그이상의 문자열을 대체

② 언더스코어(_): 단일 문자를 대체

LIKE 연산자는 다음과 같은 규칙을 따른다.

① 와일드카드 기호가 포함된 문자들은 칼럼값의 경우와 일치해야 한다.
② 인용부호내의 문자는 대소문자 구분이 있다.
③ 모든 와일드카드 기호는 문자와 함께 인용부호안에 포함되어야 한다.
④ 와일드카드 기호는 두 기호를 모두 함께 사용할 수 있다.
⑤ 와일드카드 문자 자체를 검색하고자 할 때는 ESCAPE 구문을 LIKE 조건에 추가해야 한다.

[예제 6-17]

[예제 6-8]에서 생성된 신규 테이블(Paylist)로부터 'Jobcode'값이 'M'으로 시작되는 레코드를 출력하시오.

풀이

```
PROC SQL;
SELECT *
 FROM paylist
 WHERE jobcode LIKE 'M%';
QUIT;
```

IdNum	Gender	Jobcode	Salary	Birth	Hired
1065	M	ME3	38090	26JAN54	07JAN92
1400	M	ME1	29769	05NOV67	16OCT90

프로그램에서 'M%'의 의미는 Jobcode 값들 중에서 M 다음 모든 문자열을 허용하는 것이며, 만일 '%M'의 의미는 M으로 끝나는 모든 문자열을 의미하고, '%M%'은 문자M을 포함하는 모든 문자열을 의미한다.

한편 칼럼값인 문자열에 앞에서 지정한 와일드카드 문자를 포함한 경우에 어떠한 방법으로 문자를 검색할 수 있는가? 문자열에 이러한 와일드 카드문자가 있을 때 이를 해제하는 문자를 탈출문자(escape character)라 한다. 이는 LIKE 조건문에 추가하여 지정하면 된다.

[예제 6-18]

다음 데이터를 입력하여 'Paylist1'이라는 테이블을 생성하고, 다음 조건에 맞는 레코드를 출력하시오.

① Jobcode의 문자열에 '_'가 포함된 레코드를 출력하시오.
② Jobcode의 문자열에 '%'가 포함된 레코드를 출력하시오.

```
PROC SQL;
   CREATE TABLE paylist1
       (IdNum char(4),                /*4자리 문자형*/
        Gender char(1),               /*1자리 문자형*/
        Jobcode char(4),              /*4자리 문자형*/
        Salary num,                   /*숫자형*/
        Birth num informat=date7.     /*날짜형*/
                  format=date7.,
        Hired num informat=date7.
                  format=date7.);     /*날짜형*/
INSERT INTO paylist                   /*레코드 삽입*/
    values('1639','F','TA_1',42260,'26JUN70'd,'28JAN91'd)
    values('1065','M','ME_3',38090,'26JAN54'd,'07JAN92'd)
    values('1400','M','ME%1',29769.'05NOV67'd,'16OCT90'd)
    values('1561','M',null,36514,'30NOV63'd,'07OCT87'd)
    values('1221','F','FA%3',.,'22SEP63'd,'04OCT94'd);
SELECT*
   FROM paylist1;
QUIT;
```

풀이

① Jobcode의 문자열에 있는 언더스코어'_'는 와일드카드로서 문자열에 포함된 와일드카드를 문자열로 지정할 경우 LIKE 조건에 지정할 경우 escape 문자를 지정해야 한다.

```
PROC SQL;
 SELECT*
    FROM paylist1
 WHERE jobcode LIKE '%*_%' escape '*';
QUIT;
```

IdNum	Gender	Jobcode	Salary	Birth	Hired
1639	F	TA_1	42260	26JUN70	28JAN91
1065	M	ME_3	38090	26JAN54	07JAN92

② Jobcode의 문자열에 있는 '%' 또한 와일드카드로서 LIKE 조건에 지정할 경우 escape 문자를 지정해야 한다.

```
PROC SQL;
 SELECT*
    FROM paylist1
 WHERE jobcode LIKE '%#%%' escape '#';
QUIT;
```

IdNum	Gender	Jobcode	Salary	Birth	Hired
1400	M	ME%1	29769	05NOV67	16OCT90
1221	F	FA%3	.	22SEP63	04OCT94

(5) CONTAINS 연산자

CONTAINS 연산자는 패턴 일치를 위한 연산자이다. 하지만 문자열의 위치를 의미하지는 않는다. 전체 칼럼값를 주어진 문자에 대해 검색한다. 칼럼값은 단지 주어진 문자가 완전하게 일치할 때 검색한다.

[예제 6-19]

[예제 6-18]로부터 Jobcode 칼럼값에 '_'가 포함된 레코드를 출력하시오.

풀이

```
PROC SQL;
 SELECT*
    FROM paylist1
 WHERE jobcode CONTAINS '_';
QUIT;
```

IdNum	Gender	Jobcode	Salary	Birth	Hired
1639	F	TA_1	42260	26JUN70	28JAN91
1065	M	ME_3	38090	26JAN54	07JAN92

(6) SOUNDS-LIKE(=*) 연산자

SOUNDS-LIKE(=*) 연산자는 문자열의 값이 완전히 일치하지 않더라도 칼럼값을 검색하는 기능을 수행한다. 이 기능은 데이터 값들 중에서 일부 잘못 입력한 값이 있을 때 이를 검색하는 데 유용하다.

[예제 6-20]

[예제 6-18]로부터 Jobcode 칼럼값에 'ME'와 유사한 값이 포함된 레코드를 출력하시오.

풀이

```
PROC SQL;
 SELECT*
    FROM paylist1
 WHERE jobcode =* 'ME';
QUIT;
```

IdNum	Gender	Jobcode	Salary	Birth	Hired
1065	M	ME_3	38090	26JAN54	07JAN92
1400	M	ME%1	29769	05NOV67	16OCT90

7) ORDER BY 구문

ORDER BY 구문은 SELECT 명령에 따라 검색된 행(row)의 정렬에 사용된다. 이에 대한 규칙은 다음과 같다.

① 하나 이상의 테이블 칼럼을 이 구문에서 사용할 수 있다. 칼럼은 하나의 ORDER BY 구문을 추가한 SELECT 구문에 포함되지 않아야 한다.

② SELECT 구문에서 칼럼이나 수식을 할당한 별칭(alias)은 참조할 수 있다.

③ SELECT 구문에 있는 칼럼에 대한 위치적 참조는 칼럼이나 수식 이름 또는 별칭을 대신 사용할 수 있다.

④ ORDER BY 구문에 나열된 칼럼이나 수식 값을 기준으로 정렬 순서는 오름차순 또는 내림차순이 가능하다. 이때 기본값은 오름차순이다.

[형식]

```
ORDER BY 칼럼 ¦ 수식 ¦ 별칭 ¦ 위치 <ASC ¦ DESC>
        <, 칼럼 ¦ 수식 ¦ 별칭 ¦ 위치 <ASC ¦ DESC>...>;
```

[예제 6-21]

[예제 6-8]의 'Paylist' 테이블을 이용하여 다음 물음에 답하시오.

① salary 값의 오름차순으로 정렬하시오.

② 칼럼 위치값을 이용하여 위치값 1을 기준으로 정렬하시오.

③ Bonus=salary*0.1로 계산하여, Bonus 값을 기준으로 내림차순 정렬하시오.

④ IdNum은 오름차순, Gender는 내림차순, Salary는 오름차순 적용하시오.

풀이 ① salary 값의 오름차순 정렬

```
PROC SQL;
 SELECT*
    FROM paylist
  ORDER BY salary;
QUIT;
```

〈정렬 이전의 paylist 테이블〉

IdNum	Gender	Jobcode	Salary	Birth	Hired
1639	F	TA1	42260	26JUN70	28JAN91
1065	M	ME3	38090	26JAN54	07JAN92
1400	M	ME1	29769	05NOV67	16OCT90
1561	M		36514	30NOV63	07OCT87
1221	F	FA3	.	22SEP63	04OCT94

〈정렬 이후의 paylist 테이블: ORDER BY 적용 결과〉

IdNum	Gender	Jobcode	Salary	Birth	Hired
1065	M	ME3	38090	26JAN54	07JAN92
1221	F	FA3	.	22SEP63	04OCT94
1400	M	ME1	29769	05NOV67	16OCT90
1561	M		36514	30NOV63	07OCT87
1639	F	TA1	42260	26JUN70	28JAN91

② 칼럼 위치값이 1인 칼럼을 기준으로 정렬

```
PROC SQL;
 SELECT*
    FROM paylist
  ORDER BY 1;            /*IdNum 기준*/
QUIT;
```

〈'ORDER BY 1' 적용결과〉

IdNum	Gender	Jobcode	Salary	Birth	Hired
1065	M	ME3	38090	26JAN54	07JAN92
1221	F	FA3	.	22SEP63	04OCT94
1400	M	ME1	29769	05NOV67	16OCT90
1561	M		36514	30NOV63	07OCT87
1639	F	TA1	42260	26JUN70	28JAN91

③ Bonus 값을 기준으로 내림차순 정렬

```
PROC SQL;
 SELECT*, salary*0.1 as Bonus
    FROM paylist
  ORDER BY Bonus desc;
QUIT;
```

〈Bonus 값 기준 내림차순 정렬 결과〉

IdNum	Gender	Jobcode	Salary	Birth	Hired	Bonus
1639	F	TA1	42260	26JUN70	28JAN91	4226
1065	M	ME3	38090	26JAN54	07JAN92	3809
1561	M		36514	30NOV63	07OCT87	3651.4
1400	M	ME1	29769	05NOV67	16OCT90	2976.9
1221	F	FA3	.	22SEP63	04OCT94	.

③ IdNum은 오름차순, Gender는 내림차순, Salary는 오름차순 정렬

```
PROC SQL;
 SELECT*
    FROM paylist
  ORDER BY IdNum asc, Gender desc, Salary asc;
QUIT;
```

IdNum	Gender	Jobcode	Salary	Birth	Hired
1065	M	ME3	38090	26JAN54	07JAN92
1221	F	FA3	.	22SEP63	04OCT94
1400	M	ME1	29769	05NOV67	16OCT90
1561	M		36514	30NOV63	07OCT87
1639	F	TA1	42260	26JUN70	28JAN91

8) GROUP BY 구문

GROUP BY 구문은 SELECT 명령으로 검색된 데이터 그룹 또는 범주형 데이터의 요약 통계값을 계산한다. 요약 통계값은 전체 칼럼 데이터에 대한 단일 값을 산출한다. 요약 통계값으로는 SUM, COUNT, AVG, MEAN, MIN, MAX, STD 등을 들 수 있다.

[형식]

```
GROUP BY 칼럼 ¦ 수식 ¦ 별칭
        <, 칼럼 ¦ 수식 ¦ 별칭 >...>;
```

SELECT 문에 추가된 GROUP BY 구문의 수행결과는 SAS 프로시저에서 PROC

MEANS, PROC UNIVARIATE 와 BY 명령 또는 PROC SUMMARY 및 PROC TABULATE 와 class 변수를 사용한 결과와 유사하다.

SELECT 구문 또는 HAVING 구문에 1개 이상의 요약 통계함수를 포함하면 GROUP BY 구문을 하나의 SELECT 명령에 추가한다.

[예제 6-22]

[예제 6-8]의 'Paylist' 테이블을 이용하여 다음 물음에 답하시오.

① salary 칼럼에 대해 남녀별 인원수 및 평균값을 출력하시오.
② salary 칼럼에 대해 남녀별 최대값을 출력하시오.
③ Jobcode의 첫째 문자가 직업 대분류로서 대분류별 인원수를 출력하시오.

풀이 ① salary 칼럼에 대해 남녀별 인원수 및 평균값

```
PROC SQL;
 SELECT gender,
         count(gender) as COUNT '인원수',
         avg(salary) '급여평균'
    FROM paylist
  GROUP BY gender;
QUIT;
```

〈성별 급여평균 결과〉

Gender	인원수	급여평균
F	2	42260
M	3	34791

② salary 칼럼에 대해 남녀별 최대값

```
PROC SQL;
 SELECT gender, MAX(salary) '급여최대값'
    FROM paylist
  GROUP BY gender;
QUIT;
```

〈성별 급여 최대값 결과〉

Gender	급여최대값
F	42260
M	38090

③ Jobcode의 대분류별 인원수 출력

```
PROC SQL;
 SELECT Distinct substr(jobcode, 1,1) as JOB, count(idNum) "count"
FROM paylist
WHERE CALCULATED job in ('M', 'T', 'F')
 GROUP BY job;
QUIT;
```

〈직업 대분류별 인원수〉

JOB	count
F	1
M	2
T	1

PROC SQL에서 사용하여 다양한 결과를 출력할 수 있는데, 칼럼에 대한 요약 통계값을 출력하는 경우, 또는 칼럼의 문자나 숫자 데이터에 대해 별도의 연산을 통해 새로운 변수를 생성하기 위한 함수들을 사용할 수 있다.

| 표 6.6 | 문자와 숫자처리 함수

함수	의미	형식
LENGTH	문자나 숫자의 길이	LENGTH(변수)
INPUT	문자를 숫자로 변환	INPUT(변수, informat)
PUT	숫자를 문자로 변환	PUT(변수, format)
COMPRESS	중복문자제거	COMPRESS('1,200',',')
LEFT	왼쪽 정렬	LEFT(변수)
RIGHT	오른쪽 정렬	RIGHT(변수)
INT	정수값	INT(변수)
COALESCE	칼럼의 첫 번째 비결측 값을 반환	COALESCE(변수, ...)
TRIM	공백문자 제거	TRIM(변수)
SCAN	문자분리	SCAN(변수, 자릿수, 문자)
SUBSTR	문자분리	SUBSTR(문자, 위치, 자리)
SUBSTRN	문자분리	SUBSTRN(문자, 위치, 자리)

| 표 6.7 | 요약 통계함수

함수	의미	형식
COUNT	관찰치의 개수	COUNT(변수 또는 수식)
SUM	숫자들의 합계	SUM(변수 또는 수식)
MIN	숫자를 중 최소값	MIN(변수 또는 수식)
MAX	숫자를 중 최대값	MAX(변수 또는 수식)
AVG	평균값 산출	AVG(변수 또는 수식)
STD	표준편차 산출	STD(변수 또는 수식)

6.5 테이블 다루기

PROC SQL을 이용하여 테이블에 입력된 데이터를 다루는 데는 지금까지 여러 연산자를 사용할 수 있으나, 하나 이상의 테이블을 다루는 데는 새로운 연산자를 이용해야 한다. 즉, 하나 이상의 테이블로부터 데이터를 추출하려면 어떠한 방법을 이용해야 하는가?

SQL 프로시저에서 JOIN 연산은 하나 이상의 테이블, 뷰, 데이터세트를 하나의 단일 데이터로 다룰 수 있다.

SELECT 구문은 결합된 테이블로부터 하나 이상의 칼럼을 규정한다. 조인(JOIN)은 CREATE TABLE AS SELECT 명령을 수행하지 않으면 새로운 임시 또는 영구 테이블을 생성하지 않는다.

JOINS은 SELECT, CREATE, UPDATE, INSERT과 같은 명령을 포함하여 SQL 명령에 추가할 수 있다.

모든 유형의 조인은 다음과 같은 몇 가지 규칙이 적용된다.

① 데이터를 각 테이블에서 추 출하기 위해서는 FROM 구문이나 FROM과 ON 구절에 포함되어야 한다.
② 테이블들은 데이터베이스에 저장된 테이블, 뷰, PROC SQLfh 생성된 테이블, SAS 데이터세트가 될 수 있다.
③ 조인의 유형에 무관하게 WHERE 구문을 제한적 기준에 사용할 수 있다.
④ ORDER BY, GROUP BY, HAVING과 같은 기외 선택적 구문을 포함할 수 있다.
⑤ FROM 구문에 할당된 테이블 이름을 SQL 질의에 있는 임의의 구문에서 사용할 수 있다.
⑥ 만일 하나 이상에 하나의 칼럼이 존재하면, 칼럼 이름은 테이블 이름이나 별칭에 접

두어로 적용된다.

⑦ 단일 SQL 질의에서 최대 30개 테이블이나 뷰를 조인할 수 있다.

다음은 테이블 다루기에서 사용할 4개의 테이블을 소개한 것이다. Orders 테이블은 3개의 칼럼, Client 테이블은 2개의 칼럼, Stock 테이블은 2개의 칼럼, 마지막으로 Address 테이블은 2개의 칼럼을 가진다.

〈Orders 데이터세트의 생성〉

```
DATA Orders;
 INPUT prodcode $ ord_date date7. clientno;
cards;
600125 01FEB04 8003
600780 01FEB04 4008
100406 07MAR04 3007
100345 10MAR04 7008
;
```

〈Client 데이터세트의 생성〉

```
DATA Client;
 INPUT clientno company $40.;
cards;
1001 University of Texas
2010 Chicago State University
3007 Heffers Booksellers
4008 National University of Singapore
;
```

〈Stock 데이터세트의 생성〉

```
DATA Stock;
 INPUT prodcode $ title $40.;
cards;
100340 Geology: Volcanos
100345 Science of Biology
100406 Science and Technology
100601 Free Thinking in Mathematics
;
```

〈Address 데이터세트의 생성〉

```
DATA Address;
INPUT clientno city $10.;
cards;
2010 Chicago
3007 Cambridge
4008 Singapore
5005 Adelaiade
;
```

〈테이블의 생성〉

```
PROC SQL;
title'Orders 테이블';
  SELECT prodcode, ord_date format=date7., clientno
  FROM Orders;
title'Client 테이블';
  SELECT* FROM Client;
title'Stock 테이블';
  SELECT* FROM Stock;
title'Address 테이블';
  SELECT* FROM Address;
QUIT;
```

〈Orders 테이블〉

prodcode	ord_date	clientno
600125	01FEB04	8003
600780	01FEB04	4008
100406	07MAR04	3007
100345	10MAR04	7008

〈Client 테이블〉

clientno	company
1001	University of Texas
2010	Chicago State University
3007	Heffers Booksellers
4008	National University of Singapore

〈Stock 테이블〉

prodcode	title
100340	Geology: Volcanos
100345	Science of Biology
100406	Science and Technology
100601	Free Thinking in Mathematics

〈Address 테이블〉

clientno	city
2010	Chicago
3007	Cambridge
4008	Singapore
5005	Adelaiade

1) 내부 조인(INNER Join)

내부조인은 하나의 테이블에 있는 행들은 하나 이상의 다른 테이블에 있는 행들에 결합하는 것이다. 이러한 결합 수행과정에서 결합된 행들은 임시테이블에 저장되며, SELECT 명령은 원래 테이블로부터 칼럼을 나열할 수 있다. 테이블에 있는 행들이 결합되는 방법을 규정하기 위해 WHERE 또는 ON 구문에서 선택적 join 수식을 사용할 수 있다.

교차조인(cross-join)을 제외하고, 내부조인은 조인을 구성하는 데 이용되는 각 칼럼의 데이터 유형은 동일해야 한다. 이 경우 PUT이나 INPUT 함수로 데이터 유형을 변환할 수 있다.

(1) 교차조인(Cross Join)

조인의 가장 단순한 형태가 교차조인(cross join)이다. 교차조인은 SELECT 명령에서 FROM 구문에 있는 두 개 이상의 테이블을 나열함으로써 가능하다.

결과적인 데이터세트는 하나의 테이블에 있는 행과 FROM 구문에서 명명한 하나 이상의 테이블에 있는 각각의 행을 결합하여 생성된다. 교차조인은 실제 조인이라기보다는 카테이시안 결합을 의미한다. 즉, 조건에 부합되는 레코드가 반복적으로 결합된다.

〈일반형식〉

```
FROM <라이브러리.>테이블<별칭>, <라이브러리.>테이블<별칭>..
```

[예제 6-23]

앞의 4개의 테이블 자료로부터 Stock 테이블과 Address 테이블을 결합하는 프로그램을 작성하시오.

풀이

```
PROC SQL;
  SELECT * from Stock, Address
 QUIT;
```

〈교차조인 결과〉

prodcode	title	clientno	city
100340	Geology: Volcanos	2010	Chicago
100345	Science of Biology	2010	Chicago
100406	Science and Technology	2010	Chicago
100601	Free Thinking in Mathematics	2010	Chicago
100340	Geology: Volcanos	3007	Cambridge
100345	Science of Biology	3007	Cambridge
100406	Science and Technology	3007	Cambridge
100601	Free Thinking in Mathematics	3007	Cambridge
100340	Geology: Volcanos	4008	Singapore
100345	Science of Biology	4008	Singapore
100406	Science and Technology	4008	Singapore
100601	Free Thinking in Mathematics	4008	Singapore
100340	Geology: Volcanos	5005	Adelaiade
100345	Science of Biology	5005	Adelaiade
100406	Science and Technology	5005	Adelaiade
100601	Free Thinking in Mathematics	5005	Adelaiade

출력결과로부터 Stock 테이블과 Address은 각각 4개의 레코드가 있으므로 두 테이블의 카테이시안 곱은 4×4=16개의 레코드가 생성됨을 확인할 수 있다. 즉, Stock 테이블의 각 레코드당 Address 테이블의 레코드 4개씩 조인되어 조인결과는 총 16개의 레코드가 생성된다.

(2) 동등조인(Equijoins)

동등조인은 두 개 이상의 테이블에 있는 행들을 WHERE 구문 또는 ON 구문을 통해 조인 기준을 지정함으로써 결합하는 방법을 통제한다. 하나의 테이블에 대한 칼럼 또는 연산을 나타내는 조인 기준은 다른 테이블에 있는 칼럼이나 연산식으로 결합된다. 조인을 지정한 두 칼럼값 간의 정확한 매칭을 SAS가 검토하며, 만일 매칭이 발견되면 검색된 각 테이블에 있는 칼럼들에서 허용된 값들이 서로 결합되거나 조인된다.

① FROM~WHERE를 이용한 동등조인

〈FROM~WHERE 일반형식〉

```
FROM  <라이브러리.>테이블<별칭>, <라이브러리.>테이블<별칭>..
WHERE <테이블|별칭>칼럼|수식=<테이블|별칭>칼럼|수식
      <논리연산자 조건...>
```

형식으로부터 WHERE 구문 안에서 두 테이블의 동일 칼럼값을 기준으로 결합하는 방법으로 이해할 수 있다. SAS에서는 조인에 의해 결합되는 두 테이블의 칼럼값이 정확히 일치하는지를 검토한다.

[예제 6-24]

4개의 테이블 자료를 이용하여 Client 테이블과 Address 테이블로부터 두 테이블에서 고객번호(Clientno)가 동일한 데이터들을 추출하시오.

풀이

```
PROC SQL;
  SELECT * from Client, Address
  where Client.Clientno=Address.Clientno;
 QUIT;
```

〈두 테이블에서 동일한 Clientno 값을 갖는 경우〉

clientno	company	clientno	city
2010	Chicago State University	2010	Chicago
3007	Heffers Booksellers	3007	Cambridge
4008	National University of Singapore	4008	Singapore

[예제 6-25]

4개의 테이블 자료를 이용하여 Client 테이블과 Address 테이블로부터 두 테이블에서 고객번호(Clientno)가 같고, 주문일(ord_date)이 2월인 데이터를 추출하시오.

풀이

```
PROC SQL;
 SELECT o.prodcode, o.ord_date, c.compay
  from Client c, Orders  o
  where c.Clientno=o.Clientno and month(o.ord_date)=2;
 QUIT;
```

〈두 테이블에서 동일한 Clientno 값을 갖고, Orders 테이블에서 ord_date=2인 경우〉

prodcode	ord_date	company
600780	16102	National University of Singapore

참고로 프로그램에서 두 테이블이름에 대해 별칭(alias)를 사용하여 해당 케이블의 칼럼을 다루고 있다. 이러한 작업은 테이블 이름이 길면 이름 대신 별칭을 사용할 수 있으며, 테이블의 별칭은 FROM 구문에서 지정한다.

[예제 6-26]

앞의 4개의 테이블 자료를 이용하여 Clinet:Company, Address:City, Orders:Ord_date, Stock:Title으로 각 테이블에서 칼럼을 추출하고, Stock 테이블과 Orders 테이블의 Prodcode가 동일하고, Orders 테이블과 Clinet 테이블의 Clientno가 동일하며, 주문일자(Ord_date)가 01JAN2004와 30MAR2004 사이인 레코드를 추출하시오.

풀이

```
PROC SQL;
 SELECT Client.company "Company" format=$30.,
        Address.city "City" format=$15.,
        Orders.ord_date "Order Date" format=date7.,
        Stock.title "Title" format=$30.
  FROM Client, Address, Orders, Stock
  WHERE Stock.prodcode=Orders.prodcode
        and Orders.clientno=Client.clientno
        and Ord_date BETWEEN '01JAN2004'd   and '30MAR2004'd
 ORDER BY Client.company, Orders.ord_date;
 QUIT;
```

〈4개의 테이블 중 지정된 조건에 맞는 레코드 출력〉

Company	City	Order Date	Title
Heffers Booksellers	Singapore	07MAR04	Science and Technology
Heffers Booksellers	Chicago	07MAR04	Science and Technology
Heffers Booksellers	Cambridge	07MAR04	Science and Technology
Heffers Booksellers	Adelaiade	07MAR04	Science and Technology

만일 위와 같은 작업을 일반적인 DATA 단계에서 수행할 경우 데이터세트 2개씩 데이터세트를 먼저 결합하고, 결합된 2개의 결과 데이터세트를 다시 한 번 결합해야 한다. 하지만 SQL 프로시저를 이용하면 4개 테이블의 결합을 한 번에 작업할 수 있는 장점이 있다.

② FROM~<INNER> JOIN ON을 이용한 동등조인

FROM~ON 구문을 이용하여 동등조인을 수행할 수 있다. 두 개의 테이블을 FROM 구문에 나열하고, 이들을 JOIN 키워드로 분리한다. JOIN 연산은 연계 또는 결합되는 칼럼을 나타내는 ON 구문이 따른다.

〈FROM~ON 일반형식〉

```
FROM <라이브러리.>테이블<별칭> <INNER> JOIN <라이브러리.>테이블<별칭>
ON   <테이블¦별칭>칼럼¦수식=<테이블¦별칭>칼럼¦수식
     <,테이블 조인키워드 테이블 ON 조인조건..>
     <논리연산자 조건...>
```

여기에서 적용한 ON 구문은 다음과 같은 두 가지 규칙이 있다.

- 만일 JOIN 키워드가 FROM 구문에서 두 개의 테이블에 포함되어 있다면 ON 구문이 허용된다.
- JOIN 키워드에 의해 연계되는 두 개의 테이블에 대해서 하나의 ON 조인 기준이 필요하다.

[예제 6-27]

4개의 테이블 자료를 이용하여 Orders 테이블은 Prodcode, Stock 테이블에서 Title을 선택하고, Orders 테이블과 Stock 테이블에서 Prodcode가 동일한 레코드를 추출하시오. (단, Title 순으로 정렬한다.)

풀이

```
PROC SQL;
 SELECT distinct orders.prodcode,
                 stock.title
 FROM stock INNER JOIN orders
        ON stock.prodcode=orders.prodcode
 ORDER BY 2;
QUIT;
```

〈FROM~INNER JOIN ON **수행결과**〉

prodcode	title
100406	Science and Technology
100345	Science of Biology

[예제 6-28]

4개의 테이블 자료를 이용하여 Orders 테이블은 Prodcode와 Ord_date, Client 테이블에서 Company 칼럼을 선택하고, Orders 테이블과 Client 테이블에서 Clientno가 동일한 레코드를 추출하시오. (단, Prodcode 칼럼을 기준으로 정렬한다.)

풀이

```
PROC SQL;
 SELECT orders.prodcode “Product Code”,
        orders.ord_date “Date Ordered” format=date9.,
        client.company “Company”
 FROM orders JOIN client
       ON orders.clientno=client.clientno
ORDER BY 1;
QUIT;
```

〈FROM~JOIN ON 수행결과〉

Product Code	Date Ordered	Company
100406	07MAR2004	Heffers Booksellers
600780	01FEB2004	National University of Singapore

(3) 비동등조인(Non-Equijoin)

같은 값을 갖는 칼럼 간의 연계보다는 비교절차를 이용하여 두 테이블에 대한 조인이 가능하다. 이러한 유형의 조인을 비동등조인이라 하는데, '같다(=)'는 부호보다는 수학적 또는 비교 연산을 이용하기 때문이다.

SQL에서 최적의 작업은 동등 조인이며, 비동등조인은 검색시간이 증가하게 된다.

① FROM~WHERE 구문을 적용한 비동등조인

WHERE 구문과 ON 구문 둘 다 비동등조인을 구성하기 위해 FROM 구문을 연결하는 데 이용할 수 있다. 비동등조인을 구성할 때 WHERE 구문에서 동등조인도 동시에 사용할 수 있다.

〈FROM~WHERE 형식〉

```
FROM  <라이브러리.>테이블<별칭>, <라이브러리.>테이블<별칭>..
WHERE <테이블|별칭.>칼럼|수식
      연산자 <테이블|별칭.>칼럼|수식
      <논리연산자 조건..>
```

다음의 예제 프로그램은 또 하나의 'Prodlabel' 테이블을 생성하여, 이 테이블과 앞서 이용한 Orders 테이블을 조인하여 Frequency 테이블로 출력하는 절차를 기술한 것이다.

즉, Orders 테이블의 prodcode 칼럼값에 대해 Prodlabel 테이블에서 해당 값의 범주에 따라 데이터를 범주화하고, 각 범주에 속하는 레코드의 수를 도수분포표로 작성한 것이다.

〈예제 프로그램: 비동등조인〉

```
PROC SQL;
CREATE table prodlabel
  (prodcode_low num,
   prodcode_high num,
   description char(25)
   );
INSERT into prodlabel
 values(100000, 200000, 'General Science')
 values(200000, 300000, 'Engineering')
 values(300000, 400000, 'General Arts')
 values(400000, 500000, 'Medicine')
 values(500000, 600000, 'Information Technology')
 values(600000, 700000, 'General Interest' );

SELECT description, count(prodcode) as Frequency,
       count(prodcode) /(select count(prodcode) from orders) as Percent
       format=percent8.2
FROM orders, prodlabel
WHERE input(prodcode, 6.) >= prodcode_low AND
      input(prodcode, 6.) < prodcode_high
GROUP BY description;
QUIT;
```

〈Prodlabel 테이블〉

prodcode_low	prodcode_high	description
100000	200000	General Science
200000	300000	Engineering
300000	400000	General Arts
400000	500000	Medicine
500000	600000	Information Technology
600000	700000	General Interest

〈비동등조인 결과〉

description	Frequency	Percent
General Interest	2	50.00%
General Science	2	50.00%

② FROM~ON 구문을 이용한 비동등조인

비동등조인에서 연결자로 이용할 수 있는 동등조인에서와 마찬가지로 다중 비동등조인은 AND 또는 OR 연산자를 각 비동등조인에서 조인별로 SELECT 명령을 사용할 수 있다.

〈FROM~ON 형식〉

```
FROM <라이브러리.>테이블<별칭><INNER> JOIN <라이브러리.>테이블<별칭>
ON   <테이블¦별칭.>칼럼¦수식
     연산자 <테이블¦별칭.>칼럼¦수식
     <,테이블 조인키워드 테이블 ON 조인조건..>
     <논리연산자 조건..>
```

다음의 예제는 FROM~JOIN~ON 구문을 적용하여 Stock 테이블과 Orders 테이블의 Prodcode 값이 동일한 레코드를 조인한 것이다.

〈예제 프로그램: 비동등조인〉

```
PROC SQL;
SELECT Stock.prodcode "Product Code",
       Stock.title  "Title"  format=$40.
FROM Stock JOIN Orders
     ON Stock.prodcode EQ Orders.prodcode;
QUIT;
```

Product Code	Title
100345	Science of Biology
100406	Science and Technology

(4) 자가조인(Self-Join)

자가조인은 하나의 테이블과 그 자신을 결합하는 것이다. 이러한 조인 방법을 자가조인(self-join) 또는 재귀(reflexive)조인이라 한다. 자가조인은 수행과정에서 서브쿼리(subquries)와 매우 밀접한 관련이 있다.

① FROM~WHERE 구문을 적용한 자가조인

〈FROM~WHERE 형식〉

```
FROM  <라이브러리.>테이블 별칭, <라이브러리.> 테이블 별칭..
WHERE 테이블|별칭.칼럼|수식 = 테이블|별칭.칼럼|수식
      <논리연산자 조건..>
```

〈데이터 입력〉

```
DATA Contact;
INPUT Clientno $3. Name $23. Department $18. Company $3.;
CARDS;
100 John Stuart            Book Store      204
101 Randy Hycal            Law Library     203
102 Marissa Stone          Medical Library 203
203 University of Adelaide Purchasing      203
103 Michael Masters        Law Library     204
204 University of Texas    Purchasing      204
;
```

〈자가조인: FROM~WHERE〉

```
PROC SQL;
SELECT b.name 'Client', a.name 'Contact', a.department 'Department'
FROM    contact a, contact b
WHERE  a.company = b.company
       AND b.clientno = b.company
       AND a.clientno <> b.company
ORDER BY b.name;
QUIT;
```

〈자가조인 결과: FROM~WHERE〉

Client	Contact	Department
University of Adelaide	Marissa Stone	Medical Library
University of Adelaide	Randy Hycal	Law Library
University of Texas	John Stuart	Book Store
University of Texas	Michael Masters	Law Library

② FROM~ON 구문을 적용한 자가조인

ON 구문은 자가조인 구성을 위해 이용할 수 있다. WHERE 구문이나 FROM~ON 구문을 이용하여 자가 조인할 수 있는데, 이용이 쉬운 구문을 사용하면 된다.

〈FROM~ON 형식〉

```
FROM <라이브러리.>테이블<별칭> <INNER> JOIN <라이브러리.>테이블<별칭>
ON    테이블¦별칭.칼럼¦수식
      연산자 테이블¦별칭.칼럼¦수식
      <,테이블 조인키워드 테이블 ON 조인조건..>
      <논리연산자 조건..>
```

다음의 예는 하나의 테이블을 이용하여 자가 조인하는 기준을 ON 구문에 동등조인과 비동등조인을 사용하여 레코드의 수를 구하는 프로그램이다.

〈데이터세트 구성〉

```
DATA Order;
INPUT prodcode $ ord_date date7. clientno;
CARDS;
100340 09JAN03 8003
300456 07FEB03 1001
300456 07FEB03 3007
300456 10APR04 6090
100340 12JUN04 8003
;
```

```
PROC SQL;
SELECT order1.prodcode "Product Code",
          count(distinct order1.clientno) "Clients"
FROM order order1 JOIN order order2
        ON order1.prodcode=order2.prodcode
          AND order1.clientno NE order2.clientno
GROUP BY order1.prodcode;
QUIT;
```

Product Code	Clients
100340	1
300456	3

프로그램으로부터 동일한 테이블의 별칭을 각각 order1과 order2로 서로 다른 테이블로 읽도록 하고 있으며, 두 테이블에서 prodcode 값이 동일하며, clientno 값은 서로 다른 레코드의 수를 구하기 때문에 결과적으로 order 테이블에서 동일한 prodcode가 동일한 값은 '300456'으로 3개의 레코드가 된다.

2) 외부 조인(Outer Join)

외부조인을 사용하면 다른 테이블에 해당 값이 없는 하나의 테이블의 행을 출력할 수 있다. 한 테이블 위의 모든 행은 다른 테이블과 일치하는 행과 함께 검색된다. 이러한 유형의 조인은 작업을 수행하는 과정에서 다른 테이블과 일치하지 않는 행들로 하나 또는 두 테이블을 보완해야 한다.

외부조인은 조인을 구성하기 위해 이용한 각각의 칼럼은 동일한 데이터 유형이어야 한다. 칼럼 이름, 문자 데이터의 길이, 수치 데이터의 유형을 위해 선언한 소수점자릿수 등은 일치할 필요는 없다. 칼럼의 데이터 유형을 변환할 때는 INPUT과 PUT 함수를 이용하면 된다.

외부조인에는 3가지 유형이 있는데, 이는 오른쪽 외부조인, 왼쪽 외부조인, 완전 외부조인이다.

오른쪽과 왼쪽 키워드는 JOIN 키워드와 관련하여 테이블의 위치를 나타낸다. SQL 프로시저에서 외부조인은 FROM~ON 구문을 이용하여 구성되어야 한다. 다시 말해서 외부조인은 FROM~WHERE 구문을 이용할 수 없다.

① 왼쪽 또는 오른쪽 외부조인

〈FROM~ON 형식〉

```
FROM <라이브러리.>테이블<별칭> LEFT JOIN ¦ RIGHT JOIN
     <라이브러리.>테이블<별칭>
ON   <테이블¦별칭.>칼럼¦수식
     연산자 <테이블¦별칭.>칼럼¦수식
     <,테이블¦별칭 조인키워드 테이블¦별칭 ON 조인조건..>
     <논리연산자 조건..>
```

만일 왼쪽 또는 오른쪽을 지정하였다면, 하나의 테이블에 있는 모든 레코드를 검색한다. 만일 왼쪽 조인을 지정하였다면, 조인키워드의 왼쪽에 있는 테이블의 모든 행을 검색하며, 오른쪽 조인이 지정되면 조인키워드의 오른쪽에 있는 테이블의 모든 행을 검색한다.

〈테이블 생성〉

```
PROC SQL;
CREATE TABLE Stocks
  (prodcode num,
   category char(10),
   title char(40));
INSERT into Stocks
values(600123, 'general', 'Risks in Life- % Gain or Loss')
values(600780, 'general', 'Women Writers')
values(600451, 'general', 'Greece and Beyond')
values(600489, 'general', 'Mountaineering Skills')
values(600125, 'general', 'The Maestro');

CREATE TABLE Ords
  (prodcode num,
   quantity num,
   totsale num);
INSERT into Orderss
values(600125, 350, 2432.50)
values(600125, 12, 83.40)
values(600780, 103, 885.80)
values(600125, 100, 1250.00)
values(600489, 25, 137.50)
values(600125, 600, 8580.00);
QUIT;
```

〈Stocks 테이블〉

prodcode	category	title
600123	general	Risks in Life- % Gain or Loss
600780	general	Women Writers
600451	general	Greece and Beyond
600489	general	Mountaineering Skills
600125	general	The Maestro

〈Ords 테이블〉

prodcode	quantity	totsale
600125	350	2432.5
600125	12	83.4
600780	103	885.8
600125	100	1250.0
600489	25	137.5
600125	600	8580.0

〈왼쪽 외부조인〉

```
PROC SQL;
SELECT stocks.title "Title" format=$40.,
       sum(ords.quantity) "Number of Sold" format=8.0,
       sum(ords.totsale) "Total Sale" format=Dollar10.2

FROM stocks LEFT JOIN ords
     ON stocks.prodcode=ords.prodcode
WHERE stocks.category='general'
GROUP BY stocks.title;
QUIT;
```

〈왼쪽 외부조인 결과〉

Title	Number of Sold	Total Sale
Greece and Beyond	.	.
Mountaineering Skills	25	$137.50
Risks in Life- % Gain or Loss	.	.
The Maestro	1062	$12,345.90
Women Writers	103	$885.80

프로그램으로부터 'FROM stocks LEFT JOIN ords' 구문에서 왼쪽조인을 지정하였기 때문에 JOIN 키워드의 왼쪽 테이블인 stocks 테이블을 검색한다. 따라서 stocks 테이블을 기준으로 ords 테이블의 prodcode 값이 없는 레코드에 대해 결측인 결과가 출력되었다.

〈오른쪽 외부조인〉

```
PROC SQL;
SELECT stocks.title "Title" format=$40.,
       sum(ords.quantity) "Number of Sold" format=8.0,
       sum(ords.totsale) "Total Sale" format=Dollar10.2

FROM stocks RIGHT JOIN ords
     ON stocks.prodcode=ords.prodcode
WHERE stocks.category IN('general')
GROUP BY stocks.title;
QUIT;
```

〈오른쪽 외부조인 결과〉

Title	Number of Sold	Total Sale
Mountaineering Skills	25	$137.50
The Maestro	1062	$12,345.90
Women Writers	103	$885.80

왼쪽 외부조인과 유사하게 오른쪽 외부조인은 'FROM stocks RIGHT JOIN ords' 구문으로부터 ords 테이블의 모든 레코드를 검색하며, ords 테이블을 기준으로 stocks 테이블에서 prodcode 칼럼값이 일치하는 레코드만을 대상으로 결과가 출력되었다.

② 완전 외부조인

완전 외부조인은 일치하지 않는 행들을 갖는 각각의 두 테이블로부터 행을 포함한다. 필수적으로 이용 가능한 칼럼값들을 갖는 각 테이블에서 행들의 완전한 레코드이다.

〈FROM~ON 형식〉

```
FROM <라이브러리.>테이블<별칭> FULL JOIN <라이브러리.>테이블<별칭>
ON   <테이블|별칭.>칼럼|수식
     연산자 <테이블|별칭.>칼럼|수식
     <,테이블|별칭 조인키워드 테이블|별칭 ON 조인조건..>
     <논리연산자 조건..>
```

〈완전 외부조인〉

```
PROC SQL;
SELECT stocks.title "Title" format=$40.,
       sum(ords.quantity) "Number of Sold" format=8.0,
       sum(ords.totsale) "Total Sale" format=Dollar10.2

FROM stocks FULL  JOIN ords
     ON stocks.prodcode=ords.prodcode
WHERE stocks.category IN('general')
GROUP BY stocks.title;
QUIT;
```

〈완전 외부조인 결과〉

Title	Number of Sold	Total Sale
Greece and Beyond	.	.
Mountaineering Skills	25	$137.50
Risks in Life- % Gain or Loss	.	.
The Maestro	1062	$12,345.90
Women Writers	103	$885.80

실습과제

과제 6-1. 다음 데이터를 SQL 환경에서 입력하여 물음에 답하시오.

〈Student 테이블〉	〈Score 테이블〉	〈GPA 테이블〉
023401 KIM M Seoul	023401 80 90	023405 300 3.3
023405 HWANG M Seoul	023405 90 90	023410 320 3.6
023410 LEE M Busan	023410 88 100	023412 250 3.7
023411 LEE F Daegu	023411 90 80	023415 290 3.0
023412 SOE F Daejeon	023412 63 80	023425 350 2.8
023415 JUNG F Daegu	023415 50 70	023426 280 2.9
023420 YEUM M Seoul	023420 55 75	023458 200 4.0
023425 KIM M Ulsan	023425 90 60	
023426 LEE F Daegu	023426 100 80	
023458 BAE M Busan	023458 80 90	

– Student 테이블: Id(문자형,6), Name(문자형,5), Gender(문자형,1), Region(문자형,10)
– Score 테이블: Id(문자형,6), Mid(수치형,3), Fin(수치형,3)
– GPA 테이블: Id(문자형,6), Iphak(수치형,3), Grade(수치형,3.1)

1) "Student", "Score", "GPA" 테이블을 완성하시오.

2) "Student" 테이블로부터 남녀 인원수와 지역별 인원수를 각각 출력하시오.

3) "Score" 테이블의 Mid와 Fin의 평균을 각각 '중간평균'과 '기말평균'으로 출력하시오.

4) "Score" 테이블의 Mid와 Fin 값의 평균을 구하여, 평균값이 70점 미만이면, "Fail", 그 이상은 "Pass"를 부여한다. 이때 각 합격자와 불합격자 인원수를 출력하시오.

5) GAP 테이블을 이용하여 Grade>=4.0이면 GPA='A', Grade>=3.0이면 GPA='B', Grade>=2.0 이면 GPA='C'를 출력하시오.

6) 5번의 결과를 이용하여 GPA별 인원수를 출력하시오.

실습과제

과제 6-2. **과제 6-1**의 "Student", "Score", "GPA" 3개 테이블을 이용하여 다음 물음에 답하시오.

1) 3개의 테이블을 교차조인(cross join)하시오.

2) Student 테이블과 GPA 테이블 간 동등조인을 수행하시오.

3) Student 테이블과 Score 테이블 간 동등조인을 수행하여 "St_Score" 테이블을 생성하시오.

4) St_Score 테이블을 이용하여 학생별로 Mid와 Fin의 평균점수를 계산하시오.

5) Student 테이블과 GPA 테이블 간 id 별로 동등조인을 수행하여 "St_GAP" 테이블을 생성하시오. (단, id, name, Grade 필드만 선택한다.)

6) "St_GAP" 테이블을 이용하여 지역(region)별로 평균값을 구하시오.

7) "St_GAP" 테이블과 Student 테이블의 Gender 필드를 결합하여 남녀별 평균을 구하시오.

8) Student 테이블과 Score 테이블을 조인하여, 서울(Seoul)지역 학생들의 Score 테이블의 Mid와 Fin 필드의 평균을 출력하시오.

9) Student 테이블과 GPA 테이블을 조인하여, 지역별 입학성적(Iphak)의 평균을 출력하시오.

부록

실습과제 풀이

1장_실습과제 풀이

```
/*1-1-1*/
data energy;
infile “G:\통계자료분석\energy.txt”;
length State $2;
input Region Division state $ Type Expenditure @@;
run;
```

```
/*1-1-2*/
Libname k “D:\”;
data k.energy;
set energy;
run;
```

```
/*1-1-3*/
proc export data=energy
    outfile=“G:\통계자료분석\energy.csv”
    dbms=csv
    replace;
run;
```

```
/*1-2-1*/
data Sales;
infile “G:\통계자료분석\Sales.txt”;
length Region $2 Product $3;
input Region CitySize $ Population Product Saletype $ Units NetSales;
run;
```

```
/*1-2-2*/
Libname ex “D:\”;
data ex.Sales;
set Sales;
run;
```

```
/*1-2-3*/
proc export data=Sales
  outfile="G:\통계자료분석\Sales.csv"
  dbms=csv
  replace;
run;
```

2장_실습과제 풀이

```
/*2-1-1*/
data ex1;
set energy;
keep region  division  type;
run;
data ex2;
set energy;
drop  division  type;
run;
```

```
/*2-1-2*/
data energy;
set  energy;
label  region='지역'
       division='권역'
       state='주이름'
       type='사용처'
       expenditure='소비량';
run;
```

```
/*2-1-3*/
proc format;
   value $regfmt '1'='northeast'
                 '2'='south'
                 '3'='midwest'
```

```
                 ‘4’=‘west’;
   value $divfmt ‘1’=‘new england’
                 ‘2’=‘middle atlantic’
                 ‘3’=‘mountain’
                 ‘4’=‘pacific’;
   value $typfmt ‘1’=‘주거용’
                 ‘2’=‘산업용’;
run;
```

```
/*2-1-6*/
proc sort data= ex1;by region;run;
proc sort data= ex2;by region;run;
data ex3;
merge ex1 ex2;
by region;
run;
```

```
/*2-2-2*/
proc sort data=sales;by citysize;run;
proc print data=sales ;
sum netsales;
by citysize;
run;
```

```
/*2-2-4*/
data sales;
set sales;
quantity=round(netsales/units,1);
run;
proc sort data=sales;by saletype;run;
proc print data=sales ;
sum quantity;
by saletype;
run;
```

3장_실습과제 풀이

```
/*3-1-1*/
proc freq data=energy noprint;
table division*state/out=ex3_1_1 nopercent norow nocol;
run;
proc tabulate data=ex3_1_1;
table (division='권역별' all='tot')*n=' ';
class division;
format division divfmt.;
run;
```

```
/*3-1-3*/
proc means data=energy mean std maxdec=1;
class division type;
ways 1 2;
var expenditure;
run;
```

```
/*3-1-5*/
proc univariate data=energy plot ;
histogram expenditure;
run;
```

```
/*3-2-1*/
proc means data=sales mean std;
var netsales;
class saletype;
run;
```

```
/*3-2-3*/
proc means data=sales mean std maxdec=2;
var units;
class citysize;
run;
```

```
/*3-2-5*/
proc tabulate data=sales ;
tables region all='grand mean', netsales*mean*f=10.2;
class region;
var netsales;
run;
```

4장_실습과제 풀이

```
/*4-1-2*/
proc gchart data=energy;
vbar expenditure/levels=5;
run;
```

```
/*4-1-4*/
proc gchart data=energy;
hbar division/subgroup=type levels=4
              sumvar=expenditure;
format division $divfmt. type $typfmt.;
run;
```

```
/*4-1-6*/
goptions device=win hsize=5 vsize=5 horigin=1 vorigin=1
          ftext=swiss htext=1.0  ftitle=centx htitle=1;
symbol1 h=0.5 v=dot i=join;
proc reg data=energy3;
 model y=x;
output out=b p=yhat;
run;
proc gplot data=b;
plot y*x='o' yhat*x=1/ overlay;
label x=' housing exp'
      y=' industry exp';
run;
quit;
```

```
/*4-2-1*/
proc gchart data=sales;
pie citysize/sumvar=population;
run;
quit;
```

```
/*4-2-3*/
proc gchart data=sales;
hbar citysize/subgroup=saletype
              sumvar=netsales;
run;
quit;
```

```
/*4-2-5*/
proc sort data=sales; by region;run;
proc boxplot data=sales;
plot netsales*region /boxstyle=skeletal
                      boxwidth=10  hoffset=15;
run;
```

5장_실습과제 풀이

```
/*5-1-1*/
proc format;
value $sidocodefmt '11'='Seoul'
                   '21'='Busan';
value $dongeupfmt   '1'='dong'
                    '2'='eupmyun';
run;
data region;
set region;
sidocode=substr(dongcode,1,2);
sigungucode=substr(dongcode,1,5);
dong=substr(dongcode,6,2);
run;
proc print;run;
```

```
/*5-1-2*/
data region;
set region;
if dong>=50 then dongeup='1';
else dongeup='2';
run;
```

```
/*5-1-3*/
proc tabulate data=region;
tables sidocode='sido',dongeup*N=' ';
class sidocode dongeup;
format sidocode $sidocodefmt. dongeup $dongeupfmt.;
run;
```

```
/*5-2*/
data ex5_2;
 y1=CDF('Bino',6,0.7,15) - CDF('Bino',2,0.7,15);
 y2=CDF('Negb',3,0.7,8) - CDF('Negb',0,0.7,8);
 y3=CDF('Poisson',2,2) ;
 y4=CDF('Geom',5,0.4)-CDF('Geom',1,0.4);
 y5=CDF('Hyper',2,10,5,3) ;
  label y1='① P(3≤X≤6)'
        y2='② P(1≤X≤3)'
        y3='③ P(0≤X≤2)'
        y4='④ P(2≤X≤5)'
        y5='⑤ P(X≤2)';
run;
proc print label split='*';
run;
```

```
/*5-4*/
data ex5_4;
 a1=PROBIT(0.05);
 a2=PROBIT(0.90);
 a3=CINV(1-0.025,15);
```

```
 a4=TINV(0.95,10);
 a5=FINV(1-0.025,10,5);
 label a1='① P(Z ≤z)=0.05'
       a2='② P(Z ≤z)=0.90'
       a3='③ P(U ≥x)=0.025'
       a4='④ P(T ≤t)=0.95'
       a5='⑤ P(F ≥f)=0.025';
run;
proc print label split='*';
run;
```

6장_실습과제 풀이

```
/*6-1-1 –Student table –*/
proc sql;
create table student
(Id char(6),
 Name char(5) ,
 Gender char(1),
 Region char(10)
 );
 Insert into student
values('023401', 'KIM', 'M', 'Seoul')
values('023405', 'HWANG', 'M', 'Seoul')
values('023410', 'LEE', 'M', 'Busan')
values('023411', 'LEE', 'F', 'Daegu')
values('023412', 'SOE', 'F', 'Daejeon')
values('023415', 'JUNG', 'F', 'Daegu')
values('023420', 'YEUM', 'M', 'Seoul')
values('023425', 'KIM', 'M', 'Ulsan')
values('023426', 'LEE', 'F', 'Daegu')
values('023458', 'BAE', 'M', 'Busan');
quit;
```

```
/*6-1-2*/
proc sql;
select  Gender,
count(Gender) as count_Gend  '남여인원수'
from Student
Group by gender;

select Region,
count(Region) as tot_region  '지역별 인원수'
from Student
Group by region;
quit;
```

```
/*6-1-4*/
proc sql;
create table Score1  as
select* ,
  mean(Mid, Fin) as Aveg '평균성적',
  case when calculated aveg<70 then 'Fail'
 else 'Pass'
end
as  Result
from Score;

select Result,
count( Result) as Freq '합격여부인원수'
from Score1
group by  Result;
quit;
```

```
/*6-1-5*/
proc sql;
select*,
case when Grade GE 4.0 then 'A'
 else  case when Grade GE 3.0 then 'B'
   else  'C'
```

```
  end
end
as GPA
from GPA;
quit;
```

```
/*6-2-1*/
proc sql;
select* from Student, Score, GPA;
quit;
```

```
/*6-2-3*/
proc sql;
create table St_Score as
select* from Student, Score
where Student.id= Score.id;
quit;
```

```
/*6-2-5*/
proc sql;
create table St_GPA as
select student.id,
       student.name,
       student.region,
          GPA.Grade
from student join GPA
on student.id=GPA.id
order by 1;
quit;
```

```
/*6-2-7*/
proc sql;
create table St_gen as
select Student.Gender,
```

```
          St_GPA.Grade
    from Student,  St_GPA
  where student.id=St_GPA.id;

select gender,
avg(grade) as m_grade format=f4.2
from St_gen
group by gender;
quit;
```

```
/*6-2-9*/
proc sql;
select Distinct student.region,
avg(GPA.Iphak) "입학평균"
from student left join GPA
on student.id=GPA.id
group by student.region;
quit;
```

찾아보기

ㅍ

ㅎ

저자 소개

손창균

동국대학교 빅데이터응용통계학과 교수
한국보건사회연구원 정보통계실 연구위원

SAS를 이용한 **통계자료분석**

저　　자　손창균
발 행 인　김지영
발 행 처　자유아카데미
주　　소　경기도 파주시 회동길 37-42
　　　　　파주출판도시
전　　화　031-955-1321
팩　　스　031-955-1322
홈페이지　www.freeaca.com
전자우편　main@freeaca.com (대표)
　　　　　editor@freeaca.com (편집)
　　　　　crm@freeaca.com (영업)
등　　록　제406-2003-017호, 1980. 7. 12
제1판1쇄　2020년 7월 20일 발행
제1판3쇄　2023년 1월 31일 발행
정　　가　29,000원

저자와의
협의하에
인지생략

ISBN 979-11-5808-269-7　93310